L m 122
2

ESSAI

SUR L'ARMORIAL

DU DIOCÈSE DU MANS.

ESSAI
SUR L'ARMORIAL

DU DIOCÈSE DU MANS;

Par Th. Cauvin,

MEMBRE DE PLUSIEURS SOCIÉTÉS SAVANTES.

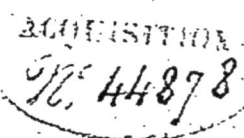

LE MANS,

IMPRIMERIE DE MONNOYER, PLACE DES JACOBINS.

—

1840.

ESSAI SUR L'ARMORIAL

DU

DIOCÈSE DU MANS.

Le diocèse du Mans ne possède pas d'Armorial. Le Corvaisier, Ménage et le Paige ont bien donné les armoiries de quelques familles, d'un petit nombre d'évêques et de dignitaires ecclésiastiques; mais la réunion de ces éléments disséminés dans leurs ouvrages ne pourrait former un travail complet.

Nous avons donc entrepris de rassembler les Armoiries des familles du diocèse, avec celles des membres de la Noblesse qui ont exercé des emplois, possédé des terres ou fixé récemment leur domicile dans le pays.

Cette tâche, d'abord regardée comme facile, nous a offert des difficultés qu'il n'a pas toujours été possible de vaincre.

En effet plusieurs familles ne se trouvent pas dans les Nobiliaires; d'autres ayant adopté des noms de terre, y conservent leur nom primitif, et sont, pour la génération actuelle, perdues au milieu de ces recueils.

Le même nom, imposé à des maisons différentes, jette souvent de l'incertitude sur le personnage dont on veut décrire le blason.

Enfin, la variété introduite par le temps et par les hommes, dans l'orthographe des noms propres, suscite de nouveaux embarras.

C'est ainsi qu'un grand nombre d'armoiries sont restées inconnues, ou n'ont pu être désignées d'une manière positive.

Notre travail embrasse particulièrement les familles citées par l'abbé Le Paige, dans son Dictionnaire topographique du Maine; les gentilshommes inscrits sur les rôles de l'arrière-ban de cette province, pour les années 1675 et 1689, ou portés sur les listes des membres de la Noblesse, publiées en 1839. Beaucoup de ces familles sont éteintes aujourd'hui.

Chaque article indique le nom de famille, ses titres, son origine, les dignitaires qu'elle a donnés et ses armoiries, avec les motifs de l'inscription dans ce recueil.

Les armoiries des Évêques et des Communautés ecclésiastiques et civiles, qui parurent en 1837, sont reproduites ici dans l'ordre alphabétique; celles des Corporations d'arts et métiers terminent l'ouvrage.

Pour traiter ce sujet, d'une manière convenable, il faudrait se livrer à de longues recherches, consulter surtout l'Armorial manuscrit des Généralités du royaume, rédigé à la fin du XVII.e siècle, et déposé à la Bibliothèque royale de Paris. Des travaux d'un autre genre réclament tous nos instants; et si nous ajournions la publication de cet Essai, il est probable qu'elle n'aurait jamais lieu.

Nous prions les personnes qui nous ont secondé dans cette entreprise, de vouloir bien recevoir l'expression de notre reconnaissance.

Planche I.

ARMOIRIES.

Les Armoiries sont des marques d'honneur et de noblesse, composées de couleurs et de figures représentées dans des écussons pour distinguer les familles, ou récompenser des exploits militaires et des services rendus à l'état. Elles semblent remonter à l'époque des tournois, vers le XI.ᵉ siècle. Les chevaliers qui assistaient à ces assemblées, étant armés de toutes pièces, c'est-à-dire, couverts de fer et d'acier, prenaient divers signes et couleurs pour se reconnaître, et les portaient sur leurs boucliers et cottes d'armes; les Croisades en firent des marques d'honneur et les rendirent héréditaires dans les familles. Les armes ne sont cependant pas toujours des marques de noblesse : les communautés, comme les chapitres, abbayes, prieurés, académies; les corps des marchands et des artisans en avaient aussi; mais c'était plutôt des sceaux que de véritables armoiries. Il ne suffit pas non plus à une personne d'avoir des armoiries pour être noble : car, à plusieurs époques, on en délivra pour de l'argent à qui en voulait et même à qui n'en voulait pas. En 1696, les traitans les faisaient payer 20 livres, et avaient soin d'en envoyer au mari et à la femme, afin de toucher 40 livres, exigibles, en cas de refus, par les voies judiciaires.

Il entre dans la composition des armoiries deux métaux, cinq couleurs et deux fourures, qu'on nomme émaux.

L'*or* ou le jaune, représenté dans la gravure par un nombre infini de points; l'*argent* ou le blanc, par une surface unie, constituent les métaux. *Fig.* 1 et 2.

Les couleurs sont :

1.º L'*azur* ou le bleu, représenté par des lignes horizontales. *Fig.* 3.

2.º Le *gueules* ou rouge, représenté par des lignes verticales. *Fig.* 4.

3.º Le *sinople* ou vert, représenté par des lignes diagonales, tirées de l'angle droit de l'écusson à l'angle gauche. *Fig.* 5.

4.º Le *pourpre* ou violet, représenté par des lignes diagonales de gauche à droite. *Fig.* 6.

5.° Le *sable* ou noir, représenté par des lignes horizontales et verticales. *Fig.* 7.

Les Anglais employent aussi l'*orangé*, qu'ils représentent par des lignes verticales et diagonales de droite à gauche. *Fig.* 8.

Les fourrures sont :

1.° Le *vair*; c'est un fond d'azur, chargé de petites pièces d'argent en forme de cloches renversées. *Fig.* 9. — Le *contre-vair*, se forme en opposant les cloches les unes aux autres par leurs bases. *Fig.* 10.

2.° L'*hermine*, représenté par l'argent, chargé de mouchetures de sable. *Fig.* 11. — Un champ de sable, chargé de mouchetures d'argent, offre le *contre-hermine*. *Fig.* 12.

L'écu peut être partagé de plusieurs manières et prend alors différens noms.

Divisé en deux parties égales par une ligne, il se nomme :

Parti, si la ligne est longitudinale. *Fig.* 13.

Coupé, si elle est transversale. *Fig.* 14.

Tranché, si c'est une ligne diagonale menée de l'angle droit supérieur à l'angle gauche inférieur. *Fig.* 15.

Taillé, si elle se dirige dans le sens opposé. *Fig.* 16.

Les lignes longitudinale et transversale réunies au centre de l'écu, le divisent en quatre parties égales et forment l'écartelé. *Fig.* 17.

Les deux lignes diagonales, réunies au même centre, produisent l'écartelé en sautoir. *Fig.* 18.

Ces quatre lignes partagent l'écu en huit portions et donnent le gironné. *Fig.* 19.

Chapé, lorsque l'écu dans sa partie inférieure se trouve coupé par un triangle. *Fig.* 20.

Tiercé en pal, si l'écu est divisé en trois parties égales, par deux lignes verticales. *Fig.* 21.

Tiercé en fasce, s'il est divisé également par deux lignes transversales. *Fig.* 22.

Tiercé en bande, quand il est également divisé par deux lignes diagonales, allant de droite à gauche. *Fig.* 23.

Les pièces ordinaires placées sur l'écu sont : 1.° le Chef, 2.° la Fasce, 3.° le Pal, 4.° la Bande, 5.° la Barre, 6.° la Croix, 7.° le Sautoir, 8.° le Chevron.

Les cinq premières sont égales au tiers de l'écu et se distinguent par leur position.

Le Chef et la Fasce se mettent transversalement, l'un au haut, l'autre au milieu.

Le Pal se pose longitudinalement au milieu.

La Bande et la Barre se placent diagonalement, la première, de l'angle droit supérieur à l'angle gauche inférieur; la seconde, dans le sens contraire.

La Croix a la même figure que la fasce et le pal croisés; mais elle est plus étroite, pour donner plus de grâce à l'écu; sa forme varie.

Le Sautoir est pareil à la bande et à la barre croisés, également, plus étroit.

Le Chevron imite un V renversé.

Les Fasces et les Bandes, lorsque leur nombre dépasse quatre, et s'élève de cinq à six, se nomment, les unes Burelles, les autres Cotices.

Les Jumelles sont deux filets parallèles séparés par un espace égal à leur largeur, ordinairement placés dans le sens de la fasce.

Les Tierces diffèrent des jumelles en ce qu'elles ont trois filets.

On charge encore l'écu d'une infinité d'autres pièces.

Le lion, le léopard, l'aigle, la merlette, sont parmi les animaux ceux qui se voient le plus souvent. Le lion est toujours rampant, c'est-à-dire ayant la partie de devant élevée vers l'angle droit et supérieur de l'écu, la tête de profil, ne laissant voir qu'un œil et qu'une oreille. Le léopard est passant, ayant trois pieds à terre et l'un de ceux de devant élevé, la tête de front montrant deux yeux et deux oreilles. Si ces animaux changent d'attitude et deviennent, l'un rampant, l'autre grimpant, on dit : lion léopardé et léopard lionné.

On appelle Merlette une espèce de canard, dont le bec et les pieds sont coupés, et qui se présente de profil.

On remarque quelquefois sur les armes, une couronne dont la forme varie suivant les dignités; les armoiries des ecclésiastiques sont ornées à l'extérieur d'un chapeau : rouge pour les cardinaux; vert pour les archevêques et évêques; noir pour les protonotaires. Du chapeau pendent deux cordons de même couleur, terminés par cinq loupes pour les 1.ers; quatre pour les 2.es; trois pour les 3.es; et deux pour les 4.es.

La connaissance des armoiries est une branche de l'His-

…ire ; souvent elle nous révèle l'âge des monumens, les …oms de leurs auteurs, ceux des personnages auxquels ils …ont consacrés ; enfin les evénemens qui y ont donné lieu.

EXPLICATION DES ABRÉVIATIONS.

Armor. Armorial de France.

Arm. de Bret. Armorial de Bretagne.

Arm. ms. Armorial des Généralités, manuscrit de la bibliothèque royale.

Arm. de la M. Essai sur l'Armorial du département de la Mayenne, manuscrit.

Courc. Courcelles, Dictionnaire universel de la Noblesse.

Dub. Dubuisson, Armorial des principales maisons et familles du royaume.

Elect. él. Election.

Hist. de Montm. Histoire de la maison de Montmorency.

Ins. eccles. Insinuations ecclésiastiques, collection d'une soixantaine de volumes manuscrits in-folio, déposés aux archives de la Préfecture du département de la Sarthe.

La Ch. La Chesnaye des Bois, Dictionnaire généalogique.

Le P. Le Paige, Dictionnaire topographique du Maine.

Liv. rouge. Livre rouge, l'un des cartulaires du chapitre de l'église cathédrale du Mans.

Matnt. Maintenu dans sa noblesse en l'année.

G. des req. Généalogie des maîtres des requêtes.

Nob. de N. Nobiliaire de Normandie.

N. féod. Noms féodaux.

R. d'arm. Le Roy d'armes.

Seign. Seigneur, seigneurie.

Simpl. Histoire des grands officiers de la couronne.

Trés. hér. Le Trésor héraldique.

ESSAI SUR L'ARMORIAL

DU

DIOCÈSE DU MANS.

A.

ABBAYETTE, prieuré fondé, paroisse de la Dorée, 10.e siècle : d'azur à la croix d'argent accompagnée de quatre anneaux d'or. (*Arm.* ms.).

L'ABBÉ, seign. de Champagnette au Maine, 1645 : d'argent au lion couronné de gueules. (*Le Paige*, Dict. 1, 248). L'Abbé, seigneur et patron des Autieux, en Normandie : d'argent au chevron d'azur accompagné en chef de deux molettes d'éperon de sable, et en pointe d'une rose de gueules. (*Courcelles*. Dict., III, 2).

ABOT DE CHAMPS, au Perche, connus depuis le 14.e siècle ; maint., 1666 ; ont donné un chevalier de l'ordre du Roi. Abot, gouverneur de Mortagne, seign. de Roufrançais, commencement du 18.e siècle : d'azur à la coquille d'argent écartelé d'argent, à la branche de fougère de sinople en bande. (*Nob. de N.*).

ACHARD, seign. de Crannes-sur-Fraubé, de Villeray en Javron, de Hautenoe, des Mortiers, St.-Auvieu, etc., maintenu en 1666. François, seign. de Villeray, et Emmanuel-Marie assistèrent à l'assemblée de la Noblesse, 1789 : d'azur au lion d'argent, à deux fasces alaisées de gueules brochant sur le lion. (*Nob. de Norm.*).

ACIGNÉ d', seign. de Sillé-le-Guillaume, 16.e siècle ; famille de Bretagne : d'hermines à la fasce alaisée de gueules, chargée de trois fleurs de lis d'or en fasce. (*Dub.*).

ALBA, famille de Lorraine, annoblie en 1719. Pierre-Jean, seign. de Mausson et de Landivy, membre de l'assemblée de la Noblesse du Maine, 1789 : d'or au chevron de gueules, au chef d'azur chargé d'une levrette issante d'argent, colletée de gueules et bouclée d'or, accompagnée de deux étoiles d'argent. (*Courc.*).

ALBERT DE LUYNES, ducs de Luynes et de Chevreuse, barons de Bonnétable, ont donné des chevaliers des ordres du Roi, etc. : écartelé aux 1 et 4 d'or au lion couronné de gueules, qui est de Luynes ; aux 2 et 3 contre écartelés, aux 1 et 4 de Bourbon-Soissons ; aux 2 et 3 de Montmorency-Luxembourg ; et sur le tout des petits quartiers, de Neufchâtel, qui est de gueules au pal d'argent chargé de trois chevrons de sable. (*La Ch.*).

ALENÇON. Les comtes d'Alençon furent vicomtes de Beaumont et seigneurs du Sonnois : d'azur à trois fleurs de lis d'or à la bordure de gueules chargée de huit besans d'argent.

ALIGNY (QUARRÉ, comtes d'), seign. de Couterne, au 16.ᵉ siècle. Famille de Bourgogne annoblie en 1412 : échiqueté d'azur et d'argent, au chef d'or chargé d'un lion léopardé de sable, lampassé, armé et couronné de gueules. (*De Courcel..*, III, 212. — *Le P.*, 1, 255).

ALINCY D'ELVA, seign. de la Bigotière, de la Feuillée et d'Alexain, se fit représenter à l'assemblée de la Noblesse du Maine, 1789.

ALLEAUME, seign. de la Ramée, à Dangeul, appelé à l'arrière-ban, 1689 : d'azur au chevron d'or, accompagné en chef de deux roses d'argent, en pointe, d'un oiseau regardant derrière, surmonté d'une étoile, le tout d'or. (*Nob. de N.*).

ALNAROT, Jules, abbé commendataire de Bellebranche, mort, 1565. (*Ins. ecclés.*).

ALOIGNY DE ROCHEFORT, d', marquis de la Groye, barons de Craon, au 17.ᵉ siècle ; famille de Touraine ; a donné des chevaliers des ordres, des gouverneurs de provinces, un maréchal de France : de gueules à cinq fleurs-de-lis d'argent posées en sautoir. (*La Ch.*). La branche de Rochefort : de gueules à trois fleurs de lis d'argent. (*Courc.*, 1, 5).

AMBOISE, d', seign. de la Ferté-Bernard, au 14.ᵉ siècle ; maison illustre : pallé d'or et de gueules de six pièces.

AMELLON, seign. de Fatines, St.-Cher, Chassillé. Un membre de cette famille devint échevin du Mans en 1578 ; d'autres furent dans le 17.ᵉ siècle conseillers au présidial ;

Jacques, seign. de Châtenay et de Reveillon, appelé a l'arrière-ban, 1689; la dame Ameslon, veuve de Meaulne, seign. de Lancheneil et Grenoux, à celui de 1675.

AMELOT, marquis de Monregard et de Gournay, annoblis en 1580. Michel, conseiller au parlement, abbé du Gué-de-Launay, de Saint-Calais et d'Évron, évêque de Lavaur, 1671, transféré à l'archevêché de Tours, 1673; m. févr. 1687 : d'azur à trois cœurs d'or surmontés d'un soleil de même. (*Courc.*).

AMENART, seign. de Daon, 15.ᵉ siècle. (*N. féod.*) Coticé d'argent et d'azur de dix pièces. (*Trés. Hér.*).

AMIOT D'INVILLE, à Paris, acquit la seign. de Piacé, 18.ᵉ siècle : d'or à trois fasces d'azur, à la bande d'argent chargée de trois hermines brochant sur le tout. (*La Ch.*). D'azur à trois fasces d'or à la bande d'argent chargée de trois mouchetures d'hermines de sable. (*Dub.*).

ANDRÉ, prieuré de St.-, fondé à la Flèche, dernière moitié du 12.ᵉ siècle : d'or au sautoir de sable chargé de quatre clous d'argent, un à chaque extrémité. (*Arm. ms.*).

ANGENNES, famille connue depuis 1300, tire son nom d'une terre située à Brizoles, dans le Thimerais. Charles, évêque du Mans, 1556; cardinal, 1570-1587. Claude, évêque du Mans, 1588-1601. Nicolas, marquis de Rambouillet, vidame du Mans, seign. d'Arquenay, lieutenant-général du Maine, 1568, sénéchal, 1572-1598. Philippe, seign. de Fargis, lieutenant-général du Maine, 1582, gouverneur, 1587. Louis, marquis de Maintenon, lieutenant-général du Maine, 1587. Claude de Rambouillet, sénéchal, 1598-1618 : de sable au sautoir d'argent.

ANGERVILLE DE L'ESTENDART, marquis de Bully, barons d'Angerville-le-Martel, maison très-ancienne de Normandie; elle a donné plusieurs généraux, etc. : d'argent au lion de sable, chargé sur l'épaule sénestre d'un écusson d'argent à trois fasces de gueules. (*Courc.*, I, 246).

ANGLETERRE. Les rois d'Angleterre, de la maison de Plantagenet, furent comtes d'Anjou et du Maine jusqu'en 1203 : de gueules à trois léopards d'or l'un sur l'autre, lampassés d'azur. (*Simpl.*, I, 129).

ANGOT DE FLERS, marquis de la Motte-Lezeau, seign.

de la Ferrière, près de Domfront en Passais : d'azur à trois annelets d'or ; écartelé de Pellevé, qui est de gueules à la tête humaine d'argent hérissée d'or.

ANJOU. Les anciens comtes d'Anjou, avant le 13.ᵉ siècle : de gueules à trois léopards d'or l'un sur l'autre, lampassés d'azur. — Les comtes d'Anjou de la maison de France, 13.ᵉ siècle : d'azur semé de fleurs-de-lys d'or, au lambel de trois pendants de gueules. — Les ducs d'Anjou de la maison de France, 14.ᵉ siècle et suivants : d'azur semé de fleurs-de-lis d'or, à la bordure de gueules.

ANJOU, Louis d', baron de Mézières, sénéchal du Maine, 1466 ; Louis son fils, aussi sénéchal, 1510 : d'Anjou contrebrisé d'une barre d'argent. (*Trés. Hér.*).

ANJOU-SICILE. Marie d'Anjou, fille de Louis II et de Yolande d'Arragon : tiercé en chef, au 1.ᵉʳ, chargé d'argent et de gueules de huit pièces pour Hongrie ; au 2.ᵉ, semé de France au lambel de trois pendans de gueules pour Anjou-Sicile ; au 3.ᵉ, d'argent à la croix potencée d'or, cantonnée de quatre croisettes de même pour Jérusalem ; soutenu au 1.ᵉʳ de la pointe, semé de France à la bordure de gueules pour Anjou, parti d'or de quatre pals de gueules pour Arragon. (*Généal. de la fam. de Fr.* I, p. 117).

ANTENAISE, seign. de la Chapelle-Antenaise et autres lieux, bienfaiteurs de l'abbaye de Bellebranche. Hamelin fonda le prieuré de Bazougers, 1065 ; Henri et Raoul se croisèrent en 1158. Antenaise ancien portait : d'argent à la croix de gueules, cantonnée de quatre roses de même ; Antenaise moderne : d'argent à trois bandes de gueules. (*Le P.*, I, 16. — *Nob. de N.*).

APCHON, Jacques d', abbé d'Evron, 1562-1564 : d'or semé de fleurs-de-lis d'azur. (*Trés. hér.*).

ARCÉ, d', seign. de Magny-le-Désert, se fit représenter à l'assemblée de la Noblesse de Falaise, 1789, pour son fief de Magny-le-Désert.

ARDENAY, ancienne famille du Maine. Rolande d'Ardenay, dame du lieu, fut mariée en 1581, à Charles de Guyot. (*Le Paige*).

AREL. Robert fut l'un des chevaliers bretons qui combattirent à la bataille des Trente, entre Ploermel et Josselin, 1350 : d'argent, écartelé d'azur. (*Arm. de la M.*).

ARGENSON, Jean, seign. d'Avoynes. Ce gentilhomme, membre des Etats du Perche, en 1558, pouvait bien être le propriétaire de la terre d'Argenson en St.-Cosme.

ARGOUGES, d', marquis de Rannes, en Normandie; vers le milieu du 18.ᵉ siècle, seign. d'Assé-le-Boisne, de Bérus, la Coulonche, St.-Georges-le-Gautier et St.-Germain-de-Coulamer. Mme. de Courtalvel-Pezé, veuve d'Argouges, dame de Fyé et d'Assé-le-Boisne, se fit représenter à l'assemblée de la Noblesse du Maine, 1789 : écartelé d'or et d'azur, à trois quintefeuilles de gueules, deux en chef, une en pointe. (*Nob. de N.*).

ARLANGES, d', maint., 1667. Deux membres de la famille se firent représenter à l'assemblée de la Noblesse du Maine, 1789 : d'argent à trois merlettes de sable, accompagnées de six annelets de sable en orle, le tout surmonté d'une fasce ondée de même. (*Nob. de N.*).

ARMAGNAC, d', ancien seign. de Mayenne et de la Ferté-Bernard : écartelé aux 1 et 4 d'argent au lion de gueules, Armagnac; aux 2 et 3 de gueules au léopard lionné d'or, qui est Rodez. (*Simpl.*, III, 416).

ARMAILLÉ : d'argent à la fasce de sable accompagnée de trois molettes de sable, 2 en chef, 1 en pointe. (*Trés. hér.*) : d'azur à trois molettes d'or, 2, 1. (*Arm. de la M.*).

ARON, famille éteinte. On voit Hugues d'Aron, plége de la restitution de l'église de St.-Loup faite à l'év. Gui d'Etampes, 1126-1136; Guillaume, seign. de Posset, 1325; René, seign. des Bordeaux, assista aux états du Maine, 1508. (*Analecta; Liv. rouge; Cout. du Maine*).

ARQUENAY, ancienne famille du Maine..— Julienne d'Arquenay, dame du lieu, du Bignon, de Champfleury, Maisoncelles, du Bourgneuf, porta ces terres à Nicolas d'Angennes, seign. de Rambouillet, vidame du Mans et sénéchal du Maine, 16.ᵉ siècle : de gueules à deux fasces d'hermines; en chef trois besans d'argent chargés d'une moucheture d'hermine. (*Généal. de Martigné*).

ASCHÉ, seign. d'Aché et de Larrey, en Normandie. N. d'Asché, seign. de Soulgé-le-Bruant, 17.ᵉ siècle : chevronné d'or et de gueules de six pièces, les deux chevrons du haut tronqués. (*Nob. de N.*).

ASSE, d', seig. d'Assé-le-Riboul, d'Auvers-sous-Montfaucon, de Brains, etc. Cette famille a donné Geoffroy, évêque du Mans, 1274-1277 ; Guillaume, fondateur du prieuré d'Assé, vers le commencement du 13.ᵉ siècle : parti emmanché d'argent et de sable de huit pièces.

ASTORG, d', se fit représenter à l'assemblée de la Noblesse du Maine, 1789 : d'azur à l'aigle éployée d'argent. (*La Chesn.*). D'or à l'aigle éployée de sable. (*Dub.*).

AUBERY, seign. du Maurier, à la Fontaine-St.-Martin, 16.ᵉ et 17.ᵉ siècles ; famille anglaise, établie en France, 1439. Jean, intendant de Tours, 1618-1630 : de gueules au croissant d'or accompagné de trois trèfles d'argent, 2 et 1.

AUBIERS, V. LE ROUX des Aubiers.

AUBIGNÉ en Anjou. Les seigneurs de Montaupin, au Maine, sont sortis de Jacques d'Aubigné, quatrième fils de Jean II, seign. de la Pierre, et de Perrine de la Cherrière, sa femme, qui lui apporta Montaupin ; il mourut en 1503 : de gueules au lion d'hermines couronné, armé et lampassé d'or. (*La Ch.*).

AUBIGNÉ, seign. d'Aubigné, paroisse de Vaige, au Maine : d'argent à la fasce bordée de sable, accompagnée de trois annelets de même. (*Gén. de Martigné*).

AUBIN DE CRESNAY, madame veuve, se fit représenter à l'assemblée de la Noblesse du Maine, 1789.

AUBIN DE MALICORNE, au Maine : de sable à trois poissons d'argent en fasce l'un sur l'autre. (*Trés. hér.*).

AUBIN DE LA MESSUZIÈRE, François, assista à l'assemblée de la Noblesse du Maine, 1789 ; il y représenta aussi N. Aubin de la Messuzière, d'Ernée : d'argent à cinq étoiles d'azur, posées 2, 1, 2. (*Arm. de la May.*).

AUBRY, Christophe, seign. de Radray en Assé-le-Riboul, assista aux États du Maine, 1508 ; descendait-il de Guillaume de Radray, puîné d'Aubry le Riboul ? et qui portait : parti d'argent et de sable emmanché de huit pièces, au lambel de gueules. (*Le P.*, I, 35).

AUBUSSON DE LA FEUILLADE. Cette maison a donné un grand-maître de l'ordre de St.-Jean-de-Jérusalem ; des maréchaux ducs et pairs, un chevalier des ordres du Roi, un cardinal, un archevêque, etc.; Françoise, abbesse du Pré, 1672-1678 : d'or à la croix ancrée de gueules. (*La Ch.*).

AUGUSTIN, ordre de St.-, congrégation de France : d'azur à une main tenant un cœur enflammé avec cette devise : SUPEREMINENS CHARITAS.

AUGUSTINS, à Montoire, couvent fondé en 1427 : tiercé en bande d'azur, d'hermines et de vair. (*Arm. de Fr. ms.*).

AUMALE, en Flandre : d'azur à trois bandes d'or. (*Trés. hér.*).

AUMONT DE VILLEQUIER, maison du Beauvoisis, connue depuis le 12.ᵉ siècle, a donné des maréchaux de France, des ducs et pairs, des chevaliers du Saint-Esprit; Catherine-Marie, abbesse du Pré, 1678-1708 : d'argent au chevron de gueules accompagné de sept merlettes de même, quatre en chef, 2 et 2; trois en pointe, 1 et 2. (*Encyclop.*)

AUNILLON DE LA BARRE était abbé du Gué-de-Launay en 1727.

AUPUIS, seign. de St.-Aignan en Passais, 1455. (*Le P.*).

AUTEVILLE, d' : d'argent à trois bandes de sable, et deux barres de gueules brochant sur le tout, l'écu bordé de gueules. (*Gén. de Champagné. Arm. de la M.*).

AUVERS-LE-HAMON, prieuré d', fondé vers 1050 : de sable à l'arbre renversé de sinople. (*Arm. ms.*).

AUX, marquis d', seign. de Vilaines, Louplande, Etival, Voivres, Préaux, Chemiré-le-Gaudin, deuxième moitié du 18.ᵉ siècle. René-Louis et Pierre assistèrent à l'assemblée de la Noblesse, 1789 : d'or à trois rocs de gueules, 2 et 1, coupé d'argent au lion de gueules. (*Sceau*).

AVAUGOUR, comtes de Penthièvre, d'Avaugour, etc., en Bretagne, seign. de Mayenne, du Parc d'Avaugour, de Courtangis en St.-Jean-des-Echelles; Henri, comte de Goello, épousa Marguerite, dame de Mayenne, 13.ᵉ siècle: d'argent au chef de gueules; plus tard, écartelé au 1 et 4 de la Baume, qui est d'argent à une bande vivrée d'azur; au 2 et 3 de Château-Vilain, qui est de gueules au lion d'or semé de billettes de même; sur le tout, d'Avaugour. (*Hist. de Montmor.*).

AVELINE-LE-MAIGNAN, seign. d'Aveline-le-Maignan en H.-Chapelle : d'azur au chevron d'or, accompagné en chef de deux étoiles, en pointe d'une quintefeuille, le tout d'or.

AVE-MARIA (relig. de N.-D. de l'), à la Flèche, établies en 1622 : d'argent au cœur de sinople couronné d'or.

AVERTON, seign. d'Averton ; en 1312, seign. de Belin. Bouchard, 1100, fut témoin du don de l'église de Connerré à l'abbaye de Saint-Vincent ; Geoffroy est cité dans un titre de 1189, en faveur du prieuré de St.-Etienne de Mayenne. Renée d'Averton, fille et héritière de Payen III, épousa, 1582, Fr. de Faudoas, gouv. de Paris : de gueules à trois jumelles d'argent ; puis : écartelé d'azur à la croix d'or.

AVESNE DE MELOIGES (madame la marquise d'AUX, née d') : d'azur au chevron d'or, accompagné en chef de deux quintefeuilles, en pointe d'une fourmi, le tout d'argent.

AVOINE DE GASTINES, famille alliée à celle de Le Cornu. (*Le P.*, I, 131). Le Nobiliaire de Normandie cite deux familles du nom d'Avoine : l'une porte : d'argent à quatre burelles de sable, la première, chargée de cinq besans d'or ; l'autre porte : de gueules à trois gerbes d'or, liées d'argent.

AVOIR, Pierre d', sire de Château-Fromont, sénéchal des provinces d'Anjou et du Maine, 1378 : d'argent au lion d'azur au lambel de même. (*Roy d'arm.*).

AZE, prieuré d', près Château-Gontier : d'azur au bâton pastoral d'or. (*Arm*, ms.).

B.

BABOU DE LA BOURDAISIÈRE, seign. de Mondoubleau, 16.ᵉ siècle, éteints : d'argent au bras de gueules sortant d'un nuage d'azur, tenant une poignée de vesce en rameau, de trois pieds de sinople.

BAGLION DE LA DUFFERIE, seign. de la Dufferie, près d'Ambrières, de Martigné, Moulins, la Vaizouzière et Bouère, établis au Maine, 15.ᵉ siècle. De la Dufferie se fit représenter à l'assemblée de la Noblesse du Maine, 1789 : d'azur au lion léopardé d'or appuyant sa pate dextre sur un tronc écoté et abaissé de même, mis en pal, au chef chargé de trois fleurs-de-lis d'or, surmontées d'un lambel de quatre pendans aussi d'or. (*Dub.*).

BAÏF, de, seign. de Mangé, Verneil-le-Chétif. Gui, abbé de la Couture, 1409; Lazare, abbé de Charroux, conseiller au parlement, 1533; maître des requêtes 1541; Jean député de la Noblesse du Maine aux Etats-Généraux à Tours, 1484, assista aux Etats du Maine, 1508: de gueules à deux léopards d'argent l'un sur l'autre, au chef de même.

BAIGNAUX, Gontier de, évêque du Mans, 1368-1385; puis archevêque de Sens. : d'or à quatre orles de sable. (*Le Corv.*). Ailleurs : d'argent à deux orles de gueules.

BAIGNELAS, de, assista aux Etats du Maine, 1576.

BAIGNEUX, seign. de Courcival, de Montigny, de Glatigny; Antoine, seign. de Courcival, Charles, seign. de Montigny, et Pierre, furent appelés à l'arrière-ban, 1689. Jacques-François assista à l'assemblée de la Noblesse du Maine, 1789 : de sable à trois étoiles d'or, 2 et 1. (*Dub.*).

BAILLEU, seign. de la Regelerie, à Melleray, él. de Domfront, maint. 1668 : d'or à trois écussons de gueules, 2, 1.

BAILLEUL, de, seign. de Bailleul en Hercé, Belleplante, Coesme, Lucé, Melleray et Gorron, connus dès le 14.e siècle. Jacques, seign. de Beauvoir, assista aux Etats du Maine, 1508. Les demoiselles Françoise et Anne se firent représenter à l'assemblée de la Noblesse du Maine, 1789 : d'argent à trois têtes de loup de sable lampassées de gueules posées 2 et 1.

BAILLEUL, de, seign. de Bailleul, près de la Flèche. Hugues fut témoin de la donation des églises de Durtal à l'abbaye de St.-Aubin d'Angers, dans le 12.e siècle.

BAILLEUL, de, établis en Normandie, 1260. Louis fut abbé de Lonlay, 1546-1583; Nicolas, président au parlement de Paris, fit ériger Château-Gontier en marquisat, 1656 : parti d'hermines et de gueules. (*La Ch.*).

BAILLIAGES ROYAUX. V. JURIDICTIONS royales.

BAILLIAGES SEIGNEURIAUX. Les armoiries de ces juridictions étant les mêmes que celles des seigneurs qui les faisaient exercer, devaient changer assez fréquemment.

L'Armorial de la généralité de Tours n'en désigne qu'un petit nombre pour notre pays.

AMBRIÈRES : d'argent au sautoir de gueules engrêlé de sable. Ce sont les armes de Froulay.

SAINT-AUBIN-FOSSE-LOUVAIN : d'or à une plante de fougère de sinople chargée au pied d'un S d'argent. Ce sont les armes de l'abbaye de Savigny, à laquelle appartenait la seigneurie de St.-Aubin.

EVRON, baronnie : d'argent fretté de sable, à un chef chargé de trois molettes de sable, écartelé d'or à un lion d'azur couronné et lampassé de gueules. (Armes de d'Estrées, abbé d'Evron).

LA FLÈCHE : d'argent à un chevron de gueules, et un chef de sable chargé de trois flèches d'argent.

LANDIVY : d'azur à deux léopards d'or, posés l'un sur l'autre.

LE LUDE : d'azur à une balance d'argent.

MAYENNE, barre ducale : d'azur à une hache consulaire d'argent entourée d'un faisceau de verges d'or lié d'argent et une fasce en devise de gueules brochant sur le tout, chargée de 3 étoiles d'or. (Ar. de Mazarin, duc de Mayenne).

MONTAUDIN : d'or à deux bâtons écotés de sable en sautoir, accompagnés de quatre étoiles de gueules.

SAVIGNY. La juridiction de l'abbaye s'exerçait à Mayenne: mêmes armes que St.-Aubin-Fosse-Louvain.

LA TANNIÈRE. Mêmes armes que la barre ducale de Mayenne. (*Arm. Ms.*).

BAILLY, comte de Fresnay, seign. de la Bacconnière, la Chapelle-Rainsouin, Nuillé-sur-Ouette, et du Bourgneuf-la-Forêt, député aux Etats-Généraux, 1789 : d'azur au chevron d'hermines, au chef de même ; plusieurs familles du nom de Bailly.

BAILLY, seign. de St.-Mars-la-Brière, St.-Denis-du-Tertre, Surfond, Saint-Mars-de-Locquenay, Ségrais, descendent de Guillaume, comte de la Ferté-Aleps, 1549. Ch.-Guillaume, seign. de St.-Mars-de-Locquenay, porté au rôle de l'arrière-ban, 1689 ; les seign. de St.-Mars et de Ségrais représentés à l'assemblée de la Noblesse du Maine, 1789 : d'or à la fasce d'azur chargée d'une croisette ancrée d'or et accompagnée en chef de deux glands penchés en bande et en barre, les queues en haut, et d'un arbre terrassé en pointe, le tout de sinople. (*Courc.*).

BALALERI, Marguerite, veuve Gaston-des-Haies de Cri, dame de Fresnay et du Petit-Fontenay, à Auvers-le-Hamon, se fit représenter à l'assemblée de la Noblesse d'Anjou, 1789.

BALANIC, Laurent, doyen de l'église du Mans, 1381.

BALINCOURT, V. TESTU de Balincourt.

BALLIN, seign. de Rubesnard, à Mantilly en Passais : d'argent à l'épée de gueules, la pointe en haut. (*Arm. de la M.*).

BALLON, ville du Maine, ancien chef-lieu de Doyenné, ancienne châtellenie, aujourd'hui chef-lieu de canton de l'arrondissement du Mans, portait : d'azur à la fasce d'or accompagnée de trois besans d'argent. (*Arm. Ms.*).

BALLON, seign. de Ballon, 11.e siècle. Hamelin et Guinebaud, son frère ; nés au château de Ballon, établis en Angleterre, bienfaiteurs de l'ab. de St.-Vincent du Mans.

BALZAC, seign. d'Entragues. Un membre de la famille aida de tous ses biens le roi Charles VII contre les Anglais ; Jean et Nicolas furent abbés d'Évron, l'un, 1595-1608 ; l'autre, 1608 : d'azur à trois sautoirs d'argent, au chef d'or à trois sautoirs d'azur.

BAR, comtes de, seign. de Montmirail et du Perche-Gouet, 14.e siècle ; éteints : d'azur à deux bars d'or adossés, et semé de croix recroisettées au pied fiché d'or.

BARAT, seign. de Beauvais, maint. 1667. Françoise, à St.-Christophe-du-Luat, et Louise, au Coudray en Assé-le-Riboul, portées au rôle de l'arrière-ban, 1689 : d'argent à la croix ancrée de sable vuidée en carré. (*Nob. de N.*).

BARATON, seign. de la Roche-Baraton, d'Ambrières, etc.; origin. de Touraine, éteints, fin du 16.e siècle, ont donné un grand échanson. René se fit représenter aux États du Maine, 1508 ; Olivier assista à ceux d'Anjou : d'or à la fasce fuselée de gueules, accompagnée de sept croisettes ancrées de sable, 4 en chef et 3 en pointe. (*La Ch.*).

BARBERE, seign. de la Bermondière et de St.-Julien-du-Terroux, acquit cette terre en 1763.

BARBERIE, de la, seign. de la Barberie en Cigné, de Dompierre, Champsegré, St.-Contest, la Châtaigneraie, Courteille, assista à l'assemblée de la Noblesse d'Anjou, 1789 : d'azur à trois têtes d'aigles, arrachées d'or. (*Dub.*).

BARBES, Françoise, veuve de Louis du Bois-Béranger, écuyer, sieur de Rouvrais, à Laval, taxée au rôle de l'arrière-ban, 1675.

BARBIER, le, seign. de Vaucelles, maint. 1667. Abraham, seign. de Vaucelles, à Neufchâtel, appelé à l'arrière-ban, 1689. Jean-Jacques fut membre de l'assemblée de la Noblesse du Maine, 1789 ; il y représenta aussi le seign. de Vaucelles : d'azur au chevron d'or accompagné de trois trèfles de même. (*Nob. de N.*).

BARDOUIL, seign. de la Bardouillère et de St.-Lambert, maint., 1667. De la Bardouillère assista aux Etats du Maine, 1576 : de sable à la fasce d'or, accompagnée de trois tridents d'argent, deux en chef, un en pointe, l'écu bordé d'or. (*Nob. de N.*).

BARENTIN, famille de magistrats. Honorat, abbé de St.-Calais, 1646 ; Charles, abbé de Vaas, vers la fin du 17.e siècle : d'azur à deux fasces d'argent ondées, et une fasce d'or en chef, surmontée de trois étoiles de même.

BARIN DE LA GALISSONNIÈRE, marquis de la Guerche ; Auguste-Felix-Elisabeth, baron de Pescheseul, seign. d'Avoise, du Bailleul, de la Guerche, grand sénéchal d'Anjou, présida l'assemblée de la Noblesse de cette province, 1789 : d'azur à trois papillons d'or.

BARON, seign. de Chavigny : d'azur à la bande d'or accostée de deux besans de même. (*Dub.*).

BAROT, écuyer, seign. de la Blanchardière, à Fontaine-Raoul, taxé au rôle de l'arrière-ban, 1675.

BARRADAT. Henri, évêque de Noyon, abbé de Clermont ; Louis, évêque de Vabres, son successeur dans l'abbaye, 17.e siècle : d'azur à la fasce d'or accompagnée de trois roses d'argent, 2 et 1. (*Trés. hér.*).

BARRE, de la, seign. de Préaux et de Quelaines. De La Barre assista aux États du Maine, 1576; un autre de la Barre se fit représenter à l'assemblée de la Noblesse de cette province, 1789. René-Louis fut membre de celle d'Anjou; Françoise, abbesse de la Virginité, 17.ᵉ siècle. Plusieurs familles de La Barre : LA BARRE en Vendomois : d'or à la bande de gueules accostée de deux croissans de même. LA BARRE, en Anjou : de gueules au léopard d'argent.

BARRÉ DE JUMILLY, seign. de Jumilly, à St.-Bomer en Passais, 17.ᵉ siècle. (*Le P.*, I, 110). D'or à la rose de gueules, accompagnée de trois trèfles de sinople. (*Nob. de N.*).

BARRIÈRE, de la, anc. famille d'Anjou : de gueules, à la barrière de tournoi d'or. (*Arm. de la M.*).

BARVILLE, de. Pierre, seign. de Bonneville, à Villaine-la-Carelle; François, seign. de la Gastine, à Louze; Antoine et René, à Contilly, portés au rôle de l'arriéreban, 1689; Etienne, membre de l'assemblée de la Noblesse du Maine, 1789 : d'argent à deux bandes de gueules. (*Arm.*).

BASCLE, le, origin. de Touraine, connu depuis le 14.ᵉ siècle. Catherine-Jeanne, veuve de Masseille de Millon, dame d'Athée, se fit représenter à l'assemblée de la Noblesse d'Anjou, 1789: de gueules à trois macles d'argent. (*La Ch.*).

BASOUGERS, de, seign. de la Cour en Grazé. (*Le Paige*). Basougers paraît être un surnom.

BASTARD, de, seign. de Fontenay, Daubert, Montreuil-le-Henri, etc. Guillaume, maître des requêtes en 1421; Claude, seign. de Fontenay, et François, seign. de la Paragère, convoqués à l'arrière-ban, 1689; Denis-Jean-Baptiste, seign. de Fontenay, et René, assistèrent à l'assemblée de la Noblesse du Maine, 1789 : d'or à une demi-aigle impériale de gueules, parti d'azur à une demi fleur de lis d'or.

BAUGY, de, marquis de Baugy, seign. de Fougerolles et de Goué, vers la fin du 17.ᵉ siècle; madame de Baugy, dame de Fougerolles, se fit représenter à l'assemblée de la Noblesse du Maine, 1789 : d'azur à trois troncs noueux d'or mis en pal, 2 et 1, à la molette de même en chef.

BAUDE DE LA VIEUVILLE, Etienne-Auguste de,

seign. du Lude, memb. de l'assemblée de la Noblesse d'Anjou, 1789 : fascé d'or et d'azur de huit pièces, les deux premières fasces d'or chargées de trois annelets de gueules, 1 et 2.

BAULD, le. Pierre, chantre et chanoine de l'église collégiale de St.-Tugal de Laval, a écrit l'histoire de la maison de Laval : d'azur à dix billettes d'or, 4, 3, 2, 1. (*Arm. de Bret.*).

LA BAUME LE BLANC, duc de la Vallière, seign. de Marçon. (*Le P.*). Coupé de gueules et d'or au léopard lionné d'argent sur gueules, couronné d'or, et de sable sur or.

BAUQUET, seign. de la Roque, Grandval, etc., maint. 1667. Guillaume Bauquet de Grandval, demeurant au Mans, assista à l'assemblée de la Noblesse du Maine, 1789 : de gueules au chevron d'or, accompagné de trois pommes aussi d'or, tigées et feuillées de sinople. (*Nob. de N.*).

BAUSSAN, Pierre de, à la Barroche-Gondouin, porté au rôle de l'arrière-ban, 1689 : d'azur au chevron d'or, accompagné de trois glands de même. (*Dub.*).

BAUTRU Guillaume de, Comte de Serrent, intendant de Tours, 1644-1647 : d'azur au chevron d'argent accompagné de deux étoiles en chef et d'une tête de loup arrachée de même en pointe. (*M. Lambron*). BAUTRU, comte de Nogent : d'azur au chevron d'argent accompagné de deux roses de même en chef, et d'une tête de loup arrachée de même en pointe. (*Trés. hér.*).

BAVALON, François, abbé d'Évron, 1483.

BAYARD DE LA VINGTRIE, chevalier de l'ordre de St.-Michel, 1789 ; maire de Sargé, 19.ᵉ siècle.

BEAUCÉ : d'argent à l'aigle à deux têtes éployée de sable, une cotice d'or brochant sur le tout. (*Arm. de la M.*).

BEAUCHAMPS, Richer de, seign. de Villaines-la-Gonais, de St.-Martin-des-Monts, etc. : de gueules au chevron d'or, accompagné de trois bluets de même.

BEAUFORT, de, seign. de St.-Germain-le-Guillaume. (*Le P.*). Le Trésor héraldique mentionne plusieurs familles de ce nom. BEAUFORT, en Bretagne, porte de gueules à trois écussons d'hermines. Un autre : d'argent au lion de gueules, l'écu billeté de même. BEAUFORT, seign. de Canillac, de

Montboissier : écartelé au 1 et 4 d'argent à la bande d'azur accompagnée de six roses de gueules mises en orle ; au 2 et 3 d'azur au lévrier rampant d'argent colleté et onglé de gueules, à la bordure denticulée du second, qui est de Canillac ; sur le tout d'or semé de croisettes de sable au lion rampant de même, qui est Montboissier. (*Dub.*).

BAUGENCY. Cette maison possédait la châtellenie de la Flèche au 11.ᵉ siècle. Hélie de Beaugency, seign. de la Flèche et petit-fils de Lancelin, le plus ancien seigneur connu de cette châtellenie, devint en 1090 comte du Maine: échiqueté d'or et d'azur à une fasce de gueules. (*Simpl.*, III, 171).

BEAULIEU, abbaye de l'ordre de Saint-Augustin, congrégation de France, au Mans, fondée en octobre 1114, par Bernard de Sillé : d'azur à un mouton d'argent posé sur une terrasse de sinople et surmonté d'un aigle essorant d'or qui le béquete sur la tête. (*Sceau*).

BEAULIEU, marquis de Béthomas, seig. d'Averton, de Courcité, des Haies et des Brosses en St.-Paul-le-Gautier, ancienne famille, maint. 1668. d'argent à six croix patées de sable, posées 3, 2 et 1. (*Nob. de N.*).

BEAUMANOIR DE LAVARDIN, l'une des maisons les plus considérables du Maine, a pour chef Hervé de Beaumanoir, qui se trouva aux États de Vannes, en 1202. Elle a donné un maréchal de France, des chevaliers du Saint-Esprit, des gouverneurs de provinces et plusieurs évêques. Jean, écuyer d'écurie du roi en 1425, épousa Marie Riboul, dame de Lavardin : d'azur à onze billettes d'argent, posées 4,3,4.

BEAUMONT, anciens vicomtes du Maine, forment plusieurs maisons : la première commence à Raoul, seign. de Beaumont, en 994, et finit à Richard III, mort en 1249. Elle a fondé l'abbaye d'Étival, les prieurés de Vivoin, Loué, Solême, Luché, Pontneuf et la Chartreuse du Parc : chevronné d'or et de gueules de huit pièces. Du Moulin, *Hist. de Normandie*, leur donne : d'azur au lion d'or ; ces armes devinrent, depuis, d'azur semé de fleurs-de-lis d'or, au lion de même. Les autres maisons sont : de Brienne, de Chamaillard, d'Alençon, de Bourbon-Vendôme. Voy. ces noms.

BEAUMONT, seign. de Bressuire. Jacques, sénéchal de Poitou, nommé en 1479, lieutenant-général de la Touraine, de l'Anjou et du Maine : de gueules à l'aigle d'or à l'orle de fers de lances d'argent, la pointe en haut. (*Trés. hér.*).

BEAUMONT, la maison de, connue dès le 11.ᵉ siècle, a donné un archevêque de Paris, commandeur de l'ordre du Saint-Esprit. M. de Beaumont, mari d'une demoiselle de Perrochel, habite le château de St.-Aubin-de-Locquenay : de gueules à la fasce d'argent, chargée de trois fleurs-de-lis d'azur. Devise : *impavidum ferient ruinæ*. Cri de guerre : amitié de Beaumont; Beaumont, Beaumont.

BEAUMONT D'AUTICHAMP, seign. de Château-Gontier, orig. du Dauphiné, établis en Anjou. Jean-Thérèse-Louis de Beaumont d'Autichamp assista à l'assemblée de la Noblesse d'Anjou, 1789 : de gueules à la fasce d'argent chargée de trois fleurs-de-lis d'azur. (*La Ch.*).

BEAUNAY, de, seign. d'Imanville, de la généralité de Rouen, maint. 1667. Un membre de cette famille établi au Mans, 19.ᵉ siècle : fascé d'argent et d'azur de six pièces. Le Nobiliaire de Normandie porte : fascé d'or et d'azur de six pièces.

BEAUNE, de, orig. de Tours. Martin, archevêque de Tours, deuxième abbé commendataire de la Couture, mort 1527 : de gueules, au chevron d'argent accompagné de trois besans d'or, 2 et 1. (*La Ch.*).

BEAUPREAUX, seig. de Fougerolles. (*Le P.* I, 345). BEAUPREAU : d'azur à cinq fusées d'or, mises en fasce, accompagnées de sept croix pommelées de même; 4 et 3. (*Trés. hér.*). Est-ce la même famille ?

BEAUREGARD, en Anjou, seign. du Fresne, à Champéon, connus depuis 1507. De Beauregard assista aux Etats du Maine, 1614 : d'argent au chevron de sable bordé d'azur, accompagné en chef de deux lions affrontés de gueules.

BEAUREPOS. Voir la CROIX de Beaurepos.

BEAUVAIS, de, seign. de Biars et de St.-Paul-le-Vicomte, connus dès la fin du 14.ᵉ siècle. René, seign. des Loges, épousa en 1592 l'héritière de la terre de S. Paul. La dame Le Marchand de Louvigny, veuve de Beauvais, se fit représenter à l'assemblée de la Noblesse du Maine, 1789 : d'azur à trois fasces d'or. (*M. de S. Paul*).

BEAUVAU, de, seign. de Craon et de Pressigné. Cette ancienne et illustre famille a donné plusieurs sénéchaux au Maine et à l'Anjou : d'argent à quatre lions de gueules cantonnés, armés, lampassés et couronnés d'or. (*Dub.*). Ces armes se voient sur les vitraux de l'Abbaye d'Evron.

BEAUVILLIERS, ducs de St.-Aignan, pairs de France, maison du pays Chartrain connue des 1110, a donné des sénéchaux, des chevaliers de l'ordre du Saint-Esprit, etc. ; Marie abbesse de la Virginitté 1545-1569. Charlote-Susanne Desnos, veuve du duc de Beauvilliers, était dame des Châtellenies de Sonnois et de Pray : fascé d'argent et de sinople ; les fasces d'argent chargées de six merlettes de gueules, 3, 2, 1.

BEAUVOLLIER, de, famille du Poitou, dont un membre, M. le comte de Beauvollier habite le département de la Sarthe : de gueules à une lance pointée et contre-pointée d'argent posée en pal.

BECCANE, la. Ce nom figure parmi les principaux fauteurs du protestantisme au Mans, en 1562. Joseph de la Beccane à Chevillé, inscrit au rôle de l'arrière-ban, 1689.

BECHAMEIL, en Soissonnais ; Louis Béchameil, marquis de Nointel, intendant de Tours, 1680-1689 : d'azur au chevron d'or accompagné de trois palmes de même, 2 en chef, 1 en pointe. (*M. Lambron, liste des intendants de Tours*, Ms.).

BECQUET : d'azur au chevron d'or, accompagné de deux quintefeuilles de gueules en chef, et en pointe d'un cigne d'argent becqué et membré de sable ; au chef de gueules chargé de trois croissants d'argent. (*Arm. de la M.*).

BEILLÉ, ancienne famille, éteinte depuis long-temps. Guérin de Beillé et son fils Simon se croisèrent en 1158.

BELARD, Jean, doyen de l'église du Mans, 140.—1417.

BELIN, seign. du Belinois. Cette ancienne famille paraît s'être éteinte dans le 13ᵉ siècle.

BELIN, au Mans, annoblis dans le 18ᵉ siècle, seign.

de Beru, la Grange, Chalin et Menuau. Jacques et René assistèrent à l'assemblée de la Noblesse du Maine, 1789: de gueules à trois têtes de béliers arrachées d'argent.

BELINAYE, de la, seign. de la Dorée. (*Le P.*), ne faut-il point lire de la *Blinais?* terre en Bretagne érigée en comté par lettres de 1683, en faveur de François de la Blinais. (*La Ch.*).

BELLAILÉ, seign. de Laval, vers 920. (*Le Paige*).

BELLANGER, Charles de, Seign. des Bizerais en Spay, porté sur le rôle de l'arrière-ban du Maine, 1675. Plusieurs familles de ce nom, l'une porte : losangé d'or et de gueules; écartelé d'azur à la bande d'argent chargée de trois croissettes de gueules. (*Trés. hér.*); La 2e, à Paris : de gueules au lion d'argent et au chef d'azur chargé de deux molettes d'or, et soutenu d'un triangle aussi d'or. (*La Ch.*).

BELLAY, du, Maine, seign. de la Feillée et d'Alexain, baron de Bois-Thibault, au 16e et 17e siècles. Eustache rendit, 1570, au seign. de Mayenne, hommage pour la Feillée. (*Le P.*) : de sable à trois molettes d'argent, 2 et 1. (*Trés. hér.*).

BELLAY, seign. de Langey, d'Ambrières, de Lavenay, maison illustre. René fut évêque du Mans, 1535-1546; Jean cardinal, 1535, succéda à René; il réunit les abbayes du Gué de Launay et de St-Vincent. Louis, seign. de Langey, assista aux états du Maine, 1508: d'argent à la bande fuselée de gueules, accompagnée de six fleurs-de-lis d'azur misés en orle, trois en chef, trois en pointe.

BELLEBRANCHE, abbaye de l'ordre de Citeaux, à St.-Brice, fondée, 27 juillet 1152, par Robert II, de Sablé, et réunie au collège de la Flèche. Elle devait porter d'or à l'aigle éployée d'azur, tenant une branche d'arbre de sinople. Ses fondateurs avaient pour armes : d'or à l'aigle éployée d'azur.

BELLEE, seign. de Bellée en Vaucé, maintenus dans leur noblesse, 1667 : de sable à trois quintefeuilles d'argent. (*Nob. de N.*).

BELLEFOND, seign. de la Touche, domicilié à Mée, assista à l'assemblée de la Noblesse d'Anjou 1789: d'azur au chevron d'or, accompagné de trois losanges d'argent. (*Trés. hér.*).

BELLÊME, de, seigneurs du Bellémois, d'Alençon et du Sonnois, ancienne maison éteinte depuis plusieurs siècles : d'argent à trois chevrons de gueules.

BELLIER, Charles, seign. de la Bussardière, à Beaumont, et Gabriel, à Dangeul, portés au rôle de l'arrière-ban, 1689 : d'azur à la fasce d'argent, accompagnée de trois molettes d'or, 2 et 1.

BELLOT, Jacques, seign. de Chastenay, porté au rôle de l'arrière-ban, 1689 : d'azur au chevron d'or, accompagné de deux lions affrontés en chef, et d'un fer de pique en pointe, le tout d'or. (*Nob. de N.*).

BELOSSAC ou BLOSSAC : de vair à la fasce de gueules. (*Arm. de la M.*).

BELOSSIER : René de Belossier, seign. de Mauny, au Mans, fut porté au rôle de l'arrière-ban du Maine, 1689. BELLOCIER, seign. de Blerainville : de gueules à l'aigle essorante d'or, accompagnée en chef de deux étoiles de même. (*Dub.*).

BELOT, famille du Blaisois : Claude, abbé d'Evron, premières années du 17.e siècle : d'azur au las d'amour d'or, surmonté en chef d'une rose de même, accostée de deux étoiles aussi d'or. (*La Ch.*).

BELRIENT, en Bourgogne, seign. de Vilaines-la-Gonais, 17 et 18e siècles. René porté au rôle de l'arrière-ban, 1689 : d'or à deux jumelles d'azur chargées de trois croix patées d'argent. (*Trés. hér.*).

BENCINI, famille de Florence. Jean-Baptiste Bencini, aumonier de la Reine, doyen de l'Eglise de N. D. de Mantes, abbé commendataire de Bellebranche, 1565. (*Ins. ecclés.*).

BENEDICTINES. Elles avaient sept établissemens dans le diocèse.

SAINT-CALAIS, fondé en 1639, par la dame Massue. Armes :

CHATEAU-DU-LOIR, fondé en 1630. Armes :

DOMFRONT, fondé en 1629 : d'argent à un saint Benoît de

carnation, vêtu de l'habit de son ordre de sable, et tenant une crosse d'or. (*Arm. Ms.*).

ERNÉE, fondé en 1631, par la dame Louise Duboul d'argent à un cœur d'azur chargé d'une Vierge d'or tenant l'enfant Jésus sur son bras sénestre du même ; autour du cœur sont écrits ces mots en caractères de sable : CORDIS CUPIDO. (*Arm. Ms.*).

EVRON, fondé en 1638, sous l'invocation de saint Joseph, par le marquis Urbain de Montécler et Marie de Froulay, sa femme : d'azur à un saint Joseph d'or, portant un lis d'argent à la main. (*Arm. Ms.*).

LASSAI, fondé par la dame de Crossonière, en 1631. Armes :

LAVAL, fondé au mois d'août 1621. Armes :

BENNES ou BEYNES, Pierre, à la Baroche Gondouin, porté au rôle de l'arrière-ban, 1689 : de gueules à trois annelets d'argent, 2 et 1. (*Trés. hér.*).

BENOIST, seign. de Levaré, et de Bois-Brault, 15e siècle. Benoist de St.-Martin se fit représenter à l'assemblée de la Noblesse du Maine, 1789 : d'argent à l'aigle éployée de sable, becquée et onglée de gueules. (*Nob. de N.*).

BENOIT, ordre de St., congrégation de St.-Maur : d'azur au mot PAX en fasce, accompagné d'une fleur-de-lis en chef et de trois clous de passion en pointe, le tout d'or entouré d'une couronne d'épine de sinople.

BERARD DE BONNIÈRE, au Mans, annobli par le roi Louis XVIII : de pourpre à la croix d'argent, cantonnée de quatre ancres d'or, au chef d'or chargé de trois trèfles de gueules.

BERARDIÈRE. V. GILLES de la Berardière.

BERAUDIÈRE, Jacques-Marie François de la, Seign. de Bouzillé et de Melay, assista à l'assemblée de la Noblesse d'Anjou, 1789 : d'argent à deux aigles de sable, membrées et becquées d'azur se regardant l'une l'autre, au chef d'azur chargé d'une croix patée d'or. (*Généal. de Martigné*).

BERBIFR DU METZ, comte de Rosnay, orig. de Bourgogne, seign. d'Aron, depuis 1746 : d'azur à trois colombes d'argent, 2 et 1. (*Courc*).

BERENGER, Herbert, seign. d'Assé-le-Bérenger, en 1160.

BERENGER, en Normandie. Jean VII, lieutenant-général dans le Maine et l'Anjou, reçut de Henri IV la baronnie de Grandmesnil : de gueules à deux aigles rangées au vol abaissé d'argent, becquées, membrées et couronnées d'or. (*Courc.*).

BERGEAU : Françoise du Bergeau, veuve de Clinchamp, à Saint-Marceau, portée au rôle de l'arrière-ban du Maine, 1689.

BERGIAU, famille alliée à celle de Maridort, commencement du 17.e siècle.

BERINGHEN, orig. des Pays-Bas, établis en France, sous le roi Henri III, ont donné un chevalier des ordres du roi ; Anne-Marie-Madelaine-Généreuse-Fare-Bénigne-Thérèse, abbesse du Pré, 1708-1730 : d'argent à trois pals de gueules, au chef d'azur, chargé de deux quintefeuilles d'argent. (*La Ch.*).

BERNARD DE LA BARRE, Sébastien-Marie-Charles, assista à l'assemblée de la Noblesse du Maine, 1789. La Chesnaye mentionne beaucoup de familles du nom de Bernard.

BERNARD DE COURMESNIL, famille de la généralité d'Alençon, maint. dans sa Noblesse, 1667. Madame Bernard de Courmesnil, abbesse d'Etival, 1773-1790 : d'argent au chevron de sable, accompagné de trois trèfles de sinople. (*Nob. de N.*).

BERNARD DE LA FOSSE, ancienne famille établie dans l'Anjou et la Bretagne. Un de ses membres s'est fixé au Mans, 19e siècle : d'argent à deux lions léopardés de sable, armés et lampassés de gueules, posés l'un sur l'autre ; devise : POTIUS MORI QUAM FOEDARI.

BERNAY, famille ancienne de Bretagne : d'azur au chevron d'or, acccompagné en chef de deux étoiles d'argent, et en pointe d'un arbre de sinople. (*Arm. de la M.*).

BERRIER. Louise Berrier, veuve de La Barre, à Savigné-l'Evêque, portée au rôle de l'arrière-ban du Maine, 1689.

BERRY (Jean de France, duc de), lieutenant-général en Anjou, au Maine, etc., 1368 : d'azur semé de fleurs-de-lis d'or, à la bordure engrêlée de gueules. (*Trés. hér.*). Depuis Charles VI, les fleurs-de-lis ayant été reduites à trois, le duc de Berry a porté : d'azur à trois fleurs-de-lis d'or, à la bordure de gueules.

BERRUYER, Martin, évêque du Mans, 1449-1465 : d'azur à trois coupes couvertes d'or, et au lion de même mis en cœur.

BERRYER, comtes de la Ferrière, près Domfront ; Louis, abbé d'Evron, 1679-1690 ; Nicolas-René, ministre de la marine, 1759 : d'argent au chevron de gueules accompagné en chef de deux quintefeuilles d'azur, en pointe d'une aigle de même. (*La Ch.*).

BERSAY, prieuré de l'ordre de Grandmont, établi dans la paroisse de St.-Mars-d'Outillé, en 1163, par Henri II, roi d'Angleterre. Armes :

BERSET, de, seign. d'Argentré, etc. Sébastien seign. de Hauterive, Gabriel, seigneur de Vaufleury, le seign. d'Argentré, N. de Berset et la dame veuve Berset de Vaufleury Malterre, assistèrent à l'assemblée de la Noblesse du Maine, 1789 ; les deux premiers en personnes, les autres par représentans : d'azur à la bande de gueules chargée d'une rangée de losanges d'argent, accompagnée en chef de trois étoiles d'or en orle, et en pointe d'un lion d'argent. (*Arm. de la M.*).

BERSIN, seign. de Tessé, Genellay, la Chapelle-Moche, Blèves, Louze, etc. N. de Bersin, grand audiencier de France, posséda les terres ci-dessus.

BERTHELOT, seign. de la Durandière, à Crosmières, assista à l'assemblée de la Noblesse d'Anjou, 1789. 1. BERTHELOT : d'argent à la fasce bandée d'or et de gueules à l'aigle issante éployé d'or. (*Trés. hér.*). 2. BERTHELOT, en Bretagne : d'azur à trois têtes de léopard d'or, chacune couronnée d'une fleur-de-lis de même. (*La Ch.*). 3. BERTHELOT, de St.-Laurent : d'azur au chevron d'or accompagné de trois besans d'argent. (*La Ch.*).

BERZIAU, seign. de Bessé et de Courtenvaux, 16.ᵉ siècle. Guillaume, seign. des Haies et de la Marselière, à Marçon, porté au rôle de l'arrière-ban, 1689 : d'or à trois trèfles de sable. (*Trés. hér.*). De gueules à trois trèfles d'or. (*Dub.*).

BESANÇON, Charles de, seign. de Jaligny, baron de Bazoches, intendant de Tours, 1642-1643 : d'or à une tête de Maure de sable, tortillée d'argent, accompagnée de trois trèfles de sinople, 2, 1. (*M. Lambron*).

BESCHARD : d'azur à trois bêches d'argent en pal, posées 2 et 1, les manches en bas. (*Arm. de la M.*).

BÉTHOMAS, de. V. BEAULIEU.

BÉTHUNE, Pierre de, bailli du sénéchal d'Anjou et du Maine, 1310 : d'argent à la fasce de gueules ? (*Trés. hér.*).

BEUVE D'AURAY. N. Beuve d'Auray se fit représenter à l'assemblée de la Noblesse du Maine, 1789.

BEZONNAIS, de, seign. de Bezonnais, à Ecommoy, assista aux Etats du Maine, 1576.

BIARD, de Paris, seign. de la Biardière en Ste.-Marie-du-Bois, 18.ᵉ siècle. (*Le P.*). Biard, de la généralité d'Alençon, porte : d'argent fretté de sable de six pièces. (*Nob. de N.*).

BIARDS, ancienne famille de Normandie, bienfaitrice de l'abbaye de la Couture, au Mans, vers la fin du 11.ᵉ siècle. Aguise de Biards, prieure du Pré, nommée abbesse de ce monastère, 1345, morte après 1352 : d'argent fretté de sable de six pièces. (*M. Guiton de Villeberge*).

BIARS, seign. de St.-Jean-sur-Erve, de l'Hommois, à Joué-en-Charnie. Pierre de Biars, à St.-Georges-le-Gautier, inscrit au rôle de l'arrière-ban du Maine, 1689. Ces Biars semblent être de la famille de Biard, de la généralité d'Alençon, qui porte : d'argent fretté de sable de six pièces.

BICHAIN DE MONTIGNY. N. Bichain de Montigny, seigneur de Beauchesne en Grazé, se fit représenter à l'assemblée de la Noblesse du Maine, 1789.

BIDAULT ou Bideault. Bidault de Couanesse et la dame veuve Bidault se firent représenter à l'asssemblée de la

Noblesse du Maine, 1789.— La veuve de François Bidault, seign. de Jutigné, Jeanne Langlois, fonda, 1739, à l'Hôtel-Dieu de Laval, un lit pour un pauvre malade de la paroisse de Torcé. *(Le P.)*. BIDAULT, seign. de Glatigné : d'azur au sautoir d'or cantonné de quatre coquilles d'argent. *(Dub.)*.

BIGAILLE. Jacques Bigaille, écuyer, verrier, à Saint-Mars-sur-la-Futaye, porté au rôle de l'arrière-ban du Maine, 1689.

BIGNE, de la, famille de Normandie. Margarin, docteur de Sorbonne, auteur de la première Bibliothèque complète des Pères, doyen de l'église du Mans, 1581-1589 : d'argent à trois roses de gueules. *(Nob. de N.)*.

BIGNON, seig. d'Antoigny, du Fresne en Couterne, de Louvernay. Le seigneur d'Antoigny se fit représenter à l'assemblée de la Noblesse du bailliage de Falaise, 1789 : d'azur à la croix alaisée d'argent, au pied long entouré d'un cep de vigne de sinople. *(Trés. hér.)*.

BIGOT, Jean, sénéchal du Maine, 1232-1242.

BIGOT, le, seign. de Beauregard en St.-Roch, dans le Passais : d'argent à la fasce de gueules. *(Trés. hér.)*. 1. BIGOT, en Bretagne, porte : d'argent à l'écureuil de pourpre. *(Trés. hér.)*. 2. BIGOT des Parquelles, Normandie : d'argent au chevron de sable, accompagné de trois roses de gueules. *(Nob. de N.)*. 3. BIGOT du Boulay, Normandie : d'azur à deux palmes adossées d'or, mises en pal. *(Nob. de N.)*. 4. BIGOT des Fontaines, Normandie : de sable, à trois têtes de léopards d'or. *(Nob. de N.)*. Il existe encore d'autres familles de ce nom.

BIGOT DE GASTINES. Antoine, seign. de Gastines, des Fillières et de la Charbonnière en Lamnay, conseiller à la cour des Aides, fut inscrit sur le registre de l'arrière-ban du maine, 1689 : d'argent à la fasce de sable, accompagnée de trois trèfles de sinople, 2, 1. *(Trés. hér.)*.

BIGOTTIÈRE, de la, orig. d'Angers. *(La Ch.)*. N. de la Bigottière se fit représenter à l'assemblée de la Noblesse du Maine, 1789.

BILLARD, seign. de Champeaux, Hallaines, maint. 1666 : d'azur au chevron d'argent, accompagné de trois molettes de même. *(Nob. de N.)*.

BILLARD DE LORIERE, seign. de Rennes. Deux gentilshommes de cette famille se firent représenter à l'assemblée de la Noblesse du Maine, 1789 : échiqueté d'argent et d'azur. (*Dub*.).

BIRAGUE, origin. du Milanais, anciens barons d'Entrammes : d'or à trois fasces de gueules, brétécées et contre-bretécées de cinq pièces chacune, chargée d'un trèfle d'or. (*La Ch.*).

BIRÉ, famille de Bretagne, dont le chef vivait en 1240. Fontaine de Biré, seign. de Pescheray et du Breil, se fit représenter à l'assemblée de la Noblesse du Maine, 1789 : d'azur à une branche de grenadier d'or posée en fasce, chargée de trois grenades de même, grénetées et couronnées de gueules, 2 en chef, 1 en pointe. (*La Ch.*).

BITOUX, le. La moitié de la seigneurie de St.-Ouen-le-Brisoul échut vers 1400 à Guillaume le Bitoux, écuyer, mari d'Etiennette de Javains, et fut portée par Gilotte le Bitoux à N. Souquet, son mari. (*Le Paige*, 390).

BLAIS, ou Blois ou Blodo (Philippine de), sixième abbesse de Bonlieu, en 1344 : d'or à une fasce de gueules à l'orle de six merlettes de... (*Le P.*, I, 67).

BLANC, le. Charles le Blanc, à Ste.-Gemme, fut inscrit au rôle de l'arrière-ban du Maine, 1689 : d'azur au chevron d'or accompagné de trois quintefeuilles de même, au chef d'or chargé d'une aigle éployée de sable, armée, membrée et couronnée de... (*Trés. hér.*).

BLANC DE SIMIANE, Pierre-Alphonse, ancien seign. de Panet en Cormes, domicilié à la Ferté, mais étranger à cette province, assista à l'assemblée de la Noblesse du Maine, 1789.

BLANCHE, seign. de Heslou, maint., 1668 : d'azur à trois têtes de lion arrachées d'argent, languées de gueules, 2 et 1. (*Nob. de N.*).

BLAVETTE, seigneur du lieu et de Gorron, assista en 1558 à l'assemblée de la Noblesse du Perche, réunie pour la rédaction de la Coutume de cette province.

BLOIS, vicomtes de, fondateurs de l'abbaye d'Evron : de gueules à trois pals d'argent. Ces armoiries sont peintes sur les vitraux de l'abbaye. (*Arm. de la M.*).

BLONDEAU DES ARDILLIERS, seign. de la Masserie en Fay, 18.ᵉ siècle. Charles-Jacques-René Blondeau des Ardilliers, du Mans, assista à l'assemblée de la Noblesse du Maine, 1789. BLONDEAU : d'or au chevron d'azur brisé en sa pointe, d'un croissant d'argent et accompagné de trois œillets de gueules, le foureau, la tige et les feuilles de sinople, 2, 1. (*Trés. hér.*) Blondeau, du Maine, est-il de cette famille ?

BLOSSAC. V. BELOSSAC.

BLOSSET, seign. de Carouges ; Etienne Blosset de Carouges, abbé de Lonlay, évêque de Lisieux, mort 1505 : pallé d'or et d'azur de six pièces au chef de gueules, chargé d'un autre chef vivré d'argent. (*Trés. hér.*).

BOCHARD, Jean, seigneur de Noray et de Champigny, intendant de Tours, 1657-1659 : d'azur au croissant d'or surmonté d'une étoile de même. (*M. Lambron*).

BODEREAU, jurisconsulte, auteur d'un commentaire sur la Coutume du Maine, 17.ᵉ siècle : d'azur à la fasce d'argent, accompagnée de trois étoiles d'or en chef et d'un cœur d'or soutenu d'un croissant d'argent en pointe. (*Armoiries peintes au bas du portrait de ce jurisconsulte*).

BODIAU, René, écuyer, seign. des Bichetières ; sa veuve et sa fille demeurant à Bouloire, taxées au rôle de l'arrière-ban, 1675.

BODIN, François, abbé de Lonlay, 1691-172. : de gueules à deux fasces d'hermines. (*Trés. hér.*).

BODIN, seign. de Fresnay, génér. d'Alençon : d'azur à la levrette d'argent colletée de gueules. (*Nob. de N.*).

BOILEVE, famille d'Anjou. François, abbé de Fontaine-Daniel, 16.ᵉ siècle : d'azur à trois sautoirs d'or. (*Trés. hér.*).

BOINDRE, le, seign. du Gros-Chesnay, de Fillé et de Vauguyon, famille dans la magistrature : de pourpre au chevron d'or accompagné en chef de deux roses, et en pointe d'une pomme de pin, le tout d'or. (*Dub.*).

BOIS, Daniel du, sieur de la Chablère, lieutenant en l'élection de Mayenne, seigneur de la Bas-Maignée en Montenay, et de Vautorte, porté au rôle de l'arrière-ban du Maine, 1689. Nicolas-Jean du Bois de la Bas-Maignée, assista à l'assemblée de la Noblesse, 1789 : d'argent à trois roses de gueules tigées et feuillées de sinople, plantées sur une champagne de sable. (*Arm. de la M.*).

BOIS-BAUDRY, du, seign. de Trans et de Langan : d'or à deux fasces de sable chargées de cinq besans d'argent, trois sur la première, deux sur la seconde. (*Dub.*).

BOIS-BERENGER, du, seign. du Bois-Bérenger, près d'Ernée, 1570. Jean rendit au seign. de Mayenne, hommage pour la Devison. Jean et Louis, demeurant à Laval, furent inscrits au rôle de l'arrière-ban, 1689. Gilbert-Gabriel-J.-B. assista à l'assemblée de la Noblesse du Maine, 1789, et quatre autres personnes de ce nom y furent représentées : d'argent à la bande de gueules. (*Arm. de la M.*).

BOIS DE CHAMBELLÉ, du, anc. famille d'Anjou : d'or à la croix de sable, chargée d'une croisette d'argent. (*Arm. de la M.*).

BOIS CORNU, Simon de, abbé d'Evron, mort en 1416 : d'argent à la croix recroisettée d'azur. (*Généal. de Martigné*).

BOIS DE COURCERIERS, du, seign. de Courceriers, des Bordeaux, de Longne, Izé, Toiré, famille connue dès le 13.ᵉ siècle, tire son nom de la terre du Bois, à Flacé. André se fit représenter à l'assemblée de la Noblesse, 1789 : emmanché d'argent et de sable du chef à la pointe. (*Le Paige*, I, 247).

BOIS DES COURS, du, seign. de l'Etang et de Saint-Cosme, maint. 1667. Le seign. de l'Etang et son fils assistèrent à l'assemblée de la Noblesse, 1789 : d'argent à cinq coquilles de gueules, 2, 2 et 1. (*Nob. de N.*).

BOISFROULT. Cette famille, alliée à celles de Féchal, d'Orange, de le Riche, le Porc, Chauvigné et du Châtelet, tire son nom de la terre de Boisfroult en Niort, dont jouissait, en 1388, Guillaume de Boisfroult. (*Le Paige*, II, 349).

BOIS-GAMAS, de, seign. de Montaudin, en 1460, plus tard, de la Gaudinière, etc. : de gueules au chef d'argent, chargé de trois râles béqués et membrés de gueules. (*Le P.*, I, 349). De gueules au chef d'argent, chargé de trois râles de sable. (*Trés. hér.*).

BOIS-GUYON, de, Philippe, seign. de Ceton, assista aux Etats du Perche, tenus en 1558. La dame de Bois-Guyon, veuve Rigault de Beauvais, se fit représenter à l'assemblée de la Noblesse du Maine, 1789 : d'argent à la fasce d'azur, au lambel de trois pendans en chef de même. (*Sceau*).

BOISJOURDAN, de, sgn. de Bouère, Longuefuye, Chahay, de Launay-Gautier. Louis-Marie assista à l'assemblée de la Noblesse du Maine, 1789 ; et Louis-François-Séraphin, à celle d'Anjou : d'azur à la croix ancrée d'or à la bordure de même.

BOIS DE MAQUILLE, du, seign. du Bois de Maquillé en Flacé. Le seign. du Bois de Maquillé assista aux États du Maine, 1614. Les du Bois portent : emmanché d'argent et de sable du chef à la pointe. (*Le P.*). Coupé, emmanché d'argent et de sable. (*Trés. hér. Arm. de la M.*). les Maquillés, famille, à laquelle ils se sont alliés, ont pour armes : de gueules à un pairlé renversé, d'argent sénestré de cinq besans de même posés en croix, (*Le P.*, 1, 247).

BOIS-MOTTE, du. Louis-Jacques-François du Bois-Motté, assista à l'assemblée de la Noblesse du Maine, 1789 ; il y représenta aussi un de ses parens de même nom.

BOISNAY, Renée, femme de Christophe de Castelnau, dame de Vaucolombeau en Marigné, 1607.

BOISSARD, Messire Jacques de, écuyer, sieur de la Franchesse, à Coudrécieux, taxé pour l'arrière-ban, 1675. Un autre gentilhomme de ce nom possédait la terre de Nogent-sur-Loir, 19.e siècle.

BOIS-THIERRY, du. Jacques du Bois-Thierry assista à l'assemblée de la Noblesse du Maine, 1789.

BONAC, au comté de Foix. Françoise Bonac de Navaille, veuve du duc d'Elbœuf, dame de Roufrançais, en St.-Germain-de-Coulamer, 17.e siècle : de gueules au lion d'argent. (*La Ch.*).

BONAMY. Jean, éc., seign. de la Marselière, au hameau de Bonlieu, taxé à 100 liv. pour l'arrière-ban, 1675.

BONCHAMP, seign. du Bignon et de Molesse en Saint-Laurent-des-Mortiers, assista à l'assemblée de la Noblesse d'Anjou, 1789 : de gueules à deux triangles d'or, entrelacés l'un dans l'autre, en forme d'étoile. (*La Ch.*).

BONLIEU, abbaye de religieuses de l'ordre de Citeaux, paroisse de Bannes, près de Château-du-Loir, fondée en mai 1219, par Guillaume des Roches, sénéchal d'Anjou et du Maine : de sinople à une croix d'or accompagnée de quatre étoiles d'argent. (*Arm. ms.*).

BONNEFOY, famille de Normandie, maintenue, 1669. Anne, veuve de Remond, vallet de chambre de la duchesse d'Orléans, portée au rôle de l'arrière-ban, 1675. : de sable à trois mains dextres d'or posées en pal, 2 et 1. (*Nob. de N.*).

BONNÉTABLE, ville du Maine, ancien chef-lieu de Doyenné, ancienne baronnie, aujourd'hui chef-lieu de de canton de l'arrondissement de Mamers, département de la Sarthe : d'azur à trois gerbes d'or, posées 2 et 1. (*Arm. ms.*).

BONNEVAL, anc. famille du Limousin : d'azur au lion d'or, armé et lampassé de gueules. (*La Ch.*).

BONNEVAL, en Brie : d'argent à la fasce d'azur, chargée de trois coquilles d'or. (*Trés. hér.*). Plusieurs personnes du nom de Bonneval ont habité la province du Maine.

BONNIER, famille alliée à celle de la Hautonnière : d'argent à trois trèfles de sinople. (*Le P.*, art. *Fougerolles.*).

BONNINIÈRE, de la, seign. de Beaumont-Laronce, Beaumont-la-Chartre, etc., famille de Touraine : d'argent à une fleur-de-lis de gueules. (*Armor. m.*).

BONS HOMMES, prieuré de l'ordre de Grandmont, établi dans la forêt de Craon, province d'Anjou. Armes :

BONVOUST, sieur de la Miottière. Marguerite Courtin, sa veuve, à Melleray, près Lassay, portée au rôle de l'arrière-ban, 1675 : d'argent à deux fasces d'azur accompagnées de six merlettes de sable, 3, 2, 1.

BORDE, de la, maint. 1666. Nicolas, à Evron, et Henri, à Luché, inscrits au rôle de l'arrière-ban, 1689 : de sable au lion léopardé d'argent. (*Nob. de N.*).

BOUARIER, écuyer, seign. de la Chevalerie, à Brûlon, porté au rôle de l'arrière-ban du Maine, 1675.

BOUCAUT DE MELLIANT, (la veuve) dame du Petit-Bois, à Pommerieux, se fit représenter à l'assemblée de la Noblesse d'Anjou, 1789 : de gueules au léopard d'or, tenant de sa patte dextre une fleur-de-lis d'argent, et soutenu d'un croissant d'or en pointe. (*Arm. de la M.*). BOUCOT : d'azur au chevron d'or, accompagné en chef de deux molettes, en pointe d'une gerbe, le tout d'or.

BOUCHAGE, du. V. JOYEUSE.

BOUCHARD, René, garde-du-corps du roi ; sa veuve domiciliée à Saint-Calais, taxée au rôle de l'arrière-ban, 1675.

BOUCHARD DE LA POTHERIE, seign. de Laigné, près de Châteaugontier, assista à l'assemblée de la Noblesse d'Anjou, 1789 : d'argent à la croix de gueules cantonnée de quatre coquilles de même. (*Roy. d'armes*). La POTERIE : de gueules à la croix d'or. (*Id.*).

BOUCHER, plusieurs familles de ce nom. BOUCHER, seign. de Bois-Girard en Roullée, maint. 1667 : de gueules à la bande d'argent chargée de trois cloches de sinople, bataillées d'argent. (*Nob. de N.*). BOUCHER, seign. de Vaigron, membre des Etats du Maine, était-il de cette famille ? Arnaud BOUCHER-D'ORSAY, abbé de Beaulieu, 1707-1748 : de gueules au lion d'argent ; l'écu semé de croisettes de même. (*Trés. hér.*).

BOUCHET, du, marquis de Sourches. Dès le 13.ᵉ siécle, cette maison possédait les terres de la Ferté-Macé, Saint-Léonard-des-Bois, Maleffre, etc. Elle a donné plusieurs grands prévôts de France, un chevalier des ordres du roi ; Guillaume, lieutenant et connétable de la ville et châtel du Mans, 1452 ; Louis-François, gouv. et lieutenant gén. du Maine, Perche et Laval. Antoine, seign. de la Forterie, à Parigné, Jacques, à Arconnay, et Eléonore, veuve d'Argy, à Mayet, portés au rôle de l'arrière-ban, 1689. Jean-Louis, marquis de Sourches, grand prévôt, se fit représenter à l'assemblée de la Noblesse, 1789 : d'argent à deux fasces de sable qui est du Bouchet, écartelé d'azur, semé de France au lion de gueules qui est Montsoreau. (*La Ch.*).

BOUCHET, du, autre famille, porte : d'hermines, papelonné de gueules. (*Arm. de la M.*).

BOUERE, de, ancienne famille, propriétaire de la terre et seigneurie de Bouère près de Sablé, a fait des dons assez considérables à l'abbaye de Marmoutier. Eteinte depuis long-temps.

BOUESSAY, Urbain, sieur du Rocher, fourrier de la Reine, domicilié à Evron, porté au rôle de l'arrière-ban, 1675. Le Bouessay porte : d'hermine au chef de gueules, brisé d'un lambel d'or. (*Arm. de Bret.*).

BOUFRÉ, seign. du Bignon, en 1495. (*Le P.*, I., 104).

BOUHIER, vicaire-général du diocèse de Langres, abbé de Fontaine Daniel, première moitié du 18.e siècle : d'azur au chevron d'or, accompagné en chef d'un croissant d'argent, et en pointe d'une tête de bœuf d'or. (*La Ch.*).

BOUHIER, en Bourgogne : d'azur au bœuf d'or. (*Dub.*).

BOUILLÉ, de, comtes de Créance, seign. de Bouillé, Torcé-en-Charnie, Arquenay, Bignon, Maisoncelles, etc. Cette famille a produit un grand nombre de personnages remarquables ; a donné Pierre, abbé de Tyronneau, 1614; et Marguerite, abbesse d'Etival, 1461-1477. René, chevalier des ordres du roi, et son fils, assistèrent aux états du Maine, 1576. Claude, seign. de Théval ; Louis-Joseph, seign. de Saint-Benoit-sur-Sarthe, et la demoiselle Louise de Créance, portés au rôle de l'arrière-ban, 1689. Le seign. de Bouillé se fit représenter à l'assemblée de la Noblesse, 1789 : d'argent à la fasce de gueules, frettée d'or, accostée de deux burelles de gueules. (*Nob. de N.*). de gueules à trois fasces d'argent, celle du milieu frettée de sable. (*Hist. de Montmorency.*).

BOUJU. La province du Maine eut, dans les 15.e et 16.e siècles, plusieurs magistrats de ce nom. Jean Bouju, doyen de l'église du Mans, décéda vers 1452. Le Nobiliaire de Normandie cite deux familles Bouju ; l'une de l'élection de Lisieux porte : d'or à trois chevrons d'azur, l'autre, de l'élection de Mortagne, a pour armoiries, d'or à la fasce d'azur, accompagnée en chef de deux molettes de gueules.

BOULAYE, la dame de la, se fit représenter à l'assemblée de la Noblesse du Maine, 1789: trois familles de la Boulaye, et de la généralité d'Alençon, maintenues dans leur noblesse, en 1666 et 1667 : 1.° La Boulaye, seign. de Fessenvillier : d'azur au sautoir alaisé d'argent ; 2.° la Boulaye, seign. de la Londe : d'or au chevron de gueules, accompagné de trois cottes de maille d'azur ; 3.º la BOULAYE, seign. de la Boulaye: d'argent à la bande de gueules, accompagnée en chef d'une merlette de sable, en pointe de trois croisettes de même mises en orle. (*Nob. de N.*).

BOULEMER, seign. de Chassé, Montigny, etc., maint. 1667. Jacques, chev., seign. de Montigny et Bresteau, gouverneur du château d'Alençon, et Susanne, veuve de Villay, seign. de Heslou, portés au rôle de l'arrière-ban du Maine, 1689. De Boulemer, seign. de Chassé, assista à l'assemblée de la Noblesse du baillage d'Alençon, 1789 : d'or au chevron d'azur, accompagné de trois aigles éployées de sable, deux en chef, une en pointe. (*Nob. de N.*).

BOULOIRE, de, ancienne famille éteinte depuis longtemps. 1222, Mathieu de Bouloire assista aux obsèques de Guillaume des Roches, fondateur de l'abbaye de Bonlieu, et donna à ce monastère une rente d'un muid de vin.

BOURBON, sires de Bourbon ; seign. du Perche-Gouet, 13.e siècle : d'or au lion de gueules, à l'orle de huit coquilles d'azur.

BOURBON, dauphin d'Auvergne. Louis fut gouverneur et lieutenant-général de Touraine, Anjou, Maine, 1560-1565 ; François gouverneur de Touraine, Anjou, Maine, Perche, Laval, Blois, Amboise et Loudunois, 1565-1570. Le dauphin d'Auvergne porte : d'or au dauphin pâmé d'azur. (*Trés. hér.*), pâmé qui n'a point d'œil, de dents ni de langue.

BOURBON CONDE, seign. de Créans, 17.e siècle : d'azur à trois fleurs-de-lis d'or au bâton de gueules péri en bande.

BOURBON CONTI, branche de Condé, seign. de Montmirail, 17.e siècle : d'azur à trois fleurs-de-lis d'or au bâton de gueules péri en bande, à la bordure de même.

BOUBON D'ORLÉANS, seign. de Domfront et autres lieux du Passais : d'azur à trois fleurs-de-lis d'or au lambel de trois pendants de gueules.

BOURBON SOISSONS, seign. de Bonnétable, 17e siècle : d'azur à trois fleurs-de-lis d'or au bâton de gueules péri en bande à la bordure de même.

BOURBON SOISSONS, Louis-Henri légitimé de, seign. de Bonnétable, fin du 17.e siécle : d'azur à trois fleurs-de-lis d'or au bâton de gueules en barre, à la bordure de même.

BOURBON VENDOME, seign. de Saint-Calais, Mondoubleau, Beaumont, la Flèche, etc., 16.e siècle. Charles II, archevêque de Rouen, cardinal, abbé de la Couture, mort, 1590. Charles III, cardinal, abbé de la Couture, 1590-1594 : d'azur à trois fleurs-de-lis d'or au bâton de gueules chargé de trois lionceaux d'argent. Charles III, écartelait d'Alençon, qui est d'azur à trois fleurs-de-lis d'or à la bordure de gueules chargée de huit besans d'argent.

BOURDAIS, le, seign. de Chassillé au 18.e siècle. Jean le Bourdais fut conseiller au présidial du Mans, en 1654.

BOURET DE COURBONNES, seign. de Bellou-le-Trichard. (*Le Paige.*) BOURET, seign. d'Erigny de Valleroche : d'azur au chevron d'or, accompagné de trois canettes d'argent. (*Dub.*).

BOURG, du, évêque de Rieux, maître des requêtes, 1538 ; abbé commendataire de Saint-Georges-du-Bois ; se démet de son abbaye, 1565 : d'azur à trois tiges d'épine d'argent, mises en pal, 2 et 1. (*La Ch.*).

BOURG - L'EVÈQUE : d'argent à trois molettes et une épée de sable posée en pal, la pointe en bas. (*Gén. de Martigné*).

BOURGNEUF, de, assista aux Etats du Maine, 1576.

BOURGOGNE, ducs de ; seign. du Perche-Gouet, 13.e siècle : bandé d'or et d'azur de six pièces, à la bordure de gueules.

BOURRE, seign. de Corberon. Jean Bouré (il faut lire Bourré), était seign. du Bignon, en 1495. (*Le Paige*) ; René de Bourré, chev. de l'ordre du roi, seign. de Jarzé et de Villiers assista aux Etats du Maine, 1576 : d'azur à trois gerbes de blé d'argent, liées d'or. (*Dub.*).

BOURSAULT, René, abbé d'Evron, 1532-1555 : d'azur à trois bourses d'or, au chef de même, chargé d'une étoile de sable. (*Trés. hér.*).

BOUTEILLER, Victor, archev. de Tours ; abbé de

Vaàs, 1640 : d'or à la croix de gueules chargée de cinq coupes d'or. (*Trés. hér.*).

BOUTEILLER DE CHATEAUFORT, Henri-Louis-Charles, officier de la Légion d'honneur, maire de la ville du Mans, janvier 1816 — août 1830, ancien membre du conseil-général du département de la Sarthe et de la Chambre des Députés, mort à l'âge de 58 ans, le 4 octobre 1839, au château de Jallanges près Tours. La ville du Mans n'eut jamais d'administrateur plus dévoué, plus sage ni plus habile ; à ces qualités, M. de Châteaufort joignait une âme généreuse et bienfaisante ; c'est ainsi qu'il mérita l'estime générale. D'argent à trois coquilles de gueules.

BOUTEILLER, le : d'argent à la bande fuselée de cinq pièces. (*Arm. de la M.*).

BOUTON, famille originaire de Bourgogne, a donné un maréchal de France, chev. des ordres du roi ; Louis Bouton de Chamilly, abbé de la Couture, 1693-1705, Nicolas-Léonor, abbé de Beaulieu ; m. 1706 : de gueules à la fasce d'or. (*La Ch.*).

BOUTROUE, Marie, veuve Levayer, fut portée au rôle de l'arrière-ban, 1689, BOUTEROUE, seig. d'Aubigny : d'or à la bande vairée d'argent et de sable. (*Dub.*).

BOUTTEVILLAIN. Charles Bouttevillain, avocat à Mamers, et Gilles, sieur de la Gilberdière, à Cherisai, furent inscrits au rôle de l'arrière-ban du Maine, 1689.

BOUVET DE LOUVIGNY, seign. de Louvigny, Ancinnes, Saint-Rémi-des-Monts, Commerveil, St.-Aubin-des-Coudrais, Boessé-le-Sec, des fiefs des Biards, des Ardilliers, possèdent la terre de Louvigny dès 1559. Denis, sieur de Louvigny, fut porté au rôle de l'arrière-ban, 1689 ; Pierre-Charles-François assista à l'assemblée de la Noblesse 1789 ; M. le vicomte Bouvet de Louvigny a été membre de la chambre des députés : d'azur au bœuf effrayé d'argent, la queue passée entre les jambes et relevée sur le dos, et à l'étoile de même placée à dextre du chef de l'écu. (*Sceau.*).

BOUYER le, de Saint Gervais, seign. de Monhoudou, maint., 1667. Charles, seign. de Monhoudou, et François, assistèrent à l'assemblée de la Noblesse du Maine, 1789 : d'or à trois têtes de lion arrachées d'azur, 2 et 1 ; au chef de gueules. (*Nob. de N.*).

BRAITEL, Brestel, Bresteau, est une branche puînée des vicomtes de Beaumont, qui tire son nom de la terre de Brestel en Rouessé-Fontaine. Elle fonda le prieuré de Bresteau ou de la Pelouse à Lombron, et bâtit le château de Bresteau à Beillé. Guillaume de Braitel, fils du vicomte Geoffroy, donna, 1098, à l'abbaye de St.-Vincent, l'église de Dangeul; il fit avec Raoul de Beaumont le voyage de la Terre Sainte, et rapporta du bois de la vraie croix qu'il déposa en 1116, dans l'église du Mans. (*Ampl. Coll. Analecta*). Braitel devait porter comme Beaumont, d'azur au lion d'or. (*Hist. de Norm.*).

BRANCAS, duc de Villars-Brancas et de Lauragais, Grands d'Espagne de la première classe, orig. du royaume de Naples. Une branche établie au comtat Venaissin vers la fin du 14.e siècle, a donné plusieurs hauts fonctionnaires. Le duc de Villars, pair de France, acquit la baronnie de la Ferté, vers 1628 ; au 18.e siècle, les seigneurs de Lauragais avaient la terre de Lassai ; et la duchesse de Brancas, de la maison de Clermont, était dame de St.-Jean-de-la-Motte : d'azur au pal d'argent, chargé de trois tours de gueules et accosté de quatre jambes de lion d'or affrontés en bandes et en barres mouvantes des flancs de l'écu. (*Courc. I*, 110.).

BRAUX, Nicolas de, assista à l'assemblée de la Noblesse du Maine, 1789.

BRECHE : d'azur à l'écusson d'argent, accompagné de huit croix recroisetées au pied fiché d'or. (*Trés. hérald.*, 118.)

BRÉE, anc. famille du Maine ; Hubert, *Hubertus de Breio*, prit la croix avec Geoffroy de Mayenne, 1158. Jeanne, prieure du Pré, fut abbesse de ce monastère, 1474-1493 : d'argent à deux fasces de sable, au sautoir de gueules brochant sur le tout. (*Le P.*, II, 209). BRÉE DU FOUILLOUX doit être une branche de cette famille ; il porte : fascé d'azur et d'argent de six pièces, au lion brochant, armé, lampassé et couronné d'or. (*Roy d'armes*).

BREICHE Michel de, évêque du Mans, 1355-1368 : d'azur à une gerbe de blé d'or. (*Simpl.* VIII, 227).

BREIL, de, assista aux Etats du Maine, 1576 : d'azur au lion couronné d'argent. (*Arm. de la M.*).

BRESSANT. V. de la ROUVRAYE.

BRESSE, ancienne famille dont un membre, *Gaufridus de Bresseio*, se croisa en 1158, avec Geoffroy de Mayenne.

BRESSEAU. Cette famille acquit dans les premières années du 17.e siècle la terre de Montfort-le-Rotrou, qu'elle fit ériger en marquisat. Louis-Anne, marquis de Montfort, porté au rôle de l'arrière-ban du Maine, 1689 : d'or à deux fasces d'azur. (*Armor. de la génér. de Tours*, Ms.).

BRESTEAU, seign. de la Canisière en Montigny. N. de Breteau (est-ce la même famille?) se fit représenter à l'assemblée de la Noblesse du Maine, 1789. BRETEAU : d'azur au chevron d'or, accompagné en chef de deux coquilles d'argent, en pointe de deux épées en sautoir, les pointes en bas, les poignées d'or, les lames d'argent. (*Dub.*). BRETEL, en Normandie : d'or au chevron de gueules, chargé d'une fleur-de-lis d'or, accompagnée de trois molettes de gueules, au chef d'azur chargé d'une anguille d'argent mise en fasce ondée. (*Nob. de N.*).

BRET, le, famille originaire du Dauphiné. Cardin-Victor-René, seign. de la Bruère, assista à l'assemblée de la Noblesse d'Anjou, 1789 : d'or au sautoir de gueules, cantonné de quatre merlettes de sable ; à l'écusson en cœur d'argent au lion de sable armé et lampassé de gueules. (*Trés. hér.*).

BRETAGNE, maison souveraine, à laquelle fut alliée celle de Mayenne, porte : d'hermines.

BRETAGNE, Claude Bretagne, baron d'Avaugour, comte de Vertus et de Goello, seign. de Chantocé, Ingrande, Montfaucon en Anjou, de Courtangis en St.-Jean-des-Echelles, porté au rôle de l'arrière-ban du Maine, 1689.

BRETON, Jacques le, seign. du Vivier, à Fercé, et Marie-Anne, veuve de Mathurin Aubin, seign. de Pontosme, dame de la Martinière, à Murcé, inscrits au rôle de l'arrière-ban, 1689. Plusieurs familles de ce nom : 1.re, d'argent à trois mouchetures d'hermines en fasce, accompagnées de trois écussons de gueules, 2, 1. — 2.e, d'hermines au chef de gueules. — 3.e, d'argent au chevron de sable, accompagné de trois mouchetures d'hermines. — 4.ᵉ, d'argent à deux chevrons de gueules, accompagné de trois coquilles de même. — La 5.ᵉ; de l'élection de Mortagne : d'argent à trois roses de gueules, 2 et 1. (*Nob. de N.*).

BREZE, Pierre, seig. de la Varenne, de Brissac, comte de Maulévrier, sénéchal des provinces d'Anjou, Maine et Touraine, 1437-1444 : d'azur à l'écusson en cœur d'argent bordé d'or, à l'orle de huit croisettes de même. (*Très hér.*).

BRIE DE SERENS, seign. de Juillé, dans le 16.ᵉ siècle. Félix, protonotaire apostolique, abbé de St.-Evroult, devint en 1517 doyen de l'église du Mans : d'argent à quatre fasces de sable, au lion de gueules brochant sur le tout.

O BRIEN, lord comte de Thomond ; par son mariage, en 1755, avec Marie-Geneviève-Louise Gautier, fille du marquis de Chiffreville, devint seigneur de Beaumont-Pied-de-Bœuf, près de Château-du-Loir : de gueules à trois léopards l'un sur l'autre, partie d'or et d'argent qui est O Brien, écartelé d'or à trois girons de gueules, les pointes en bas, qui est Sydney; sur le tout, une étoile de sable. (*Dub.*).

BRIEND DE BREZ : d'argent à la fasce de sable, accompagnée de six rocs d'échiquier de même, trois en chef, trois en pointe. (*Arm. de la M.*).

BRIENNE, de, rois de Jérusalem. Louis, troisième fils de Jean, roi de Jérusalem, épousa vers le milieu du 13.ᵉ siècle, Agnès, vicomtesse de Beaumont. Marie de Brienne porta à Guillaume de Chamaillard, seign. d'Antenaise, le vicomté de Beaumont, dont elle hérita en 1364. Brienne porte : d'azur semé de billettes d'or, au lion de même, brochant. — Les rois de Jérusalem écartelaient de Champagne, qui est d'azur à la bande d'argent acostée de deux cotices potencées et contre-potencées de treize pièces d'or, sur le tout de Jérusalem, qui est d'argent à la croix potencée d'or, cantonnée de quatre croisettes de même. — Les vicomtes de Beaumont : d'azur semé de fleurs-de-lis d'or, au lion de même, brochant. (*Courc.*, I, 124).

BRIÈRE, seign. de Nouans et de Meurcé. (*Le Paige*): de gueules au chevron échiqueté d'argent et d'azur de trois traits, accompagné en chef de deux étoiles, et en pointe d'une tête de léopard, le tout d'or. (*Dub.*).

BRIFFE- PONSAN, Jean-Charles de la, doyen de l'église du Mans, 1772-1791 : d'argent au lion de gueules, à la bordure d'argent chargée de six merlettes de sable, trois en chef, une à chaque flanc et l'autre en pointe.

BRILLET, famille de Bretagne. Brillet de Villemorge, seign. du Mesnil, assista à l'assemblée de la Noblesse d'Anjou, 1789 : d'azur à la fasce brétécée et contre-brétécée d'or. (*Trés. hér.*).

BRIQUEVILLE, de, seign. de la Freslonnière et de Courcebeufs, famille de Normandie, dont l'origine remonte au commencement du 11.e siècle ; deux de ses membres se firent représenter à l'assemblée de la Noblesse du Maine, 1789 : pallé d'or et de gueules de six pièces. (*Le P.*, I, 239).

BRISOLIÈRE, de la. Voir Des ROYERS.

BRISSAC. V. COSSÉ DE BRISSAC.

BROC, de, seign. de Foulletourte, Cérans, Guécélard, Parigné-le-Pôlin, Beillé, etc. Cette famille a donné Marin, abbé régulier de St.-Calais, 1526-1533 ; Marie, abbesse de Bonlieu, 1518-1554. Charles-Éléonor et Charles-Michel assistèrent à l'assemblée de la Noblesse du Maine, 1789 : de sable à trois fusées d'argent et deux demies, rangées en bande.

BROCHARD. Jacques Brochard, avocat du roi au Châtelet de Paris, propriétaire dans le Maine, appelé pour l'arrière-ban, 1689, déclare en être exempt comme bourgeois de Paris. BROCHARD, seign. du Désert, généralité d'Alençon, élect. de Falaise, maint. 1667 : d'argent au chevron d'azur renversé, chargé de trois annelets d'or, au chef d'azur. (*Nob. de N.*).

BROISE, de la, famille de Normandie, dont une branche s'est établie aux environs de Laval. Thomas de la Broise fut un des cent-dix-neuf gentilshommes qui, en 1423 défendirent le Mont Saint-Michel contre les Anglais. Henri-François, seign. de Champfremont, fut porté au rôle de l'arrière-ban, 1689. De la Broise de Raiseu, seign. de la Boucherollière, assista à l'assemblée de la Noblesse d'Anjou et à celle du Maine, 1789 : d'azur à deux chevrons d'or, accompagnés de trois molettes de même, deux en chef, une en pointe, et chargés de deux jumelles aussi d'or. (*La Ch.*).

BROSSARD, de; Alexandre, à Landivy, Jean, écuyer, seign. de la Gautrais, à Brûlon; Zacharie, à Linières-la-Doucelle, furent portés au rôle de l'arrière-ban, 1689. Brossard, seign. des Ecotais et de Jublains, se fit représenter à l'assemblée de la Noblesse, 1789. Le Nobiliaire de Normandie cite deux familles : la 1.re : d'azur à trois fleurs-de-lis d'or au bâton d'argent en bande ; la 2.e : de sable au chevron d'or accompagné de deux besans de même en chef, et d'une molette aussi d'or en pointe.

BROSSARD, Charles de, écuyer, seign. de Claire-Fontaine, à Fontaine-Raoul, porté au rôle de l'arrière-ban du Maine, 1675. Est-il de la même famille que les précédents ?

BROSSET, Claude, abbé de Perseigne, vers 1578.

BROUSSIN, seig. de Broussin et de Fay ; cette famille éteinte depuis long-temps, a produit Béatrix de Broussin, abbesse d'Étival, vers la fin du 14.e siècle, et morte 27 mars 1404. (*Liv. rouge*, 80). Hector Broussin, garde du corps du feu duc d'Orléans, à St.-Pierre-du-Lorouer, porté au rôle de l'arrière-ban, 1675. Est-il de la même famille que l'abbesse ?

BRULART, maison qui a donné des présidens au parlement de Dijon, des conseillers d'état, un chancelier de France, des chevaliers des ordres, des ambassadeurs, etc. Elle jouit anciennement de la terre et seign. de Fay, près du Mans. Nicolas Brulart de Sillery, abbé de l'Epau en 1641, eut pour successeur, en 1684, Léonor, mort 1699. Fabio, évêque de Soissons, devint abbé commendataire de la Pelice ; il mourut en 1714. Pierre Brulart fut intendant de Tours, 1566-1580 : de gueules à la bande d'or chargée d'une traînée de cinq barillets de poudre de sable, deux dessus, trois dessous. (*La Ch.*).

BRULON. Cette ancienne famille, propriétaire de la terre de ce nom, y fonda le prieuré de St.-Pierre, en faveur de l'abbaye de la Couture. Elle existait dans les 11.e et 12.e siècles.

BRUNEAU, seign. de Resteau en Maigné, 18.ᵉ siècle, allié à la famille d'Andigné.

BUAT, du, seign. de St.-Gault, de Bracé en Beaulieu, de la Subrardière en Méral, originaires de Normandie, établis dans l'Anjou, en 1395. Le seigneur de la Subrardière assista à l'assemblée de la Noblesse d'Anjou, 1789: d'azur à trois quintefeuilles d'or posées 2 et 1. (*La Ch.*). Plusieurs familles de ce nom. (*Nob. de N.*).

BUCHER. Bucher de Chauvigné assista à l'assemblée de la Noblesse du Maine, 1789. Bucher, seign. de l'Ecorse, à Chemazé, fut membre de l'assemblée de la Noblesse d'Anjou.

BUEIL, de, maison de Touraine, dont l'origine remonte à Barthélemi de Bueil, chevalier vivant en 1251. Elle a donné plusieurs grands capitaines, un maître des arbalêtriers, tué à la bataille d'Azincourt, 1415 ; un amiral de France, deux grands échansons, un archevêque de Tours; au monastère de Bonlieu, deux abbesses : Louise de Bueil, 1563—...., à laquelle succéda Madeleine, morte, 1623. Les seigneurs de Bueil possédèrent la terre de Courcillon en Dissay, la seign. de St.-Calais, 15.ᵉ siècle, celle de la Chartre, 16.ᵉ siècle : d'azur au croissant montant d'argent accompagné de six croix recroisettées au pied fiché d'or, trois en chef, trois en pointe. (*La Ch.*).

BUISNARD, seign. de Pontaubray en Landivy, de la Maison-Rouge, à la Dorée: d'azur à la fasce d'argent, accompagnée de trois roses de même, deux en chef, une en pointe. (*Arm. de la M.*).

BUISSON, du. Plusieurs familles de ce nom : 1. Du BUISSON : d'azur à trois étoiles d'or. (*Trés. hér.*). 2. Du BUISSON de la Lisondière : de sable à trois quintefeuilles d'or. 3. Du BUISSON de Roqueville : de gueules à trois bandes d'or, au chef d'azur chargé d'un léopard d'argent. Marie du Buisson, veuve de Louis du Maurier, à la Fontaine-St.-Martin, fut portée au rôle de l'arrière-ban, 1689.

BULLION, marquis de Fervaques. Alphonse-Noël fut gouverneur et lieutenant-général dans les pays du Maine, Perche et Laval, 1678-1698 ; il eut pour successeur Charles-Denis, son frère, qui fut remplacé par Anne-Jacques, son fils, 1715 : écartelé aux 1 et 4 d'azur au lion issant de trois fasces ondées d'argent, qui est Bullion; aux 2 et 3 d'argent à la bande de gueules accompagnée de six coquilles de même mises en orle, qui est Vincent. (*Dub*.).

BUREAU. Michel Bureau, dernier abbé régulier de la Couture, élu en 1496; évêque de Jéropolis, mort en 1518 : d'azur au chevron vidé, potencé et contre-potencé de treize pièces aussi d'argent accompagné de trois pots d'or. (*Trés. hér.*).

BUSQUET, seign. de St.-Vincent-des-Prés. Busquet, seign. de Chandoisel, en Normandie, porte : d'argent à la fasce de gueules, accompagnée en chef d'un cœur de même, posé entre deux étoiles de sable, et en pointe d'une rose de gueules. (*Dub*.). Une autre famille, dont les branches se sont répandues en Bourgogne et en Angoumois, a pour armoiries : d'argent à deux bisses de sinople entrelacées en cordelière, accompagnées en pointe et entre leurs queues d'un lion d'azur. (*Courc.*).

BUSSON, famille de Bretagne : d'argent au lion de sable, armé, lampassé et couronné d'or. (*Arm. de la M.*). Une autre famille de ce nom porte : d'argent fretté de sable. (*Trés. hér.*).

BUSSY, Jean de, nommé doyen de l'église du Mans, 1422. Plusieurs familles de ce nom, suivant le Trésor Héraldique : 1.º BUSSY BRION : d'argent écartelé d'azur; 2.º BUSSY ST.-GEORGES : d'azur à trois chevrons d'or, à la pointe brisée ou coupée; BUSSY BOIS-CERVOISE : d'azur au cerf d'or; BUSSY MERVAL : d'or à dix billettes de gueules, 4, 3, 2, 1, écartelé d'or à un renard passant de sable; BUSSY RABUTIN : à cinq points d'or équipolés à quatre de gueules. A laquelle de ces familles appartenait le doyen de l'église du Mans? Il nous est impossible de le dire. La liste des doyens ne fait connaître ni la famille, ni le pays de ce dignitaire.

BUST, de, anciens seign. de Semur. (*Le Paige*, 494).

BUT, du, on voit figurer cette famille aux Etats du Maine, en 1576 et en 1614. Chantepie prenait le surnom de du Bu. Voir CHANTEPIE.

C.

CADIER, seign. de Courgains, dernière moitié du 17.ᵉ siècle. Jacques, chev., seign. de Courgains, fut inscrit au rôle de l'arrière-ban, 1689 : d'azur à la tête de cerf d'or. (*Trés. hér.*). D'argent à la fasce de sable surmontée d'une merlette de gueules et soutenue d'une molette de même. (*Arm. de Bret.*).

CAIGNOU, famille établie à Magny, près de la Ferté-Macé, où elle possédait plusieurs fiefs, à l'un desquels (la Métairie) elle donna le nom du fief de Caignou. François-Louis-Jean-Jacques de Caignou assista à l'assemblée de la Noblesse du Maine, 1789 : d'azur à trois bandes d'or. (*La Ch.*).

CAILLARD, seign. d'Aillères; en 1666, seign. de Villiers en Vivoin. Les enfans de feu Mathieu, seign. de la Gensdière, taxés au rôle de l'arrière-ban, 1675. Germain, seign. d'Aillères, et Abraham, assistèrent à l'assemblée de la Noblesse, 1789 : d'argent au chevron de gueules, accompagné de trois merlettes de sable. (*Dub.*).

CAILLEAU, famille du Mans, annoblie dans le 18.ᵉ siècle, a possédé les terres de la Touche, d'Yvré-le-Polin, de Thomassin en Chantenay, d'Auvour. Jacques-Pierre-Henri, seign. de Thomassin, assista à l'assemblée de la Noblesse du Maine, 1789; Cailleau d'Auvour y fut représenté.

CAILLEBOT DE LA SALLE, marquis de la Salle, en Normandie, par érection de 1673. François Caillebot de la Salle, évêque de Tournay, fut abbé de la Couture, 1705-1723 : d'or à six annelets de gueules, 3, 2, 1. (*La Ch.*).

CAIRON, de, en Normandie. Gabriel, écuyer, seign. de la Rouillerie, à cause de Renée de Meaulne, à Grenoux, taxé au rôle de l'arrière-ban, 1675 : de gueules à trois coquilles d'argent, 2, 1. (*Nob. de N.*).

CALAIS, SAINT, abbaye de bénédictins, fondée au 6.ᵉ siècle : d'azur à deux crosses d'or adossées, posées en pal, accostées de deux fleurs-de-lis de même. (*Arm. Ms.*). On lui donne aussi : d'azur à trois fleurs-de-lis d'or posées en pal, accostées de deux crosses de même.

CALAIS, SAINT, petite ville du Maine sur l'Anille, ancien chef-lieu de doyenné, ancienne châtellenie, aujourd'hui chef-lieu de canton et d'arrondissement du département de la Sarthe : d'azur à trois callebasses d'or, 2 et 1. (*arm. Ms.*).

CALAIS, SAINT, ancienne famille qui tire son nom de la ville de St.-Calais; elle a donné Hugues, évêque du Mans, 1135-1142.

CALVAIRIENNES, monastère fondé à Mayenne, en 1624, par René Pithard, sieur d'Orthes et de Beauchesne, et Jeanne d'Hiélant, sa femme : de sable, à une Vierge debout au pied de la croix d'or. (*Arm. ms.*).

CAMALDULES, à Bessé, couvent fondé en 1659, par Renard, écuyer commissaire des guerres : d'azur à un saint Gilles d'or. (*Arm. ms.*).

CAMPAN. V. COMPAIN.

CAMUS, Nicolas, seig. de Torcy, et du chef de sa femme, Madelaine de Pincé, seign. du Coudray, en Anjou. (*Noms féod.*). Nicolas, chev., seign. de Pouance, la Raturière, les Hayes et Charnay en Tresson, porté au rôle de l'arrière-ban du Maine, 1689. Plusieurs familles de ce nom : 1.° d'azur à trois croissans d'or, à l'étoile de même, en cœur; 2.° d'azur à une flamme d'or issante d'un croissant d'argent accompagné de deux étoiles d'or en chef, à la cotice d'argent brochant sur le tout. (*Trés. hér.*).

CAMUS, Le. Jacques, écuyer, seign. des Hullières, à Beaufay, et la veuve de Pierre Le Camus, bailli de la Ferté, à la Ferté-Bernard, taxés au rôle de l'arrière-ban, 1675 : d'argent au pélican de gueules, au chef d'azur chargé d'une fleur de lis d'or. (*Trés. hér.*). Ces armoiries appartiennent-elles à cette famille?

CANEUX, Pierre Le, du diocèse de Lisieux, abbé de l'Epau, 1569.

CANTINEAU : d'argent à trois molettes de sable, 2, 1. (*Arm. de la M.*).

CAPPELLAN, Jean, éc., seign. de Perruchay en Vivoin, du chef de sa f.e Marguerite Richer, 1668. (*N. féod.*). Le

CHAPELLAIN, en Normandie : d'azur à deux chevrons d'or. (*Dub.*).

CAQUERAY, de. Louis-René assista à l'assemblée de la Noblesse du Maine, 1789. Plusieurs familles de ce nom : 1. CAQUERAY en Bretagne : d'or à trois roses de gueules. (*La Ch.*). 2. CAQUERAY des Landes : d'or à la fasce de gueules, accompagnée de trois roses de même, deux en chef, une en pointe. (*Nob. de N.*). 3. CAQUERAY de St.-Imes : d'azur au chevron d'or accompagné de trois faisceaux d'annelets d'or, 2 en chef, 1 en pointe, chaque faisceau composé de trois annelets enlacés imitant un trèfle renversé. (*Nob. de N.*).

CARADEUX, de, vicomtes de Neuvillette, par érection de 1578, seign. de Chenay : d'azur à trois lions d'or. (*Dub.*).

CARBONEL, Jean de, chevalier, chambellan du roi Charles VIII et seign. de la Guierche, 1482. (*Le P.*). Carbonel, branche de Brevant : coupé de gueules et d'azur à trois molettes d'argent, 2 et 1. Branche de Canisy, coupé de gueules et d'azur à trois tourteaux d'hermines. (*Nob. de N.*).

CARDOT, Nicolas, à Gesvres, porté sur le rôle de l'arrière-ban du Maine, 1689.

CARMES, couvent des, à la Flèche : chapé de sable et d'argent à trois étoiles, deux en chef, une en pointe de l'une en l'autre. Ce sont les armes de l'ordre, adoptées par les différentes maisons.

CARREY DE BELLEMARE, seign. de Bellemare, de la Forêt en Assé-le-Riboul, etc. Guillaume et Pierre furent portés au rôle de l'arrière-ban, 1689 ; François assista à l'assemblée de la Noblesse du Maine, 1789 ; un autre membre de la famille s'y fit représenter : d'azur à la bande d'or accompagnée de deux étoiles d'argent, au chef d'or, chargé de trois billettes couchées de gueules. (*Le P.*, I, 248).

CARRON, Philippe-Marie-Thérèse-Guy, évêque du Mans, 1829-1833 : d'azur au chevron d'or accompagné de deux croissans d'argent en chef et de trois losanges accolés de même en pointe.

CASINIER, chev., comte de Clessein, seign. de la Giroudière, à Lignières-la-Carelle, porté au rôle de l'arrière-ban du Maine, 1689.

CASTEL DE SAINT-PIERRE, barons de Saint-Pierre, par érection de 1644. Charles-Gabriel Castel de St.-Pierre, abbé d'Evron, 1718-1749 : de gueules au chevron d'argent, accompagné de trois roses d'or. (*Nob. de N.*).

CASTELNAU, anc. maison, a donné un maréchal de France. Christophe, seign. de Vaucolombeau en Marigné, du chef de sa femme, Renée de Boisnay, 1607 : fascé de gueules et d'or de six pièces, au chef d'argent chargé de cinq mouchetures d'hermines. (*Dub.*).

CATEY, famille de Normandie maintenue dans sa noblesse, 1666; elle acquit la terre de St.-Ouen-le-Brisoul, en 1595 : d'azur à six   d'argent, 3, 2, 1. (*Nob. de N.*).

CATHERINE, SAINTE, prieuré conventuel de l'ordre de St.-Augustin, congrégation de France (Génovéfains), fondé en 1224, dans la paroisse de Grenoux, près Laval, par Avoise de Craon, veuve de Gui VI, de Laval : d'azur à une sainte Catherine d'or. (*Arm. ms.*).

CAUMONT, anc. et illustre maison de Guyenne, seign. de Garenne, Bonnebostz, à Roullée, 1668 : d'azur à trois léopards d'or l'un sur l'autre, armés et lampassés de gueules. (*La Ch.*).

CAURIENNE, Samuel de, abbé de Saint-Calais, 1599-1614.

CAUVIGNY, seign. de Clinchamps, généralité de Caen. La dame veuve de Cauvigny se fit représenter à l'assemblée de la Noblesse du Maine, 1789 : d'argent au chevron de sable, accompagné de trois merlettes de même; au chef de sable, chargé de trois coquilles d'argent. (*Nob. de N.*).

CAUX, famille connue en Provence depuis la fin du 16.e siècle. Louis Caux des Londes, secrétaire du roi, seign. de St.-Ouen-en-Champagne, de Villedieu, du Plessis, etc., assista à l'assemblée de la Noblesse du Maine, 1789 : d'azur au bélier passant d'argent, clariné d'or, accompagné en chef de deux étoiles de même? (*La Ch.*).

CHABANNES, vicaire général du diocèse de Nevers,

abbé du Gué-de-Launay, 1761-1790 : de gueules au lion d'hermines, armé, lampassé et couronné d'or. (*Dub.*).

CHABOT, de, seign. de Bouloire, 16.ᵉ siècle.

CHABOT, seign. de Boisgirard en Lignières-la-Carelle. Marin, seign. de la Belle-Hôtellerie, épousa, 1583, Jeanne Lucienne, dame de Bois-Girard. J.-B.-Louis-François, seign. de Bois-Girard et de Lignières, assista à l'assemblée de la Noblesse du Maine, 1789 : d'or à trois chabots de gueules posés en pal, 2 et 1. (*La Ch.*).

CHAHANAY, quelquefois Chaunay, seign. de Cheronne en Tuffé, de Rosai, de St.-Denis et de Fontenailles. Cette famille a donné à la province du Maine deux sénéchaux, Hervé et Charles, l'un, 1486-1492 ; l'autre, 1624-1628 ; au diocèse, deux abbés, Catharin, abbé de Perseigne, m. 1551 ; Alexandre, abbé de Tyronneau, 1518-1540 ; une abbesse du Pré, Louise, 1511-1515 : d'argent à deux lions léopardés de sable, armés, lampassés et couronnés d'or.

CHAIGNOU, Guillaume, chanoine du Mans, seign. de Maule, près de cette ville, 1469.

CHALUS, de, seign. du Genest, de la Bénehardière, de la Bruaudais, de la Templerie. 1570, Geoffroy rend au seign. de Mayenne, hommage pour le Désert ; Jean et François sont taxés au rôle de l'arrière-ban, 1675 ; un autre de Chalus se fait représenter à l'assemblée de la Noblesse du Maine, 1789. Deux familles de ce nom : l'une porte d'or à la croix engrêlée d'azur ; l'autre : de sable au poisson d'or, semé d'étoiles de même. (*Roy d'armes*).

CHAMAILLARD, vicomtes de Beaumont, maison anc. et illustre. Guillaume, seign. d'Antenaise, épousa Marie de Beaumont, vicomtesse de Beaumont ; Marie, leur fille et unique héritière, fut mariée, le 20 oct. 1371 à Pierre II, comte d'Alençon : chevronné d'or et de gueules de huit pièces.

CHAMBES, comtes de Montsoreau, seign. de la châtellenie de Vaucreux et du fief de Bellesaule, terres dont Charles fit hommage au Mans, 1604 : d'azur semé de fleurs-de-lis d'or, au lion d'argent couronné d'or sur le tout. (*La Ch.*).

CHAMBRAY, marquis de Chambray, en Normandie ;

barons de la Roche-Turpin et de Poncé en Vendomois; seign. de Vallon, au Maine, 18.ᵉ siècle. Cette ancienne famille a donné vers la fin du 15.ᵉ siècle, une abbesse au monastère de la Virginité : d'hermines à trois tourteaux de gueules, 2, 1. (*La Ch.*).

CHAMBRE, Jean de la, doyen de l'église du Mans dans les premières années du 14.ᵉ siècle : d'azur semé de fleurs-de-lis d'or à la bande de gueules.

CHAMILLART, comtes de la Suze, par érection de 1720; seign. de Pilmil, Mézeray, Courcelles, Verron, Château-Sénéchal, Saint-Germain-du-Val, etc. Louis-François, grand maréchal-des-logis, assista à l'assemblée de la Noblesse du Maine, 1789 : d'azur à la levrette d'argent, colletée de gueules; au chef d'or chargé de trois molettes de sable, qui est Chamillart; écartelé d'or à trois fasces nébulées de gueules, qui est Maillé. (*Courc.*, I, 141).

CHAMPAGNE, comtes de la Suze, marquis de Vilaines, seign. de Parcé, de Bazouges-sur-Loir, etc., puisnés des Mathefelon, barons de Durtal, connus dès le 11.ᵉ siècle. Cette maison a donné deux chevaliers des ordres du roi, un sénéchal du Maine, Brandelis, 1500-1510; un lieutenant-général de Touraine, Anjou et Maine, 1542, Jean sire de Pescheseul, 1ᵉʳ baron du Maine : de sable, fretté d'argent, au chef de même, chargé d'un lion issant de gueules, armé, lampassé et couronné d'or. Croyant se donner plus d'importance, quelques-uns des membres de cette famille prirent les armes des comtes de la province de Champagne et les écartelèrent de celles de leur maison.

CHAMPAGNE, comtes palatins de cette province : d'azur à la bande d'argent accompagnée de deux cotices d'or potencées et contre-potencées de même, de treize pièces de chaque côté.

CHAMPAGNE, abbaye de Cisteriens, de la filiation de Savigny, dans la paroisse de Rouez; elle eut pour fondateurs, en 1188, Foulques Ribolé, seign. d'Assé, et Emme de Vancé, sa femme. Les deux époux, et plusieurs membres de la famille choisirent leur sépulture dans l'église de ce monastère. Ses armes devaient être celles de la maison d'Assé, qui portait emmanché parti d'argent et de sable de huit pièces, (*Le Paige*, 1, 35).

CHAMPAGNÉ, marquis de, seign. de la Motte-Ferchaut, etc. Cette maison ancienne tire son nom de la châtellenie de Champagné, en Bretagne; elle a produit des chevaliers bannerets, des généraux, des gouverneurs de places, des chevaliers de l'ordre du Roi, des capitaines de vaisseaux, etc. Armes: l'écu en bannière, d'hermine au chef de gueules. La branche de Champagné-Giffart porte: parti de Giffart, qui est d'argent, à la croix de gueules, chargée de cinq coquilles d'or et cantonnée de quatre lionceaux couronnés de gueules. (*Courc.*).

CHAMPCHEVRIER: d'or à l'aigle à deux têtes, éployée de gueules. (*Arm. de la M.*).

CHAMPDEMANCHE, d'argent au lion de sable, accompagné de quatre merlettes, de même, deux en chef deux en pointe. (*Arm. de la M.*).

CHAMPDIOU, abbé de St.-Calais, 1519. CHANDIOU, Chandieu, porte: de gueules au lion d'or. (*Trés. hér.*).

CHAMPFLEUR, anc. famille, dont un membre fonda le prieuré de Cohardon, vers le commencement du 12.e siècle.

CHAMPHUON, Guillaume, rend hommage pour les sergenteries fayées du Mans et des Quintes, 1479.

CHAMPLAIS, seign. de Courcelles, de la Masserie, Broussin et Fay. Etienne devint seign de Courcelles, par son mariage, en 1480, avec l'héritière de cette terre: d'argent à trois fasces de gueules, surmontées de trois aigles de sable. (*La Ch.*).

CHAMPS, des, seign. de Ste.-Osmane, avant 1373. La veuve des Champs, à St.-Paul-le-Gautier, taxée au rôle de l'arrière-ban, 1675. Le Nobiliaire de Normandie donne les armes de sept familles de ce nom. Des CHAMPS des Perriers, de la généralité d'Alençon porte: d'azur au triangle d'or, accompagné de trois besans d'argent, deux en chef, un dans le triangle.

CHANCEREL, famille orign. de la Flèche. Charles, seign. de la Haye, d'Ardaine et du Coudray, s'établit à Nantes, vers le milieu du 16.e siècle: de gueules au chevron d'or accompagné de trois abeilles du même. (*Courc.*, III, 142).

CHANTEPIE, Jacques de, seign. du Bu, rend hommage pour la terre de Chahin, située à Sougé-le-Bruant, 1622 : d'azur à la croix d'argent chargée d'une pie de sable, cantonnée de quatre besans d'or. (*Nob. de N.*).

CHAPDELAINE, seign. de Beuleux en Grazé. Jacques et René demeurant, l'un à St.-Bertevin, l'autre à Brécé, furent inscrits sur le rôle de l'arrière-ban du Maine, 1689. Deux autres membres de la famille se firent représenter à l'assemblée de la Noblesse, 1789 : de sable à l'épée d'argent, la garde et la poignée d'or, en bande, la pointe en bas, accompagnée de six fleurs de lis d'or posées en orle.

CHAPELAIN, Renée, veuve de Louis Pricur, seign. de Chantelou, à Vallon, taxée au rôle de l'arrière-ban, 1675. Chappelain : d'or à trois écussons de gueules. (*Gén. de Martigné*). — D'argent à trois bandes de gueules au franc canton de même, chargé d'une étoile d'argent (*Arm. de Bret.*).

CHAPELAIS, le. En 1362, Jean Le Chapelais était seigneur du Bois-Hamelin, à St.-Ouen-le-Brisoul. (*Le P.*, II, 392).

CHAPELIER, Jacques, écuyer, à la Pélerine, taxé au rôle de l'arrière-ban, 1675. Chappelier : fascé d'argent et de sinople de six pièces, au chef d'argent à deux branches de gueules en sautoir. (*La Ch.*).

CHAPELLE, Geoffroi de la, évêque du Mans, 1338-1347. Quelques-uns lui attribuent les armes du cardinal Pierre de la Forêt : d'argent, à l'arbre de sinople.

CHAPELLE, de la, seign. de Fouilloux, St.-Germain, St.-Jean-sur-Mayenne, etc. En 1453, Olivier était seign. du Bois-Hamelin en St.-Ouen-le-Brisoul; Urbaine, abbesse de la Virginité, mourut en 1600; Pierre, valet de pied du roi, domicilié à Valennes, fut taxé au rôle de l'arrière-ban, 1675. Plusieurs familles de ce nom : l'une porte d'or à la bande de sable; La Chapelle en Bretagne : de gueules à la fasce d'hermines; La Chapelle du Buisson, généralité de Caen : d'azur au chevron d'or, accompagné de deux molettes d'argent en chef et d'un croissant de même en pointe. Les trois personnages ci-dessus sont-ils de la même famille ?

CHAPELLE, de la, seign. de la Troussière et de Varennes-l'Enfant : d'or à la croix de sable. (*Généal. de Martigné*).

CHAPELLE-RAINSOUIN, la, anc. seign. de la Chapelle-Rainsouin, de la Jaille, etc. René, seign. de la Chapelle-Rainsouin et de la Jaille, rendit hommage au Mans pour Chambreil, 1453, 1478 : de gueules à la croix d'or. (*Trés. hér.*).

CHAPELLES, des, seign. des Chapelles, des Epichelières et de Vallon. (*Le P.*, I, 179; II, 513). René des Chapelles fut doyen de l'église du Mans, 1623-1668 ; un autre membre de la famille assista aux états du Maine, 1576.

CHAPIN, Françoise, à Landivy, taxée au rôle de l'arrière-ban, 1675. Serait-ce CHAPRIN? qui porte : d'azur à une croix ancrée d'or. (*La Ch.*).

CHAPUISET, en Touraine, orig. du Vendomois. René de Chapuiset, du Mans, assista à l'assemblée de la Noblesse du Maine, 1789 : d'azur à l'écusson de sable chargé d'une étoile d'or en abyme et accompagné de trois quintefeuilles d'argent. (*Courc.* III, 143).

CHARBONNIER, de, en Anjou. Françoise, veuve de René de Sarcé, seign. du lieu, à Sarcé, taxée au rôle de l'arrière-ban, 1675. Charbonnier, seign. de la Guesnerie, à Athée, fut membre de l'assemblée de la Noblesse d'Anjou, 1789 : d'azur à l'aigle d'argent, languée, becquée et membrée de gueules. (*Dub.*).

CHARDEBEUF DE PRADEL, seign. des Essarts, etc. Eutrope-Alexis, vicaire-général du diocèse de Limoges, abbé d'Evron, 1782-1790. Le seign. des Essarts et de la Motte, à Arthezé, fut membre de l'assemblée de la Noblesse d'Anjou, 1789 : d'azur à deux fasces d'argent accompagnées d'un croissant en chef, de quatre étoiles en cœur et d'une rencontre de bœuf en pointe, le tout d'argent. (*Sceau*).

CHARLERY, en Anjou; un membre s'est établi dans le département de la Sarthe, 19.e siècle : d'argent à trois roses de gueules tigées et feuillées de sinople. (*Sceau*).

CHARLET, à Paris. Geoffroy, aumônier du roi, devint

abbé de St.-Georges-du-Bois, 1562 : d'or à l'aigle de sable. (*Trés. hér.*).

CHARLOT, de, élection de Falaise, maint. 1667. Jean, écuyer, seign. de Villeneuve, à Coulombiers, taxé au rôle de l'arrière-ban, 1675 ; René, seig. de Beauchesne, à la Palu, fut inscrit sur le rôle de 1689 : d'argent à trois aigles à deux têtes de sable, posées 2 et 1. (*Nob. de N.*).

CHARNIERES, de : d'argent à trois merlettes de sable, 2, 1. (*Arm. de la M.*).

CHARON, famille de l'Orléannois. Jacques, seign. de Maubouge, garde du corps, à la Ferté-Bernard, taxé au rôle de l'arrière-ban, 1675 : d'azur au chevron d'or, accompagné de trois étoiles de même. (*La Ch.*).

CHARTIER, le, seign. de St.-Ouen, se fit représenter à l'assemblée de la Noblesse du Maine, 1789. Le CHARTIER, élection de Coutances : d'azur au chevron d'argent accompagné en chef de deux trèfles d'or, en pointe, d'un croissant d'argent. Le CHARTIER, élection de Bayeux : d'argent à la bande d'azur, chargée de trois coquilles d'or, accostée de trois roses de gueules, 1, 2 ; le chef d'azur chargé de trois molettes d'or. (*Nob. de N.*).

CHARTREUSE. Chartreuse-du-Parc, à St.-Denis-d'Orques, fondée en 1236, par Marguerite, comtesse de Fif, nièce de Raoul de Beaumont, augmentée par Geoffroy de Loudun, évêque du Mans : d'azur semé de fleurs de lis d'or, au lion de même ; ce sont les armes de Beaumont, ses fondateurs.

CHASNÉ, seign. du Plessis, en Bretagne, famille alliée à celle de la Hautonnière, du Maine : de   au lion coupé d'or et d'azur armé et lampassé de gueules. (*Le P.*, I, 350).

CHASTAIGNIER DE LA ROCHE-POSAY, Henri-Louis, évêque de Poitiers, abbé de la Couture, au Mans, 1638-1651 : d'or au lion de sinople. (*Gall. Chr.*, IV, 158).

CHASTELAIN, Adam, évêque du Mans, 1398-1438 : d'azur au château d'argent, couvert et girouetté de trois girouettes de même. (*Le Corv.*).

CHASTENAY. Thiephaine de Chastenay, abbesse d'Etival : 1371. Chastenay St.-Vincent porte : d'argent au coq de sinople crêté et armé de gueules, accompagné de trois roses de gueules boutonnées d'or, 2 en chef, 1 en pointe. (*Trés. hér.*).

CHASTRE. CHATRE, de la, seigneurs de Malicorne, d'Epineu-le-Séguin, de Varennes-l'Enfant, Poillé, etc.; maison du Berry qui a donné un archevêque de Bourges en 1140, des maréchaux de France, des chev. du Saint-Esprit, etc. Louis, maréchal de France, fut gouverneur des comtés du Maine, Perche et Laval, 1623-1627. Louis II, comte de Nançay, lieutenant-général des armées, épousa, 1694, Charlotte de Beaumanoir, dame de Malicorne. N. devint abbé de la Couture, 1784-1790 : de gueules à la croix ancrée de vair.

CHAT, le, seign. de la Chevalerie en Pruillé-l'Éguillé : d'argent à trois fasces de gueules accompagnées de sept merlettes de sable, 3, 3, 1. (*Trés. hér.*).

CHATEAUBRIANT, famille de Bretagne, alliée à plusieurs familles du Maine. François, abbé commendataire d'Evron, 1485-1519, fut remplacé par Nicolas, son neveu, 1519-1532 : de gueules semé de fleurs-de-lis d'or.

CHATEAUDUN, maison illustre. Geoffroy, vicomte de Châteaudun, seign. de Mondoubleau et de St.-Calais, puis de Château-du-Loir, mourut en 1248 : losangé d'or et de gueules, au bâton d'argent mis en bande. (*Trés. hér.*).

CHATEAU-GONTIER, maison éteinte, depuis longtemps : d'argent à trois chevrons de gueules.

CHATEAU-DU-LOIR, maison illustre, fondatrice du prieuré de St.-Guingalois, 11.e siècle. Gervais, évêque du Mans, 1036, passa à l'évêché de Reims, 1055, et devint chancelier de France. Mathilde, unique héritière de sa maison, épousa, vers 1090, Hélie, seign. de la Flèche, depuis comte du Maine. L'évêque Gervais portait : de gueules écartelé d'argent à la croix ancrée d'argent et de gueules de l'un en l'autre. (*Hist. des Chancel.*, 149).

CHATEAU-DU-LOIR, ville du Maine, sur le ruisseau d'Ire, ancien chef-lieu d'archidiaconé et de doyenné, ancienne baronnie, aujourd'hui chef-lieu de canton, de l'arrondissement de St.-Calais, département de la Sarthe : de gueules à un château d'argent. (*Arm. ms.*).

CHATEAUX-L'HERMITAGE, prieuré conventuel de l'ordre de St.-Augustin, congrégation de France (génovéfains), fondé par Geoffroy Plantagenet, comte du Maine, 1129-1151 : d'azur à trois fleurs de lis d'or, deux en chef, une en pointe, et un château de même, porté en cœur. (*Arm. ms.*).

CHATELOGER : d'azur à trois rencontres de cerfs d'or.

CHATILLON, comtes de St.-Paul, seign. du Perche-Gouet, au commencement du 13.e siècle : de gueules, à trois pals de vair au chef d'or. Cette maison a fourni plusieurs branches. Dominique de Châtillon, sénéchal du Maine, 1444-1454, appartenait-il à cette maison, l'une des plus illustres du royaume ?

CHATILLON, (de,) de la province de Poitou, seign. de Marcon. (*Le P.*) : de gueules à trois pals de vair au chef d'or chargé d'une merlette de sable au canton dextre. (*R. d'arm.*).

CHAUBRY, seign. d'Oiré en Clermont, ingénieur des ponts-et-chaussées, assista à l'assemblée de la Noblesse d'Anjou, 1789 ; il fut membre du Conseil général de la Sarthe, 18.e siècle.

CHAUCHON, abbé de Vaas, 1744-1777.

CHAUNAY. V. CHAHANNAY.

CHAUVELIN, Louis-Gabriel de, doyen de l'église du Mans, 1742-1772 : d'argent au chou arraché de sinople, la tige entortillée d'un serpent d'or, la tête en haut.

CHAUVIGNY, anc. seign. de Sept-Forges, de St.-Brice sur Taude, Boisfroult. Gui, seign. de Boisfroult, épousa, 1429, Guillemette de Vaux, baronne de Sept-Forges. Christophe, abbé de Bosquen, devint évêque de Léon, 1514; il eut pour successeur Rolland son neveu : d'hermines à deux fasces de gueules, à trois tourteaux de même en chef. (*Gall. Chr.*)

CHAUVIGNY DE BROSSE, François, vicomte de Brosse, épousa Jeanne de Laval, dame de la Suze. Gui, son fils, étant mort en 1502, sans lignée, la seign. de la Suze retourna aux héritiers de Jeanne de Craon, d'où elle passa à Baudouin de Champagne: d'argent à cinq fusées de gueules en fasce. (*La Ch.*).

CHAUVIN D'OIGNY DU PONCEAU, seign. d'Oigny, près de Sillé-le-Guillaume, annobli, 18e siècle; il assista à l'assemblée de la Noblesse du Maine, 1789.

LA CHAUX : d'azur à un lion léopardé d'or, au chef de même, à l'aigle naissant de sable. (*Trés. hér.* 215).

CHELLES, anc. seign. de Lucé sur la Veuve, de Pruillé, Montreuil et Madrelle. Marie, fille et unique héritière de sa maison, épousa Brisgault de Coesme, 15.e siecle.

CHEMIN, du, (Normandie) seign. de la Tour, du Menil-Durand, de St-Ceneré. Ambroise-Victor, seign. de Mont-Jean, assita à l'assemblée de la Noblesse, 1789 : de gueules au lion d'hermines. (*Nob. de N.*).

CHEMINART, doyen de l'église du Mans; 1502—1517.

CHEMME, Isabelle de, abbesse de Bonlieu, 1462 : d'or écartelé d'azur. (*Trés. hér.*) : de gueules au lion d'hermines. (*Dub.*).

CHENEVIERE, de, seign. de Glatigny et de Vaux en Maigné. (*Le P.*) : d'azur à l'écusson d'argent chargé d'une merlette de sable, et accompagnée de huit étoiles d'argent en orle. (*Nob. de N.*).

CHENON, seign. d'Avessé, de Brûlon, de Beaumont et Joué-en-Charnie, etc. (*Le Paige*). Gabriel Chenon, seign. de Brûlon, Viré, etc., assista à l'assemblée de la Noblesse du Maine, 1789.

CHENU : d'hermines, au chef losangé d'or et de gueules. (*Arm. de la M.*). CHENU, seign. de Gastines : d'azur au chevron d'argent accompagné de trois hures de sanglier de même.

CHEORCHIN, seign. de la Motte Cheorchin, terre située à . . . : d'or à la fasce fleurdelisée et contrefleurdelisée de gueules. (*Men., Hist. de Sablé*).

CHERBAYE, seign. de la Fontaine-Saint-Martin. Jean de Cherbaye, écuyer de la maison du duc d'Anjou, fait hommage de la Fontaine-St-Martin et de la Ségrairie, 1451.

CHERBON, seign. de Cherigny, à Chenu, assista à l'assemblée de la Noblesse d'Anjou, 1789.

CHERITE : d'argent au sautoir de sable, cantonné de quatre croisettes ancrées aussi de sable. (*Arm. de la M.*).

CHESNAIS, de la, de Paris. seign. de Courmontais, à Sainte-Jame-le-Robert. (*Le Paige.*).

CHESNAY : Marguerite, femme séparée d'avec le seign. de Naudières à Sillé-le-Guillaume, taxée au rôle de l'arrière-ban, 1675.

CHESNAYE, de la, de Vivoin, assista aux états du Maine, 1614. Plusieurs familles de ce nom : 1re d'argent à trois roses de gueules, 2, 1 ; 2e de sable à trois chevrons d'argent ; 3e d'azur à trois lances avec leurs guidons d'or ; 4e d'azur au chevron d'argent accompagné de trois glands d'or, les pointes en bas. (*Trés. hér.*).

CHESNE, du. Tillion du Chesne, au Maine : de sable à deux épées d'argent. (*Roy d'Arm.*).

CHEVALERIE, de la, au Maine : de gueules au cheval cabré d'argent. (*Encycl. Méth.*). Il existait dans le Maine plusieurs terres du nom de la Chevalerie, ayant maison notable avec chapelle : 1° au N. de Parigné-le-Pôlin ; 2° au N. E. de Pruillé-l'Eguillé ; 3° au N. O. d'Ambrières.

CHEVALIER ; plusieurs familles de ce nom. Pierre, seign. de la Chicaudière, conseiller à l'élection du Mans, seign. de Bildoux en Vivoin, 1661. CHEVALIER de la Barre : d'azur à trois chevaliers d'or 2 et 1. (*La Ch.*).

CHEVERUE : V. LEFEBVRE de Cheverue.

CHEVIGNÉ, de : de sable à quatre fusées accolées mises en fasce, accompagnées de six besans, 3 en chef, 3 en pointe, le tout d'or. (*Arm. de la M.*).

CHEVRIÈRE, de la, seign. de la Roche de Vaux et du Bouchet-aux-Corneilles en Requeil. Jacques, en 1342 ; Jacques II, 1489 ; Jean, en 1613, et Marguerite, veuve du baron de Lavardin, en 1659 et 1661, font hommage pour la Roche de Vaux et le Bouchet-aux-Corneilles. (*Noms féod.*). CHEVRIÈRES, Saint-Maurice : d'argent à trois chevrons de gueules, à la bordure dentelée d'azur. (*Trés. hér.*) CHEVRIÈRE de de Paudy : d'azur à trois têtes arrachées de licornes d'argent. (*Roy d'arm.*).

CHICOYNEAU, seign. de la Futaye en Saint-Pavin-des-Champs, 18.ᵉ siècle. CHICOYNEAU, de Montpellier : d'azur à la bande d'argent, chargée d'une étoile de gueules accotée de deux croissants de même. (*Dub.*).

CHIENS, des. Des Chiens de Resons, lieutenant-général d'artillerie, était lieutenant particulier du Maine, en 1727 : d'azur au lion d'or, armé et lampassé de gueules, au chef de même, chargé de trois têtes de lévriers d'argent, accolées de sable, bouclées et clouées d'or. (*La Ch.*).

CHISSÉ, Jean, éc. seign. de Vaux-le-Vicomte, à Courdemanche, fait hommage 1489, au nom de sa femme, pour droit d'usage en la forêt de Bersay : CHISSÉ en Dauphiné : d'or, parti de gueules, au lion de sable brochant sur le tout : CHISSÉ Varanges : d'azur à trois tours d'or. (*La Ch.*).

CHIVRÉ, originaire du Maine. Henri, lieutenant-général d'artillerie, fit ériger en marquisat la Châtellenie de la Barre, unie aux terres de la Guenaudière, St-Aignan, la Bruère, le Bois-au-Baron, par lettres de 1633 : d'argent au lion de sable. (*Nob. de N.*).

CHOINES, Antoine de, veuve Alexandre, ecuyer seign. de Chanteloup, dame des Russeaulx, relevant de Château-du-Loir, 1604. (*Noms féodaux*).

CHOISEUL, duc de Praslin par érection de 1762, marquis de Varenne, baron de la Flèche, Sainte-Suzanne, etc. Cette maison a produit trois maréchaux de France, des chevaliers des ordres du roi, des lieutenants-généraux, des ambassadeurs, un évêque de Saint-Papoul, abbé de Tyronneau, etc. Deux de ses membres assistèrent à l'assemblée de la Noblesse du Maine, 1789; le comte de Choiseul fut député aux états-généraux : d'azur à la croix d'or, cantonné de dix-huit billettes de même, cinq en chaque canton du chef, quatre en chaque canton du bas de l'écu. (*Courcelles*).

CHOPIN, jurisconsulte célèbre du 16.ᵉ siècle, annobli par le roi. Dubuisson cite une famille du nom de Chopin, à laquelle il donne pour armes : d'azur à une pique d'argent fûtée d'or et un cerf ailé volant sur la pique de même.

CHORON, seign. de Montreuil-le-Chétif. (*Le Paige*, 11, 345).

CHOUET, seign. de Maulny, de Vilaines, des Planches,

du Boulay et de la Rochère, famille appartenant à la magistrature. René fit ériger, 1677, les fiefs de Montbisot, de Maulny, etc., en vicomté sous le nom de Maulny : d'hermines à la fasce de...

CHOURCES. Cette maison fut une des plus riches et des plus puissantes du Maine. Elle posséda les terres de Chaources, aujourd'hui Sourche en St-Symphorien, de Bernay, Ballon, St-Aignan, Malicorne, etc. Vers 1085, Patry dota le prieuré de Bernay, et fit plus tard le voyage de la Terre-Sainte; en 1142, un autre Patry fonda l'abbaye de Tyronneau; Geoffroy se croisa, 1158, avec le seign. de Mayenne; Catherine devint abbesse du Pré, 1560. Jean, seign. de Malicorne, obtint le gouvernement du Poitou, et le collier des ordres du roi; il assista à l'assemblée des Notables tenue à Rouen, 1596. Ses biens passèrent à Marguerite, sa sœur, épouse du marquis Charles de Beaumanoir. Une branche puînée existe encore : d'argent à cinq burelles de gueules.

CIGONGNE, de la, seign. du Bois de Mayenne et de Rennes, maint., 1667. N. de la Cigogne assista aux États du Maine, 1614 : d'azur à trois fleurs de lis d'or, à la bande componée d'argent et de gueules de deux traits brochant sur le tout. *(Nob. de N.)*.

CIRIER, le, seign. de Semur, la Mouchère, Boisguinant à Lavaré. François, seign. de la Mouchère et de Semur, assista aux états du Perche, 1558. Le seign. de Semur, membre de ceux du Maine, 1576; Yves le Cirier devint abbé de Tyronneau, 1575. Henri-Emmanuel, seign. de Boisguinant, porté au rôle de l'arrière-ban, 1689 : d'argent à quatre mouchetures d'hermines d'azur cantonnées, à l'étoile de gueules en cœur. *(Trés. hér. 7)*.

CISSAY, François de, à Souday, inscrit au rôle de l'arrière-ban du Maine, 1675 : d'azur à deux chevrons d'or chargés chacun de cinq coquilles de gueules. *(Trés. hér.)*.

CLAIRAUNAY, au Maine : d'argent à trois licornes de sable, 2, 1. *(Trés. hérald., 243)*.

CLAIRE (religieuses de SAINTE), établies à Laval, 1524, dans le couvent de *Patience*, par Gui XVI et Anne de Montmorency, sa femme : d'azur à une Vierge tenant son enfant Jésus; le tout d'or, *(Arm. ms.)*. Cet armorial établit le monastère de Patience sans faire attention que c'est la même institution, et lui donne pour armes : d'azur, à une tortue d'or.

CLEF (la) de Roquemont : d'or à la croix de sable chargée de cinq étoiles d'argent cantonnées aux 1 et 4 d'un lion d'azur ; aux 2 et 3 d'une rose de gueules. (*Arm. de la M.*).

CLEMENT (SAINT), prieuré conventuel de bénédictins, à Craon : d'azur semé de fleurs de lis d'or, à l'ancre d'argent brochant sur le tout. (*Arm. ms.*).

CLEMENT, Jean-Baptiste, abbé de St.-Calais ; 1709—1723.

CLERC, le, Seign. de Loiron, Beaulieu, Terchant, Saint-Cyr-le-Gravelais, Ruillé-le-Gravelais, la Rongère des Godèches, de Boisjousse. Jean, seign. de la Provoterie, et Georges, chevalier, seign. de Villiers, à Jublains, furent taxés au rôle de l'arrière-ban, 1675. Le vicomte de Terchant, les seign. de la Rongère et des Godèches assistèrent à l'assemblée de la Noblesse du Maine, 1789 ; quatre autres membres de la famille s'y firent représenter. Le Clerc de la Provoterie porte : d'azur au chevron d'or, surmonté d'un croissant d'argent, au chef d'argent chargé de trois molettes de sable. (*Arm. de la M.*).

CLERC, le, barons, puis marquis de Juigné. Cette famille remonte au 13.ᵉ siècle ; elle a donné un archevêque de Paris, des officiers-généraux, un plénipotentiaire. Jacques-Gabriel-Louis, marquis de Juigné, et Charles-Philbert-Gabriel, assistèrent à l'assemblée de la Noblesse du Maine, 1789 : d'argent à la croix de gueules, bordée engrêlée de sable, cantonnée de quatre aiglettes de sable becquées et armées de gueules ; cimier : un coq essorant ; devise : *ad alta*; cri : *battons* et *abattons*. (*Courc. I, 161*).

CLERC, le, évêque de Léon, abbé de Montfort et de la Roe en Anjou, aumônier de la reine Claude : d'argent à la croix engrêlée de gueules, cantonnée de quatre alérions de sable. (*Arm. de Bret.*).

CLERC DE LESSEVILLE, Charles-Nicolas le, intendant de la généralité de Tours, 1731—1743 : d'azur à trois croissants d'or posés 2 et 1, surmontés d'un lambel à trois pendants de même.

CLERGEAULT, Etienne fit, en 1552, hommage de la terre noble de Moulins, près de Sablé.

CLERI DE SERANT, maint., 1668. Cleri de Serant du diocèse de Rouen, abbé de Lonlay 1758-1790 : d'hermines au franc quartier de gueules chargé de trois boucles d'or, 2, 1. (*La Ch.*).

CLERMONT, abbaye de Cisterciens, paroisse d'Olivet, fondée en 1152, par Gui V de Laval : d'azur à une Vierge d'argent tenant son enfant Jésus d'or, posée sur une montagne d'argent. (*Armor. Ms.*).

CLERMONT, de, anciens seign. de Saint-Calais : de gueules semé de trèfles d'or, à deux bars adossés de même.

CLERMONT-GALERANDE, marquis de Galerande, par érection de 1576, seign. de Mareil, Brouassin, Luché, Pringé, Saint-Aignan, Lucé-sous-Ballon, Loudon, le Tronchet, etc. Louis fut chevalier de l'ordre du Croissant, en 1448. Plusieurs de ses descendants se sont distingués dans les armes. Le marquis de Galerande assista à l'assemblée de la Noblesse d'Anjou, 1789 ; il se fit représenter à celle du Maine : d'azur à trois chevrons d'or, celui du chef brisé. (*La Ch.*).

CLINCHAMP, de, seign. de Chavigny, Saint-Marceau, Teillé, Vimarcé, le Tertre en Montbisot, etc. Cette famille a donné Gervais-Giancolet, cardinal en 1281, Robert, d'abord doyen, puis évêque du Mans, 1298-1309. Jacques-René, commandant la citadelle de Port-Louis ; Robert Giancolet, prieur de Clisson ; Jean-Jérôme Giancolet, baron de Clinchamp, assistèrent à l'assemblée de la Noblesse du Maine, 1789. La dame veuve du comte de Clinchamp s'y fit représenter : d'azur à la bande vivrée de gueules, accompagnée de six merlettes de même, en orle.

CLINCHAMP DE LA BUISARDIÈRE, seigneurs de la Buisardière, au Maine. Jean, seign. de la Buisardière et de Meurcé, assista aux états du Maine, 1508. d'argent à six pigeons de gueules. (*Trés. hér.*).

CLISSON, illustre maison de Bretagne. Olivier, qui depuis fut connétable de France, contribua par sa valeur à la défaite des Anglais à Pontvallain, 1370. Amaury II, son parent, exerça la charge de Sénéchal d'Anjou et du Maine,

1385-1398 : de gueules au lion d'argent, armé, lampassé et couronné d'or.

CLISTIN, de. Le seign. de Clistin, écuyer, seign. de la Giroudière, à Lignière-la-Carelle, taxé au rôle de l'arrière-ban, 1675.

CLUTIN, seign. de Saint-Aignan, près Ballon : d'azur au chef crenelé d'argent, chargé d'une étoile d'or. (*Trés. hérald.* 96).

COCHEREL, Françoise, de, veuve d'Etienne de Havard, écuyer, seign. de Senaute, à Douillet, taxée au rôle de l'arrière-ban, 1675.

COEFFORT, (Communauté des Prêtres de la Mission, maîtrise et collégiale de Notre-Dame de), grand Hôtel-Dieu du Mans : d'azur à une Notre-Dame d'or appuyant ses pieds sur un croissant d'argent, accompagnée aussi de trois fleurs-de-lis d'or, deux en chef, une en pointe. (*Armor. Ms.*).

COESME, ancienne famille qui tire son nom d'une terre située à Ancinnes. Elle posséda les seigneuries de Bonnétable et de Lucé, 15.e et 16.e siècles. Charles, seign. de Lucé et d'Orthe, assista aux Etats du Maine, 1508 ; Catherine fut abbesse du Pré, 1515-1560 : d'or au lion d'azur armé et lampassé de gueules.

COETMOISAN, Geoffroy, abbé de la Couture, 1343, évêque de Quimper, 1358, transféré à Dol, 1373. (*Morice, Hist. de Bret. II*). Il est designé dans les catalogues sous le nom de Geoffroy de Coesme.

COETQUEN, famille de Bretagne. — Vers la fin du 13.e siècle, Guillaume II de la Hautonnière, épousa Jeanne de Coetquen. On voyait dans l'église de St.-Ellier les armes de la Hautonnière avec celles de Coetquen ; celles-ci sont d'argent à trois bandes de gueules. (*Le Paige*, I, 349). Bandé d'argent et de gueules de six pièces. (*Arm. de Bret.*).

COHARDON, de, seign. de Boulay, St.-Aignan, Saint-Samson, Prez-en-Pail. Deux membres de cette famille assistèrent, l'un aux Etats du Maine, 1614, l'autre à l'assemblée de la Noblesse du bailliage d'Alençon, 1789.

COHON, famille origin. de Bretagne, a donné Denis-

Antoine, chanoine, archidiacre de Montfort dans l'église du Mans; évêque de Nismes, ensuite de Dol; abbé de Beaulieu, prédicateur distingué du 17.e siècle : d'or à deux serpens entrelassés en double sautoir et adossés de sable; au chef de sable chargé d'une étoile à six rais d'argent. (*La Ch.*).

COIGNEUX, le, seign. de la Roche-Turpin, de la Flotte et de Lavenay, 18.e siècle : d'azur à trois porcs-épics d'or, 2 et 1. (*La Ch.*).

COIGNY, Franquetot, marquis de Coigny par érection de 1747, en faveur de François, maréchal de France, seign. de Forcé, Poligny, etc. : de gueules à la fasce d'or, chargée de trois étoiles d'azur et accompagnée de trois croissans montans d'or, 2 en chef, 1 en pointe. (*Nob. de N.*).

COINTEREL, Mathieu, né à Sablé, devint cardinal en 1583 et mourut à Rome, en 1585 : d'argent à la croix de gueules. (*Gall. Purp.*, 650).

COLBERT, marquis de Torci, de Sablé, comte de la Barre, baron de Pincé, etc. J.-.B, marquis de Sablé, assista à l'assemblée de la Noblesse du Maine, 1789; et Menelai, seign. de Sablé et de Bois-Dauphin, à celle d'Anjou : d'or à la bisse d'azur ondoyante en pal; devise : PERITE ET RECTÈ. Charles COLBERT fut intendant de la généralité de Tours, 1663—1666.

COLLASEAU, Prosper-Louis-René de, seign. de Martigné, à St.-Denis-d'Anjou, membre de l'assemblée de la Noblesse d'Anjou, 1789 : d'argent à la rose de gueules boutonnée d'or, feuillée et tigée de sinople, accompagnée de trois molettes de sable, 2 en chef, 1 en pointe. (*Dub.*).

COLLÉGES. L'Armorial des généralités du royaume indique seulement les armoiries de trois petits établissemens de ce genre : la Bigottière, Évron, Jublains.

LA FLÈCHE, collége royal, l'un des plus beaux et des plus riches du royaume, eut (1603) pour fondateur, le roi Henri IV : d'azur à trois fleurs-de-lis d'or.

LE MANS, collége-séminaire établi en 1599, par l'évêque Claude d'Agennes de Rambouillet. L'Hôtel-de-Ville obtint vers 1753, la permission de placer sur la porte principale les armes de France.

LA BIGOTTIÈRE : d'azur au livre ouvert d'argent.
EVRON : d'azur à un livre ouvert d'or.
JUBLAINS : d'azur à une férule d'or.

COLLUAUT, Jean, évêque de Senlis, abbé de la Couture, 1518-1527.

COLOMBU, Antoine, seign. de Champicard, garde du corps de la feue reine mère, à Courdemanche, taxé au rôle de l'arrière-ban, 1675.

COMBLAS, de. La veuve du seign. de Comblas, à Luceau, taxée au rôle de l'arrière-ban, 1675.

COMPAIN. Jean-Alexandre Compain de St.-Martin, abbé de Clermont, 1722-17... : d'azur au massacre de cerf d'or surmonté d'une fleur de lis de même. *(Trés. hér.)*.

Nota. Dans le catalogue des abbés de Clermont, publié en 1834, on a écrit Campan, au lieu de Compain, porté sur l'état de la France, année 1727.

COMTE, le, marquis de Nonant, maint. 1668. Marie, supérieure de Ste.-Geneviève de Monsor, 1655-1676 ; Gabrielle, sa sœur, abbesse de Monsor, 1677-1694 : d'azur au chevron d'argent accompagné en pointe de trois besans d'argent mal ordonnés, 1 et 2. *(La Ch.)*.

COMTÉS. L'armorial manuscrit des généralités du royaume donne les armoiries des trois comtés suivants.

LE LUDE : d'azur à trois rocs d'argent, 2 et 1 ; écartelé d'or à deux vaches passantes, l'une sur l'autre, de gueules, accornées et clarinées d'azur ; au chef d'azur chargé de trois étoiles d'or, et sur le tout d'or au lion d'azur, lampassé et couronné de gueules.

SÉRILLAC, à Cherancé : d'azur à une croix alaisée d'or. Ce sont les armes de René de Faudoas.

LAVARENNE, à la Flèche : d'azur à la flèche d'or posée en pal et accostée de six lapins passants, l'un sur l'autre, trois de chaque côté.

CONFLANS D'ARMENTIÈRES, Eustache, abbé de Lonlay, 1620-1628 : d'azur au lion d'or, l'écu semé de billettes de même. *(Trés. hér.)*.

CONSEIL, anc. noblesse. Jacques, demeurant à Beauvoir, fut porté au rôle de l'arrière-ban du Maine, 1689 :

de gueules à la croix fleurdelisée d'argent, cantonnée d'une rose de même à dextre et d'une coquille aussi d'argent à sénestre du chef de l'écu. (*Nob. de N.*).

CONTE, le, était au 18.ᵉ siècle seign. de la terre de Souvré, située paroisse de Neuvy : d'argent au chevron de gueules, accompagné de trois mouchetures d'hermines de sable. (*Dub.*).

CONTI. V. BOURBON CONTI.

CONTI (la Baume-le-Blanc, princesse de), dame de Sillé. V. LA BAUME-LE-BLANC.

CORBIÈRE, de la, seign. de Juvigny-Montanadais, la Chapelle-Craonnaise, des Alleux, maint. 1635. Le seign. de Juvigny assista à l'assemblée de la Noblesse d'Anjou, 1789; Ursule de la Corbière s'y fit représenter. Deux gentilshommes de ce nom furent représentés à l'assemblée du Maine : d'argent au lion de sable, langué, onglé et couronné de gueules. (*Arm. de Bret.*).

CORBIN, seign. de Sougé-le-Ganelon, 1631 : d'argent à trois corbeaux de sable, supportant chacun un tourteau de gueules. (*Roy d'armes*).

CORBINAIE, de la, seign. de Bourgon, 18.ᵉ siècle. (*Le P.*) : d'argent à la croix dentelée de gueules, cantonnée de quatre corbeaux de sable. (*La Ch.*).

CORBINIÈRE, de la : d'or à trois fasces d'azur. (*Arm. de la M.*).

CORDON, de : d'hermines à deux fasces de gueules. (*Arm. de la M.*).

CORDOUAN, famille du Maine, connue par son ancienneté, ses alliances et ses services militaires. Guillaume, seign. de Mimbré, assista aux États du Maine, 1508. René, marquis de Langey, fit hommage pour Mimbré, Cheheré, Coulombiers, 1668 : d'or à la croix engrêlée de sable, cantonnée de quatre lions adossés de gueules, lampassés et armés de sable.

CORMERAY, de, tire son nom d'une terre située à Villiers-Charlemagne. Marcé rendit aveu au seign. de Melleray pour son fief de la Grande-Maillardière, 1384. André transigea avec le seigneur de Villiers, 1494. Jean devint abbé de St.-Calais en 1451 ; il eut pour successeur, vers 1469, Christophe de Cormeray.

CORMES, anc. famille du Maine : d'argent à trois jumelles de sable. — L'on voit ces armoiries sur l'un des vitraux de la Cathédrale du Mans.

CORNILLAU, seigneur de la Béraudière en Ceaulcé, et de la Pélerine. Guillaume possédait la première de ces terres en 1330, et Gui fit hommage de la deuxième en 1570. Julien fut inscrit au rôle de l'arrière-ban, 1689 : d'argent à trois corneilles de sable, membrées et becquées d'or. (*Roy d'armes*).

CORNU, le, seign. de Brée, du Parc d'Avaugour, etc. Ambroise, seign. de Launay et de la Courbe, assista aux États du Maine, 1508 ; Pierre, seign. du Plessis de Cosme, fut gouverneur de Craon, 1592. Louise devint abbesse du Pré, 1493 : d'or au massacre de cerf de gueules, surmonté d'une aigle éployée de sable.

CORNUAU DE LA GRANDIÈRE, Nicolas, écuyer, seign. des Granges, fit hommage, 1655, pour Meurcé et le Bois-au-Parc.

CORNUEL, Renée, le, veuve André Sabourin, garde du roi, à Évron, taxée au rôle de l'arrière-ban, 1675. CORNUEL, en Champagne : d'azur à la croix d'argent chargée d'un levrier courant de sable. (*Dub.*).

COSNE, de. Madame de Cosne, née Bailly, était dame de St.-Mars-de-Locquenay, dans la seconde partie du 18.ᵉ siècle.

COSSÉ BRISSAC. Cette maison a donné des maréchaux de France, un grand-maître de l'artillerie, des ducs et pairs, des chevaliers du St.-Esprit, etc. René, gouverneur, lieutenant-général d'Orléans, Anjou et Maine, mort, 1540 ; Artur, maréchal de France, gouverneur de Touraine, Maine, Orléans, 1570-1576 ; Angélique, abbesse d'Etival, morte, 1623 ; Marie, veuve de Ch. de la Porte, duc de la Meilleraye, fit hommage pour Sillé-le-Guillaume, en 1669 et 1681 : de sable, à trois fasces d'or dentelées par le bas.

COTINEL, Odon de, seign. du Val et autres lieux, près Mamers, 1206.

COTTE, Armand de, abbé de Lonlay, 17..-1758.

COTTE-BLANCHE, Guillaume de, fit en 1570, au seigneur de Mayenne, hommage pour la terre de la Guillerie. (*Le P.*, II, 297).

COUANON, COISNON, seign. de la Croisille. Pierre, écuyer, seign. de la Barillère, à la Croisille, taxé au rôle de l'arrière-ban, 1675. Le seign. de la Croisille et la dame veuve Couanon de la Rongère, se firent représenter à l'assemblée de la Noblesse du Maine, 1789 : de sable à la bande fuselée d'argent de cinq pièces et de deux demies. (*Le P.*, I, 247).

COUART, Macé de, seigneur en partie des Plantes de Cerisay, en Dissay-sous-Courcillon, 1490. Le COUART, en Bretagne, porte : d'argent à trois roses de gueules, 2 et 1, au lambel à trois pendants aussi de gueules en chef. (*Arm. de Bret.*).

COUDEREAU, Georges de, seign. de la Lande, grand-maître des eaux et forêts du Maine, seigneur de Coudereau, à Brette, 1620. Coudereau est un surnom.

COUETTE, René fait en 1603 hommage de Courtirant et de Luceau, 1603. Jacques, héritier d'Anne de Villiers, sa mère, rend en 1659 et 1668, le même hommage pour la Roche de Vaas.

COUETTERIE, Jean de la, écuyer, seign. de la Gufferie, fait en 1606, hommage pour la Roche de Vaas. La Couetterie pourrait bien être la même famille que Couette.

COULLOYGNE, Perceval de, fait au nom de sa femme, Jeanne de la Grezille, hommage de Passau dans la mouvance de Château-du-Loir, 1403, 1406. COLOIGNE de la Motte, en Picardie : d'or à la rose de gueules. (*Trés. hér.*).

COULON, Etienne, religieux, nommé abbé de Tyronneau, 1540.

COULONCHE, seign. du lieu, famille de la généralité d'Alençon, maint. 1667. Jean, baron de la Coulonche, commandait l'avant-garde de l'armée française qui défit celle des Anglais près Bernay, 1421 : d'argent au chevron de gueules, accompagné de trois feuilles de chêne de sinople. (*Nob. de N.*).

COUPAR DE LA BLOTTERIE, sign. de la Guierche, en 1434. (*Le P.*, I, 396). Michel, écuyer, secrétaire du roi, seign. de la Freslonnière, de Bellesaule et du Creux, 1735. (*Noms féod.*).

COUPEL ou COUPPEL, seign. de Bellée en Vaucé et de Rouellé. (*Le P.*). Un membre de cette famille assista à l'assemblée de la Noblesse du Maine, 1789; un autre s'y fit représenter.

COURBIÈRE, Nicolas de la, rendit hommage en 1570, pour Chatenay, Cornesse et la Boutonnaye, au seign. de Mayenne. (*Le P.*, II, 297). Courbière serait-il pour la Corbière ?

COURCELLE, Alcipiade de, seign. de la Prousterie en Avezé, première moitié du 17.e siècle. (*Le P.*, I, 49). Plusieurs familles de ce nom : d'azur à une fasce d'or surmontée de trois roses d'argent, accompagnée en pointe d'un cors de chasse d'argent, lié de gueules. (*La Ch.*).

COURCERIERS. Cette maison a donné au monastère du Pré deux abbesses : Isabelle, élue vers 1353, m. 1389; Marguerite, 1389-1426 : de gueules à trois quintefeuilles d'or. (*Hist. de Montmor.*).

COURCILLON, seign. de Dissay. Cette maison a tenu le premier rang parmi la noblesse du Maine ; les seigneurs de Courcillon étaient les premiers vassaux des barons de Château-du-Loir et prenaient, dès le 12.e siècle, la qualité de chevaliers. François Courcillon de Dangeau, abbé de Fontaine-Daniel, fin du 17.e siècle ; Louis Courcillon de Dangeau, abbé de Clermont, 18.e siècle : d'argent à la bande fuselée de gueules, au lion d'azur à sénestre. (*La Ch.*).

COURCI, de. Un membre de cette famille s'est établi au Mans, 19.e siècle : d'argent au chevron d'azur accompagné de trois roses de gueules. (*La Ch.*). Plusieurs familles de ce nom.

COURT, le, famille de Normandie. Jean, écuyer, sieur de Fredebise, seign. de Courteille, à Ste.-Sabine, taxé au rôle de l'arrière-ban, 1675 : d'argent à l'aigle éployée de sable, à la fasce d'or brochant sur le tout. (*Nob. de N.*).

COURTALVEL, COURTARVEL, marquis de Pezé, par

érection de 1658, seign. de Courtarvel, Mont-St.-Jean ; St.-Germain-de-Coulamer, Baillou, Berfay, Valennes, Bernière en Choue, etc. Cette famille, connue dès le 13.e siècle, a donné un chevalier des ordres du roi ; N. Courtalvel, abbesse d'Etival, 1714-1726. Ambroise, seign. de Pezé, assista aux états du Maine, 1508 : d'azur au sautoir d'or, accompagné de seize lozanges de même posés en fasce, au chef et à la pointe ; aux flancs, rangés en pal, 3 et 1 ; supports, deux lions couchés regardant en arrière. COURTARVEL est aujourd'hui le seul nom adopté par la famille.

COURTE DE LA BOURGATIERE, au Maine : d'azur à la fasce d'or, accompagnée de trois besans du même. (*Courc.*, I, 174) ; d'azur à la fasce d'argent accompagnée de trois besans d'or, 2, 1. (*Dub.*).

COURTHARDY, terre en Rouessé-Vassé. Pierre, seign. de Courthardy, de Brûlon et de Viré, fut premier président du parlement de Paris ; il mourut en 1505. Jacques, son frère, archidiacre de l'église du Mans, devint prieur de Vivoin : de sable à deux épées d'argent en sautoir, les pointes en haut.

COURTILLOLLES, seign. des Orgeries, Courtillolles, St.-Rigomer-des-Bois. Alexandre-Louis-François assista à l'assemblée de la Noblesse du Maine, 1789 : deux autres membres de la famille y furent représentés : d'or au lion de sinople, au chef de gueules chargé de trois besans d'argent. (*Sceau*).

COURTIN, Marguerite, veuve du sieur de Bonvoust, de la Miottière, domiciliée à Melleray, près Lassay, inscrite, pour son fief de la Groye, au rôle de l'arrière-ban, 1675 : d'azur à trois quintefeuilles d'argent. (*Arm. de la M.*).

COURTIN, seign. de Torsay, annobli par lettres-patentes de juin 1735 : de gueules à trois roses tigées et feuillées d'argent, posées 2 et 1. (*Armorial*).

COURTOUX, terre située à Courcité. ROBERT de Courtoux, barons, puis marquis de la Chartre, par érection de 1697, en faveur de Nicolas, chev. intendant des turcies du royaume. Ils possédèrent cette terre depuis 1639 jusqu'en 1733 au moins : d'argent à la fasce d'or, bordée d'une bordure de sable dentelée et accompagnée de trois roses de gueules, deux en chef, une en pointe. (*Arm.*).

COURVAISIER. Le Corvaisier, seign. de la Fontaine et de la moitié de la châtellenie d'Outillé, 17.ᵉ siècle. Antoine, lieutenant-criminel, est l'auteur de l'Histoire des Evêques du Mans.

COUSTARD, seign. de la Basoge-de-Chemeré, de la Brassière, etc. Sebastien Coustard de l'Echasserie, seign. de la Brassière, à Parcé, fut membre de l'assemblée de la Noblesse d'Anjou, 1789; Madame veuve Coustard se fit représenter à celle du Maine : d'azur au chevron d'or, accompagné de trois losanges de même, deux en chef, un en pointe sur un croissant d'argent. (*Dub.*).

COUSTARDIÈRE, Jean de la, écuyer, seign. du lieu, épousa dans le 15.ᵉ siècle, Christine de Clinchamp, fille aînée de messire Guyon, chevalier, seign. de la Busardière, et de Jeanne Dandigné : d'azur à la croix pattée d'or. (*Généal. de Martigné*).

COUSTELIER, le, anc. seign. d'Osée et de St.-Paterne. Marthe, veuve de Liée, dame de la Boissière, à Ecommoy, fut inscrite au rôle de l'arrière-ban, 1689 : d'argent à trois hures couronnées de sable, défendues d'argent. (*Nob. de N.*). Le Coutelier, du Maine, seign. de St.-Paterne, porte, suivant Dubuisson : d'argent à une croisette de sable, accompagnée de trois hures de sanglier de même, 2 en chef, 1 en pointe.

COUTANCE, seign. de Baillou, Berfay, Vallennes, du fief Corbin, etc., connus depuis le 13.ᵉ siècle : d'azur à deux fasces d'argent bordées de sable, à trois besans d'or, 2 en chef, 1 en pointe. (*La Ch.*). Eteints dans la maison de Courtarvel.

COUTARD, né à St.-Mars de Ballon, comte, lieutenant-général des armées, anc. commandant de Paris, décoré des ordres militaires de la Légion d'honneur, de St.-Louis, du Mérite militaire de Hollande et de Maximilien-Joseph de Bavière : écartelé, au 1.ᵉʳ d'azur à la couronne murale d'or; au 2 de gueules à l'épée d'or des comtes posée en pal, la pointe en haut; au 3 de gueules au lion couronné d'or, tenant une lance polonaise d'or; au 4 d'azur à trois jambes de cheval d'or, 2 et 1; une croix d'argent brochant sur le tout. Ces armes rappellent les actions principales auxquelles ce général a pris part.

COUTERNE, ancienne famille. — Vers 1300, Annette,

dame de Couterne, de la Barre, du Horp, de Poulay et Montreuil, apporta ces terres à Guillaume des Vaux, son mari. (*Le P.*, I, 265) : d'azur à deux fasces d'argent, et en chef un lion lampassé et armé de gueules. (*Le P.*, I, 247).

COUTURE, la, abbaye de Bénédictins, au Mans, fondée vers 575, par l'évêque St.-Bertrand ; rétablie par Hugues I, comte du Maine : d'azur semé de fleurs de lis d'or, parti de gueules à trois léopards d'or ; deux clés d'argent adossées passées en sautoir derrière l'écusson ; supports : deux licornes. (*Sceau*).

COUVEY. Deux gentilshommes de ce nom, l'un de Charné ou Ernée, l'autre de St.-Mars-la-Futaye, furent portés au rôle de l'arrière-ban du Maine, 1689 : d'azur au chevron d'or, accompagné de trois quintefeuilles de même. (*Nob. de N.*).

CRAON, ville d'Anjou, sur l'Oudon, ancienne baronnie, aujourd'hui chef-lieu de canton de l'arrondissement de Château-Gontier, département de la Mayenne : de gueules à un sautoir d'argent. (*Armor. Ms.*).

CRAON, seigneurs de Craon, du Craonnois et de Sablé ; sénéchaux héréditaires d'Anjou et du Maine, 1222-1330. On voit aussi Guillaume de Craon, vicomte de Châteaudun, nommé, 1357, lieutenant-général en Anjou, Touraine, Maine et Bretagne ; Amauri IV, créé vers 1309 chef de guerre et capitaine souverain en Anjou, Maine et Touraine ; Jean, évêque du Mans, 1348-1355, transféré à l'archevêché de Reims : losangé d'or et de gueules.

CRÉ, du : de gueules à trois fleurs de lis d'or en fasce, séparées par quatre filets de même, ou d'or à trois pals de gueules chargés d'une fleur de lis d'or. (*Arm. de la M.*).

CRÉES, Jeanne de, abbesse du Pré, 1505-1511.

CREILLETTE, anc. seign. de Gesvres. Françoise, dame de Gesvres, épousa vers 1530, Jacques Potier, seign. de Blancmesnil, auquel elle porta les biens de sa famille. (*Le Paige*).

CREMAINVILLE. Florence de Cremainville fut abbesse de la Virginité, 1569 : d'or à deux tourteaux d'azur, coupé d'azur à un besan d'or.

CRENON, seign. de Crenon, Maigné, Brouassin, Mansigné, Vallon, au 13.ᵉ siècle ; famille éteinte : de gueules semé de fleurs de lis d'or.

CRÉQUY. Cette ancienne maison, origin. d'Artois, a donné deux maréchaux de France, et un cardinal. — La marquise de Créquy, Renée-Charlotte de Froulay, dame de Montflaux et de St.-Denis-de-Gastines, se fit représenter à l'assemblée de la Noblesse du Maine, 1789 ; elle a composé des Mémoires pour servir à l'histoire de la révolution : d'or au créquier de gueules.

CRESNAY, de, famille de Champagne : d'azur à l'anille accompagnée en chef d'une étoile, le tout d'or. (*Dub.*).

CRESPIN, famille établie dans l'Anjou et l'Orléanais, maint. 1667. Charles fut porté sur le rôle de l'arrière-ban du Maine, 1689, d'azur au chevron d'or, accompagné de trois pommes de pin de même. (*La Ch.*).

CREVANT, Antoine, abbé de St.-Calais, 1517-1518 : d'argent, écartelé d'azur (*Trés. hér.*) : écartelé au 1 et 4 quartier contre-écartelé d'argent et d'azur, aux 2 et 3 d'argent fretté de sable. (*Dub.*).

CROCHARD, en Anjou. Un membre de cette famille est établi dans le département de la Sarthe : d'argent à trois trèfles de sable, 2 et 1. René-Georges, à l'Epinai, porté au rôle de l'arrière-ban, 1689, est-il de cette famille ?

CROCHET, du, seign. de la Prousterie en Avezé, 1558 ; maint., 1667 : d'argent à trois fasces de sable. (*Nob. de N.*)

CROISELLES, Jean-Baptiste, abbé de la Couture, 16...-1637. Serait-ce Croisiles, en Normandie? qui porte : de sable à trois croix recroisettées d'or. (*Trés. hér. Dub.*).

CROISIERS, religieux de l'ordre de Ste.-Croix, ont possédé le prieuré de St.-Ursin, à Lignière-la-Doucelle, fondé en 1307 par Guillaume de Doucelle : d'azur à la croix patée de gueules et d'argent, l'écu couronné d'une couronne d'épines, surmontée d'une mitre et d'une crosse. (*Hist. des Ordres relig.*).

CROISMARE, anc. famille. Croismare du Coudray et Croismare de Bois-Jourdan se firent représenter à l'assemblée de la Noblesse du Maine, 1789 : d'azur au lion passant d'or. (*N. de N.*).

CROISSANT, ordre du, institué l'an 1448, dans la ville d'Angers, en l'honneur de St.-Maurice, par René, roi de Sicile, duc d'Anjou et du Maine; le symbole de l'ordre était un croissant d'or, sur lequel était écrit en lettres bleues : Loz en croissant, qui signifiait : on acquiert louange en croissant en vertu et en gloire; les chevaliers portaient sur le bras droit un croissant d'or émaillé de rouge, duquel pendaient autant de petits bâtons ou aiguillettes d'or, que les chevaliers s'étaient trouvés en de généreuses actions. (*Hist. des Ordres de Chevalerie.*).

CROISSI, Colbert marquis de. V. COLBERT.

CROIX, de la, seigneurs de Cerisay, origin. de Provence, depuis long-temps établis dans le Maine. Louis-Christophe, seign. de Beaurepos, à Assé-le-Riboul, fut porté sur le rôle de l'arrière-ban, 1689. N. de Beaurepos, seign. de Cerisay, se fit représenter à l'assemblée de la Noblesse du Maine, 1789 : d'or à trois fasces ondées d'azur, celle du chef surmontée d'un lion à demi-corps.

CROUPET, fondateur de la Chapelle St.-Antoine de Rochefort, près la Ferté, 1375 : d'azur à trois grappes de raisins d'or, les deux du chef brisées d'une étoile d'argent. (*Le P.*, I, 319).

CROZAT, de, marquis de Thorigné, seign. de Nuillé-le-Jalais, 17.e siècle : de gueules au chevron d'argent, accompagné de trois étoiles de même. (*Dub.*).

CUISSÉ : d'argent à la croix engrêlée de gueules, chargée de cinq coquilles d'or. (*Trés. hér.*).

CUMONT, seign. de Froidfond, etc. Louis Thimothée, seign. du Puy et de Froidfond, assista à l'assemblée de la Noblesse d'Anjou, 1789; il se fit représenter à celle du Maine : d'azur à trois croix d'argent patées, 2 et 1. (*La Ch.*).

CURBY. V. PARENT DE CURBY.

CUREAU, seign. de Roullée, Garennes, Bonnebos et Nouans. Marin Cureau de la Chambre, médecin de Louis XIII. — Ch.-Pierre, seign. de Garennes et de Bonnebos; Etienne, seign. de Roullée et de Nouans, assistèrent à l'assemblée de la Noblesse du Maine, 1789 : d'argent au chevron d'azur, accompagné de trois flammes de gueules.

D.

DAGUEAU, seigneur de Désertines. (*Le Paige*).

DAGUES, seign. de Montreuil, acquit cette terre en 1764. (*Le Paige*). Louis Dagues fut connétable de la ville du Mans, en 1560; René devint conseiller du présidial en 1612. Cette famille est ancienne et une des mieux alliées de la province.

DAILLON, comtes du Lude. Cette maison a donné deux gouverneurs de province, un grand-maître de l'artillerie, chevalier des ordres du roi : d'azur à la croix engrêlée d'argent.

DAINE, Marius-Jean-B.-Nicolas, intendant de la généralité de Tours, 1783-1789 : de gueules au vaisseau d'or, voguant sur une mer de sinople, surmonté d'un cercle de neuf besans d'argent. (*M. Lambron*).

DALDEBERT DE COMMEILLES, chanoine de Noyon, abbé de Perseigne, 1745-1783.

DANDIGNÉ, très-ancienne famille. Philippe, seigneur des Ecotais, à Jublains, taxé au rôle de l'arrière-ban, 1675. Louis-Charles-René, capitaine de vaisseau, chevalier de St.-Louis, seign. de Mons, Marcé, les Rousselières et la Cour d'Asnières, à Noyen; Guillaume-Paul-Joseph, seign. de Resteau, l'Aubinière, le Pressoir et de Chaligné, à Maigné, assistèrent à l'assemblée de la Noblesse du Maine, 1789 : d'argent à trois aigles éployées de gueules, membrées d'azur. (*Trés. hérald.*).

DANIEL, seigneurs de la terre du Gros-Chesnay, de Fillé, en partie de Rouezé et de Spay. Louis-Marie Daniel de Beauvais assista à l'assemblée da la Noblesse du Maine, 1789; il y représenta aussi madame veuve de Beauvais, dame du Gros-Chesnay : d'azur au chevron d'or, accompagné de trois feuilles d'acanthe de même, à la bordure componée d'or et de sinople. (*Sceau.*).

DAON, seigneurs de Daon, en Anjou : de sable à trois têtes de daim d'or, sommées de même, à la bordure d'argent. (*Men.*, *Hist. de Sablé*, 369).

DARGY, René, seign. de Baigneux, à Mayet, porté au rôle de l'arrière-ban, 1689 : d'azur à cinq burelles d'or. (*Trés. hér.*).

DARON, Robin, était seigneur de Daron en 1416.

DASTING, d'Hasting et Hastins, famille de Normandie, à laquelle appartenait Johel Dastin, abbé de la Couture, 1081-1090 : d'or à une manche mal taillée de gueules. (*M. Guiton de Villeberge*).

DAUNAY, en Bretagne. Renée fut abbesse d'Etival, 1555-15.. : losangé d'or et d'azur.

DAUBERT, Charles, seign. de Launay, à Beaulieu, taxé au rôle de l'arrière-ban, 1675. Trois autres membres de la famille assistèrent à l'assemblée de la Noblesse du Maine, 1789. 1.º AUBERT : d'or à trois têtes de limier de sable, 2 et 1. 2.º AUBERT : d'or écartelé d'azur à la bordure de l'un en l'autre. (*Trés. hérald.*). Daubert appartient-il à l'une de ces familles ?

DAUTEVILLE. V. AUTEVILLE.

DAUVET, Marie, veuve de Jacques le Comte, marquis de Nonant, deuxième fondatrice du monastère de Monsor, 17.ᵉ siècle. Louis-Alexis, seign. de la Perrine, en Avoise, se fit représenter à l'assemblée de la Noblesse, 1789 : bandé de six pièces d'argent et de gueules, la première bande d'argent chargée d'un lion de sable. (*La Ch.*).

DAVORT, seign. de Cré et de la Bruère, 1459. (*Noms féod.*). V. PINON D'AVORT.

DEAN, en Anjou, seign. de Luigné, origin. d'Irlande, connus dès le 11.ᵉ siècle. Toussaint, seign. de Luigné, au Coudray, assista à l'assemblée de la Noblesse d'Anjou, 1789 : d'argent au lion de pourpre armé de gueules. Devise : VIGOR IN VIRTUTE. (*Courc.*).

DEBONNAIRE, barons de Forges, près de Montereau-Faut-Yonne, noblesse de robe, origin. du Maine : de gueules au chevron d'or, accompagné de trois besans de même. (*Courc.*).

DELIGER, René, à St.-Germain-le-Guillaume, porté au rôle de l'arrière-ban, 1689.

DENIAU, en Anjou. Mathurin, à St.-Jean-de-la-Chevrie, au Mans, fit hommage en 1478, au comte du Maine, pour un emplacement dans cette ville. Charles, conseiller au siége royal de Beaumont-le-Vicomte, fit hommage, 1658, du fief de la Motte, situé à Beaumont. (*Noms féod.*): d'azur à la fasce d'or accompagnée de deux cœurs d'argent en chef, et d'un croissant de même en pointe. (*Trés. hér.*).

DENISOT, famille de jurisconsultes. Jean, avocat, nommé procureur de l'Hôtel-de-Ville du Mans, 1530, conseiller au présidial, 1551. René, sieur de la Noirais, échevin de cette ville, 1588. Nicolas, connu sous le nom de comte d'Alsinois: d'azur à trois épis d'or. (*Armes peintes au bas d'un portrait.*).

DESCHAMPS, seign. du Bois en Grazé. Adam, à Saint-Paul-le-Gautier, porté au rôle de l'arrière-ban, 1689. La veuve Deschamps du Mery se fit représenter à l'assemblée de la Noblesse, 1789. Plusieurs familles de ce nom: 1.º d'azur à deux léopards d'or, armés, lampassés et couronnés de gueules; 2.º d'azur à trois merlettes d'argent, au croissant de même en pointe; 3.º DESCHAMPS, en Normandie: d'argent à trois perroquets de sinople becqués et membrés de gueules. (*Trés. hér.*).

DESCORCHES DE S.te-CROIX ou DES CORCHES, Charles-François, à la Ferté-Bernard, fut membre de l'assemblée de la Noblesse du Maine, 1789: d'argent à la bande d'azur chargée de trois besans d'or. (*Nob. de N.*).

DÉSERTINES, seigneurs de la paroisse de ce nom. Foulques se croisa en 1158, avec Geoffroy de Mayenne.

DESNOS, originaires de Bretagne, seign. de la Feillée, d'Alexain, la Tannière, Emmenard, le Fresnel, etc. François rendit hommage au seigneur de Mayenne, 1570. Plusieurs membres de la famille portés au rôle de l'arrière-ban, 1689. Desnos, duchesse de Beauvilliers, dame de Mamers, etc., 18.e siècle; d'argent au lion de sable, armé, lampassé et couronné de gueules. (*Le Paige*).

DESPORTES, seign. de Prés en Assé-le-Boisne. Pierre, écuyer, seign. du Boulay, à St.-Cristophe-du-Luat, taxé au rôle de l'arrière-ban, 1675. Marie-Magdelaine, veuve du Mesnil, portée au rôle de l'arrière-ban, 1689: d'azur à la bande d'argent accostée de deux croissans de même.

(*R. d'armes*) : d'azur à la fasce d'argent accompagnée de trois quintefeuilles de même, 2 et 1. (*Arm. de Br.*).

DESPRÉS, seign. de Vaujois en Nuillé-le-Vendin, dès l'année 1507; puis de Bois-Hamelin, et de Bois-Josselin. Claude, marquis des Prés, seign. de Torigné en Charnie. DESPRÉS, en Picardie : d'argent à trois merlettes de sable, 2 et 1, au chef de sable chargé de trois bandes d'argent. (*Trés. hér.*).

DEVIN, DIVIN, le, Jacques, lieutenant particulier en la sénéchaussée du Mans, et Louis, portés au rôle de l'arrière-ban, 1689 : de gueules à la fasce d'argent accompagnée de trois étoiles de même. (*Trés. hérald.*).

DIEUSIE : d'argent au lion de sable, les pates de derrière et la senestre de devant posées sur un tronc écotté de sable, accompagné de trois molettes de même, 2 en chef, 1 en pointe. (*Arm. de la M.*).

DIEUXYVOIE : d'azur à un chandelier à trois branches d'argent, accompagné en chef d'un soleil d'or. (*Dub.*).

DIN, le, seign. de la Challerie en Haute-Chapelle, de la Sausserie, etc., maint., 1667 : d'azur à la fasce, accompagnée de trois étoiles en chef, et d'un cœur en pointe, le tout d'or. (*Nob. de N.*).

DINAYE, de la, seign. de Dompierre-des-Landes, au 16.ᵉ siècle. (*Le Paige*, I, 513).

DIONNEAU, Michel, abbé de la Couture, 1594; fit sa démission en 1602.

DOLLON DE LA GOUPILLÈRE, anc. famille : d'argent à trois renards passsant de gueules. Supports. deux lions. (*Le P.*, 1, 237).

DOMAGNE ou DOMAIGNÉ, seign. de Beuleux, 18.ᵉ siècle : d'argent au chevron de sable, accompagné de trois tourteaux de gueules, 2 en chef, 1 en pointe. (*Arm. de Bret.*).

DOMFRONT, ville de Normandie, capitale du Passais, sur la Varenne, chef-lieu de canton et d'arrondissement du département de l'Orne : de gueules à trois tours jointes chacune avec sa porte ouverte d'or, maçonnée de sable, sur une terrasse de sinople. (*Armor. Ms.*).

4*

DOMINICAINS, ordre des : chapé d'argent et de sable ; l'argent chargé d'un chien de sable, tenant à sa gueule un flambeau de même, allumé de gueules. L'ordre avait des couvents au Mans, à Laval et à Craon, qui portaient ces armes.

DOMINICAINS, au Mans, établis vers l'an 1230. Le monastère du Mans avait pour sceau l'Assomption de la sainte Vierge appuyée sur deux anges, que l'on peut blasonner d'azur aux images ou figures d'argent.

DOMINICAINES (religieuses), établies au Mans, en l'année 1642, par l'évêque Marc de la Ferté. Elles devaient avoir les armes de l'ordre de Saint-Dominique. V. DOMINICAINS.

DONZY, seign. de Montmirail et du Perche-Gouet, dans le 12.ᵉ siècle : d'azur à trois pommes de pin d'or. (*Hist. de Courtenay*, 43).

DORANGE, seign. de la Feuillée et d'Alexain, au commencement du 16.ᵉ siècle : de sable au chevron d'or, accompagné de trois billettes couchées de même. (*Nob. de N.*).

DORGLANDE, barons de Briouze, maint., 1667 : d'hermines à six losanges de gueules, 3, 2, 1. (*Nob. de N.*).

DORISSES, Jean-Marc, à Juvigny-Montanadais, porté au rôle de l'arrière-ban, 1689.

DORNANT, Marie-Henri, fut membre de l'assemblée de la Noblesse, 1789.

DOUÈPE, la, baron du Fougerais : d'azur au croissant d'argent, surmonté d'une étoile de même, accompagné en pointe de cinq besans d'argent posés 3 et 2. (*Arm. de la M.*).

DOYNEL DE MONTECOT, seigneurs de Lévaré, Saint-Bertevin-la-Tannière, de Rubesnard, de Boisjosselin, etc., anc. famille, dont un membre se fit représenter à l'assemblée de la Noblesse du Maine, 1789 : d'argent à un chevron de gueules, accompagné de trois merlettes de sable, deux en chef, une en pointe. (*Le P.*, I. 405).

DRESNAY, du, famille de Bretagne : Jean, seign. de la Fontaine et d'une partie de la châtellenie-d'Outillé, 1406. (*N. féod.*) : d'argent à la croix anillée de sable en abîme, accompagnée de trois coquilles de gueules, 2 et 1. (*Arm. de Bret.*).

DREUX, comtes de, seign. de Château-du-Loir et de Saint-Calais, 13.ᵉ siècle, descendaient du roi Louis-le-Gros : échiqueté d'or et d'azur, à la bordure de gueules.

DREUX DE BREZÉ, seign. de Mont-St-Jean, branche de Dreux de Nancré, orig. du Poitou. Cette maison a donné des lieutenants généraux, des grands maîtres des cérémonies, un commandeur des ordres du roi. Madame la marquise de Dreux, dame de Mont-Saint-Jean, Saint-Germain-de-Coulamer, Pezé, fut représentée à l'assemblée de la Noblesse du Maine, 1789 : d'azur au chevron d'or, accompagné en chef de deux roses d'argent, en pointe d'un soleil d'or.

DEU, Pierre, à la Fresnaye, porté au rôle de l'arrière-ban, 1689.

DUQUESNOY, seign. de St.-Germain, Touffreville, du Bosc, etc., maint. 1689. François-Nicolas Regnoult du Bosc Duquesnoy fut membre de l'assemblée de la noblesse du Maine, 1789 : d'or à l'aigle à deux têtes, éployée de sable. (*Nob. de N.*).

DUFFERIE, de la, anc. seign. de Martigné : de sable au chevron d'or, et un trèfle de même en pointe. (*Le Paige*, 248).

DUFOC, seign. d'Eporcé en la Quinte. (*Le Paige*).

DUPARC. Le sieur, du Parc pour sa terre de la Beunèche et autres, à Chantenay, taxé au rôle de l'arrière-ban, 1675.

DUPARC, François, protonotaire du Saint Siége ; doyen de l'église du Mans, 1566-1581 : d'or à deux fasces d'azur, accompagnées de neuf merlettes de gueules, posées, 4, 3, 2. (*Nob. de N.*).

DUPIN, Vaux-bois-du-Pin, élect. de Mortain. Charles-André, à Saint-Mars-la-Futaye, porté au rôle de l'arrière-ban, 1689 : d'argent coupé de sable, au lion coupé de l'un en l'autre.

DUPLESSIS D'ARGENTRE, Jean-Baptiste, abbé d'Evron, 1771-1782 ; Pierre-Marie-Alexis, membre de l'assemblée de la Noblesse du Maine, 1789 : de sable à dix billettes d'or, posées 4, 3, 2, 1.

DUPLESSIS CHATILLON de Nonant, au Maine : d'argent à trois quintefeuilles de gueules, 2 et 1. (*Encyclop. méth. Le Paige.* 1, 248). Un écusson placé au château du Plessis-Chatillon, porte écartelé au 1 d'argent, à trois quintefeuilles de gueules; au 2 d'argent, à trois fasces de gueules; au 3 d'argent, à la bande losangée de gueules accostée de six losanges, 3 en chef, 3 en pointe; au 4 de gueules, au croissant d'argent. Sur le tout chapé de gueules et d'argent. (*Arm. de la M.*).

DUPLESSIS LIANCOURT, seigneurs de Montfort, en 1606 : d'argent à la croix engrêlée de gueules, écartelé d'argent bandé d'or et de gueules qui est Pons.

DUPONT, Antoine, abbé de Fontaine-Dainel, 1608 : d'azur au chevron surmonté d'une étoile accompagné en chef de deux glands, en pointe d'un croissant, le tout d'or. (*Dub.*).

DUPONT D'AUBEVOYE, Charles, sieur de la Roussière, porté au rôle de l'arrière-ban, 1689.

DUPRAT, seign. de Rouez, de la Goupillère et de Tennie. Pierre-Antoine assista à l'assemblée de la Noblesse, 1789 : d'or à la fasce de sable, accompagnée de trois trèfles de sinople, 2 en chef, 1 en pointe. Cette ancienne et illustre maison d'Auvergne a donné un Chancelier de France, un Cardinal, Archevêque de Sens, et des Évêques.

DURAND, Macé, abbé de Tyronneau, 159. -1614. Plusieurs familles de ce nom : 1, de gueules au lion d'or, tenant une épée d'argent; 2, pallé d'or et de gueules au lion de sable sur le tout; 3, etc., (*Trés. hér.*).

DURAND DE PIZIEUX, seign. de Pizieux et de Semur. René, seigneur de Pizieux, membre de l'assemblée de la Noblesse du Maine, 1789 : parti d'or et de gueules, au lion couronné de sable brochant sur le tout.

DURBOIS, Jacques-Louis, assista à l'assemblée de la Noblesse du Maine, 1789.

DURCET, ainsi nommé d'une terre située à Magny-le-Désert. Jean Durcet fut maintenu dans l'ordre de la Noblesse en 1463. Cette famille eut aussi la seigneurie de Poncé. (*Le P.* 11, 425).

DUREIL, Madeleine, abbesse de Bonlieu, 1504-1518.

DUSSON DE BONAC, Claude, abbé de Perseigne, 1708-1745 : de gueules au lion d'argent.

DUST : de gueules fretté de six pièces d'argent. (*Arm de la M.*).

DUTERTRE DE SANCÉ, seigneur de Baubigné, domicilié à Fromentières, assista à l'assemblée de la Noblesse d'Anjou, 1789.

DYEL, comtes de Sorel, seign. de Fontenailles et Vouvray, 17e siècle : d'argent au chevron d'azur, brisé en pointe d'une étoile d'or et accompagné de trois trèfles d'azur. (*Nob. de Normandie*).

E.

EAUX ET FORÊTS (Maîtrises des), juridictions, chargées de prononcer sur les difficultés concernant les bois, la chasse, la pêche, les entreprises sur les rivières navigables et flottables.

DOMFRONT : d'argent à une forêt de sinople. (*Arm. Ms.*).
CHATEAU-DU-LOIR :
MAMERS :
LE MANS :
VENDÔME :

ECHELLES, des, au Maine : de gueules à trois fasces d'argent. (*Roy d'arm.*).

ECOTAIS, des. Ambroise, seign. de la Chevalerie, à Parigné, porté au rôle de l'arrière-ban, 1689 : d'argent à trois quintefeuilles de gueules. (*Gén. de Mart.*).

EFFIAT, d', seign. de Fontenailles et d'Ecommoy : de gueules au chevron ondé d'argent et d'azur accompagné de de trois lions d'or, 2 en chef, 1 en pointe. (*R. d'arm.*).

EGLANTIERS, des, famille à laquelle s'allia, dans le 15e siècle, celle de la Hautonnière : vairé d'or et de sable. (*Le Paige*. I, 350).

ELECTIONS. Ces tribunaux jugeaient les matières relatives aux contributions.

CHATEAUGONTIER : d'argent à une palme d'azur couchée en fasce de dextre à sénestre, avec ces mots autour : CURVATA RESURGET. (*Arm. Ms.*).

CHATEAU-DU-LOIR : d'or à trois bandes, celle du milieu de gueules, les deux autres de sinople. (*Arm. Ms.*).

DOMFRONT : d'azur à trois tours d'or rangées, chacune surmontée d'une fleur de lis de même. (*Arm. Ms.*).

LA FLÈCHE :

LAVAL :

LE MANS : d'azur à trois fleurs de lis d'or. (*Arm. Ms.*).

MAYENNE :

VENDÔME : tiercé en bande d'or, de vair et de sinople.

ELVA, le comte d' : seign. d'Alexain et de la Feuillée, du chef de sa femme, Marie Desnos. (*Le P.*).

ENFANT, l', au Maine : Seguin fait hommage de la Roche de Mayet, 1403, 1418. Jean, écuyer, sieur de la Palière et d'Espaux, à Courbeville, porté au rôle de l'arrière-ban, 1689 : d'or à trois fasces de gueules ; une autre famille porte d'azur à la bande d'argent accostée de deux cotices d'or.

ENFERNAT, l', dans le Beauvaisis. Jacques devint seign. d'Ardeuay par son mariage, 1587, avec N. Guyot, dame d'Ardenay : d'azur à trois losanges d'or.

ENVRICH LE BRETON, d', veuve du Bouchet, dame de la Forterie et de Parigné-le-Pôlin, se fit représenter à l'assemblée de la Noblesse d'Anjou, 1789. Le BRETON de la Doineterie, autrefois d'Envrich : d'azur à trois colombes d'argent, 2 et 1, celles du chef affrontées ; au milieu de cet écu un autre écu d'azur bordé de sable, chargé d'une fleur de lis d'or au chef d'or, chargé d'un lion de gueules. (*Arm.*).

EPAU, l', abbaye de Cisterciens, dans la paroisse d'Yvré-l'Evêque, sur les bords de l'Huisne. La Reine Bérengère, veuve de Richard Cœur-de-lion, roi d'Angleterre, la fonda en 1229 : d'azur à une fleur de lis d'or, écartelé d'argent à un lion de sable. L'abbaye avait adopté ces armes qui sont celles de Jean Tafforeau, l'un de ses abbés, au 15.ᵉ s. (*Le P.*).

EPINAY, l' : d'argent au lion couronné de gueules. (*Arm de la M.*).

ERNEE, ville du Maine sur la rivière d'Ernée, ancienne

châtellenie, aujourd'hui chef-lieu de canton de l'arrondissement de Mayenne, département de la Mayenne : de gueules à trois sifflets d'or posés en pal, 2 et 1. (*Armor. Ms.*).

ERRAULT, famille d'Anjou : d'azur à deux chevrons d'or. (*Simpl.* VI, 480).

ESCAJEUL, d', seign. du Pierre, généralité d'Alençon; maint., 1667 : d'azur à cinq cotices d'or posées en bandes. (*Nob. de Norm.*). d'ESCAJEUL, seign. de Bretonnière, généralité de Rouen : d'azur à cinq cotices d'argent mises en bande. (*Ibid.*).

ESCALOPIER, Gaspard-César-Charles, l', maître des requêtes, intendant de Tours, 1756-1766, dota le Maine de plusieurs routes : de gueules à la croix d'or, cantonnée de quatre croissants montants de même. (*La Ch.*).

ESCARS, Anne d', cardinal de Givry, évêque de Lizieux, devint abbé de Champagne, 1585-1612 : d'azur à la bande d'or, qui est Longvic, écartelé de gueules au pal de vair, qui est d'Escars.

ESCOUBLEAU, seign. de Sourdis, de Mondoubleau : parti d'azur et de gueules à la bande d'or brochant sur le tout. (*Dub.*).

ESNARD, grand maître des Eaux-et-Forêts de la généralité de Tours, seign. du Ham, de Mesangé, 18.e siècle.

ESPAIGNE, marquis de Vennevelles en Luché : d'azur au peigne d'argent mis en fasce, accompagné de trois étoiles d'or. (*Trés. hér.*).

ESPAULART, Antoine-Henri, chevalier de la Légion-d'Honneur, a exercé les fonctions de conseiller de Préfecture du département de la Sarthe pendant plus de 30 ans : d'azur au chevron alaisé d'or, accompagné de trois canettes d'argent, 2 et 1.

ESPERVIER, l', seign. de Saint-Denis de Sablé, 1404. François, député aux états généraux, 1484 : d'argent à l'épervier d'azur, perché de gueules, membré et grilleté d'or. (*Trés. hér.*). Deux familles de ce nom en Bretagne : 1.re d'azur à l'épervier d'argent, tenant un rameau de laurier d'or; 2.e d'azur au sautoir engrêlé d'or, accompagné de quatre besans de même. (*Arm. de Bret.*).

ESPINAY, de Saint-Luc, famille connue dès le 11.ᵉ siècle, a donné un grand maître de l'artillerie, des gouverneurs, des chevaliers des ordres du roi, etc. Henriette, abbesse d'Etival, 1623-1627 : d'argent au chevron d'azur, chargé de onze besans d'or. (*Nob. de N.*).

ESSIRART, Guyon, maître d'hôtel du duc d'Alençon, seigneur de Bonvouloir en Juvigny-sous-Andaine, 16.ᵉ siècle.

ESSON, d', famille de Normandie, maint., 1668; au 18.ᵉ siècle, elle hérita des terres et seigneuries de Saint-Aignan, Marolles, etc., situées dans le Maine : d'azur à la tour crenelée d'or, accompagnée de trois croissants d'argent, 2 en chef, 1 en pointe. (*Nob. de N.*).

ESTAING, marquis d', seign. de Couture sur le Loir, famille connue depuis 1001, a donné un vice-amiral, des gouverneurs, des chevaliers des ordres du roi, etc. : d'azur à trois fleurs de lis d'or, au chef de même.

ESTAMPES, François, comte de Montfort et duc de Bretagne, lieutenant-général pour le roi en Normandie, Anjou, Maine et Touraine, 1462 : d'hermines à la bordure de gueules. (*R. d'armes*).

ESTRÉES, Jean-Baptiste, archevêque de Cambray, abbé d'Evron, 1694-1718 : d'argent fretté de sable de six pièces ; au chef d'or chargé de trois merlettes de sable. (*Simpl.*, IV, 592).

ETAMPES, marquis de Valançay, famille orig. du Berry, a donné un maréchal de France, des chev. des ordres du roi, etc. ; Léonor, évêque de Chartres, abbé de Saint-Georges-du-Bois et de l'Epau, 17.ᵉ siècle ; Charlotte, abbesse d'Etival, 1675 : d'azur à deux girons d'or, appointés en chevron ; au chef d'argent, chargé de trois couronnes de gueules. (*Courc.*).

ETERVILLE, seign. de Saint-Gilles-des-Marais : échiqueté d'or et d'azur, à la fasce d'or. (*Nob de N.*).

ETIVAL, abbaye de Bénédictines, fondée dans la Charnie, en 1109, par Raoul, vicomte de Beaumont : chevronné d'or et de gueules de huit pièces. Ce sont les armes du fondateur.

EVÊCHÉ : L'évêché du Mans n'avait pas d'armes particulières ; il prenait celles de l'évêque siégeant.

EVRON, abbaye de Bénédictins, fondée dans la ville de ce nom, en 630 ou 640, par l'évêque Saint-Hadoind ; rétablie vers 997, par Robert, vicomte de Blois : d'azur à une Vierge issante, tenant à dextre l'enfant Jésus, à sénestre, une phiole, le tout d'argent, coupé de gueules à trois pals de vair. (*Sceau.*) L'Armorial, manuscrit de la Bibliothèque royale lui donne, de gueules à la croix d'argent chargé en cœur d'une perle d'azur et sur les quatre bouts d'une coquille de même.

F.

FAGUET, Jean, seigneur de Sévillé, à Sainte-Sabine, porté au rôle de l'arrière-ban, 1689 : de gueules à deux flèches d'argent posées en sautoir, et une troisième en pal. (*Nob. de N.*).

FALUERE, (Lefebvre, seign. de la), se fit représenter à l'assemblée de la Noblesse du Maine, 1789 : d'azur à trois bandes d'or. (*Dub.*).

FANNING, Jacques, seigneur de la Roche-Talbot, fut membre de l'assemblée de la Noblesse d'Anjou, 1789, et se fit représenter à celle du Maine.

FARCY, seign. de Pontfarcy, Arquenay, Ballée, Launay-Villiers. Gilles, ci-devant juge ordinaire général civil et criminel au comté de Laval, et François, seign. de la Daguerie, son successeur, furent taxés au rôle de l'arrière-ban, 1675. Jacques Annibal, seign. de Gastines et Cuillé ; René Annibal, seign. de Roseray et de Grand-Pont, assistèrent à l'assemblée de la Noblesse d'Anjou, 1789 ; cinq autres membres de cette famille figurent à celle du Maine : d'argent fretté d'azur, au chef de gueules. (*Trés. hér.*).

FAUDOAS, comtes de Sérillac, par érection de 1653, seign. de Cherancé, Doucelles, Juigné, etc., s'établirent dans le Maine, au 16.ᵉ siècle. Deux membres de cette famille assistèrent à l'assemblée de la Noblesse, 1789 : d'azur à la croix d'or.

FAUCON DE FALCONNER, seign. de la Motte-Fouqué, se fit représenter à l'assemblée de la Noblesse de Falaise, 1789 : d'argent au sautoir de gueules, cantonné en chef d'un aigle de sinople et de trois molettes de gueules aux flancs et à la pointe. (*Nob. de N.*).

FAVERIE, de la. La veuve de la Faverie, à Beaumont-Pied-de-Bœuf, près de Château-du-Loir, taxée au rôle de l'arrière-ban, 1675.

FAY DE LA TOUR MAUBOURG, ancienne maison du Velay. Joseph, chanoine, comte de Lyon, abbé de Beaulieu, 1747-1786 : de gueules à la bande d'or, chargée d'une fouine d'azur. (*La Ch.*).

FAY, du, seign. de la Sauvagère dans le Passais, maint., 1666 : d'argent à l'aigle à deux têtes de gueules, au chef d'azur, chargé de trois besans d'or. (*Nob. de N.*).

FAY, René, du, seign. de Saint-Denis en Ceton, assista à l'assemblée des Etats du Perche, 1558 : d'argent à six roses de gueules un lambel d'azur.

FAYOLES, Louis-Joseph-Raphael de, comte de Mellet, gouverneur du Maine, 1767-1785.

FECHAL, de, seigneur de la Béraudière en Ceaulcé, de Poligné, Forcé, etc.. 1570 ; Jean de Feschal, rendit au seign. de Mayenne aveu pour la Motte d'Aron. (*Le P.* II, 298). Famille éteinte ; Vairé, contre-vairé d'argent et d'azur, chargé d'une croix étroite de gueules. (*Gén. de Martigné*).

FEILLÉE, de la; cette famille éteinte, depuis long-temps, tirait son nom de la terre de la Feillée en Alexain : d'azur à la croix engrêlée d'or.

FERCHAUT, René-Antoine, plus connu sous le nom de Réaumur, membre de l'académie des sciences de Paris, fut seign. de Saint-Julien-du-Terroux, et y mourut au château de la Bermondière, le 8 octobre 1757 : d'argent au lion de sinople, lampassé de gueules. (*Dub.*).

FERRAND, François, écuyer, sieur de la Bretonnière, gendarme du roi, à Mondoubleau, taxé au rôle de l'arrière-ban, 1675; et Marie Ferrand, veuve Nau, dame d'Allery, à Choue, portée sur celui de 1689 : de sable à la fasce ondée d'argent, accompagnée de trois traits de flèche, la pointe en bas. (*La Ch.*).

FERRÉ : d'argent à la fasce d'azur, accompagnée de trois molettes de même, 2 en chef 1 en pointe. (*Arm. de la M.*).

FERRIÈRE, de la, seign. de la Ferrière, d'Ambrières, de Lassay, Vautorte, etc., au 16.ᵉ siècle. (*Le Paige*). Jean de la Ferrière, archidiacre de Passais, fit avec Richard, duc de Normandie, le voyage de la Terre-Sainte. (*Dumoulin, Hist. de Norm. Catal.*). Messire de la Ferrière, chevalier de l'ordre du Roi, sieur de Tessé, membre des États du Maine, 1576. Messire Henri, chevalier, seign. de la Turelière, à Épuisé, taxé au rôle de l'arrière-ban, 1675, est-il de la famille du précédent ? d'or à six fers de mulet d'azur, cloués d'argent, 3, 2 et 1. (*Le P.*, I, 349).

FERRIÈRE, Jean de, baron de Ferrière et de Préaux, seign. de Montfort et de Vibraye, fin du 15.ᵉ siècle, maître des requêtes : d'hermines à la bordure de gueules, chargée de huit fers de cheval d'or. (*Maîtres des req.*).

FERRONNAYE, Feron, comte de la, seign de la Bazoge-des-Alleux et de Turé : d'azur à six billettes d'argent, 3, 2, 1, au chef cousu de gueules, chargé de trois annelets d'argent. (*La Ch*).

FERS (juridiction de la marque des), établie au Mans, supprimée en 1790. Le ressort de ce tribunal comprenait l'Anjou, le Maine et le Perche ; ses armes devaient être de France ou d'azur à trois fleurs de lis d'or.

FESQUES, de, de la Roche-Bousseau, de l'Argenterie, en Anjou, en Beausse et Normandie : d'or à l'aigle à deux têtes éployée de gueules. (*Courc.*).

FEUGERAIS, des, anciens seign. de Sémur, semblent être aussi nommés des FEUGERETS. Un membre de la famille des Feugerets se fit représenter à l'assemblée de la Noblesse du Maine, 1789. Des Fougerets porte : d'argent à trois feuilles de fougères de sinople, posées 2 et 1, celle du 1.ᵉʳ quartier en bande, celle du second en barre et la feuille de la pointe en pal (*Nob. de N.*).

FIEF-CORBIN, terre située en Sargé sur la Braye : la demoiselle de Fief-Corbin, à Saint-Cyr de Sargé, taxée au rôle de l'arrière-ban, 1675.

FIESQUE, Claude, abbé de Lonlay, 1628-1655 : bandé d'azur et d'argent de six pièces. (*Trés. hér.*).

FILASTRE, Guillaume, cardinal, 1411, mort, 1428 : de gueules à la tête de cerf d'or, à la bordure dentelée de même. Ces armes sont peintes sur le vitrail de la rose de l'église du Mans.

FILLES-DIEU, au Mans, chanoinesses établies en 1256, par le roi Louis IX, connu sous le nom de Saint-Louis : d'or au chevron de gueules accompagné de trois raisins d'azur tigés et feuillés de sinople, 2 en chef, 1 en pointe ; le chevron chargé sur la pointe d'un besan d'or qui est soutenu d'un croissant de même. (*Arm. Ms.*)

FISES, Laurent de, abbé de Tyronneau, 1577, de Beaulieu, 1578.

FLANDRE, Robert de, devint, en 1308, seigneur de Montmirail, du Perche-Gouet : d'or au lion de sable armé et lampassé de gueules chargé d'une bande de même, brisée aux deux bouts d'une coquille d'argent. (*Hist. de Courtenay*, 155).

FLÈCHE, la, ville d'Anjou, sur le Loir, ancien chef-lieu d'archiprêtre et ancienne baronnie, aujourd'hui chef-lieu de canton et d'arrondissement du département de la Sarthe. *La Ville* porte : de sinople à une bande d'or, écartelé d'or à un pal de sinople. *Le Corps des officiers* de l'Hôtel-de-Ville a pour armes : de gueules à une flèche d'argent posée en pal, la pointe en haut, accostée de deux tours crenelées chacune de quatre pièces aussi d'argent, et à un chef d'azur chargé de trois fleurs de lis d'or et soutenu d'or. (*Armor. Ms.*).

FLINES, de, seigneur de Villefaux. (*Le P.*).

FLOISSAC, de, seigneur de Vaucé. (*Le Paige*).

FLORENCE, abbé de Clermont, 1775-1790 : d'argent à la fleur de lis épanouie et ouverte de gueules. (*Roy d'armes*).

FLOTTE, Geneviève, veuve de Vanssay, fondatrice de l'abbaye de Monsor, faubourg d'Alençon, au 17e siècle. Losangé d'argent et de gueules, au chef d'or. (*La Ch.*).

FOLLEVILLE, de, seign. de Gandelain, maint., 1668 :

d'azur à la fasce coupée, emmanchée d'or et de gueules, 2 pièces et demie d'or, trois de gueules, accompagnée en pointe d'une quintefeuille d'or. (*Nob. de N.*).

FOLLIN, V. FONTAINE DE FOLLIN : FOLLIN, en Franche-Comté, porte : de gueules à l'arbre d'or, le pied dans un croissant d'argent. (*La Ch.*).

FONT, Jacqueline de la, fille de Jacques, écuyer, seig. des Rocherets, maître des eaux et forêts du duché de Beaumont, fait hommage des fiefs de la Daurie et des Pigeries, situés à Douillet, 1668. (*Noms féod.*) : d'or au chevron de sable, accompagné en pointe d'un arbre de sinople qui naît de la pointe de l'écu ? (*La Ch.*).

FONTAINE, de, dame de la Beaumerie, à Bousse, se fit représenter à l'assemblée de la Noblesse d'Anjou, 1789. Plusieurs familles des noms de Fontaine, de la Fontaine. L'une porte : d'azur à trois bandes échiquetées d'or, les deux bandes supérieures de trois traits, l'inférieure d'un seul. (*Arm. de la M.*).

FONTAINE DE BIRÉ. V. BIRÉ.

FONTAINE DU BOURGNEUF, la, seign. de Lignières, du Bourgneuf, maint. 1667. Mathurin, à Coulans, porté au rôle de l'arrière-ban, 1689. N., chanoine et archidiacre dans l'église du Mans, 1789 : d'hermines à la bande de gueules, chargée de deux annelets d'or. (*Nob. de N.*).

FONTAINE-DANIEL, abbaye de Cisterciens, dans la paroisse de St.-Georges-de-Buttavent, fondée en 1204, par Juhel III, de Mayenne : de gueules à six écussons d'or, posés 3, 2 et 1. Ce sont les armes des seigneurs de Mayenne, ses fondateurs.

FONTAINE DE FOLLIN, de la, en Anjou, seign. de Vezins, Bourval, la Brossardière. René-François-Marc-Antoine, membre de l'assemblée de la Noblesse du Maine, 1789; et Charles-Pierre, membre de celle d'Anjou : d'argent à deux bandes de gueules. (*Courc.*).

FONTAINE-GÉHARD, prieuré de bénédictins, fondé, 1205, dans la paroisse de Châtillon-sur-Colmont, par Juhel III, de Mayenne, en faveur de l'abbaye de Marmoutier; la conventualité avait été supprimée. Armes :

FONTAINE-SAINT-MARTIN, prieuré de religieuses de l'ordre de Saint-Benoît, fondé en 1117, par Foulques, comte d'Anjou et du Maine, et Heremburge de la Flèche, sa femme; les fondateurs le soumirent à l'abbesse de Saint-Sulpice de Rennes. La conventualité s'y était conservée. Souvent on donnait à ce monastère le titre d'abbaye, et l'on qualifiait la prieure, du nom d'abesse. Armes :

FONTAINE DE MERVÉ, Louise, dame de Fontaine, la Rousselière, à Montigné, se fit représenter à l'assemblée de la Noblesse d'Anjou, 1789.

FONTAINE DE SAINT-VICTOR, seign. de St.-Victeur, maint. 1666. Richard-Jérôme-Bon fut membre de l'assemblée de la Noblesse du Maine, 1789 : d'azur à la croix ancrée d'argent. (*Nob. de N.*).

FONTAINES, Hardouin de, chev., seign. de la Fontaine-Guérin, de l'Isle sur le Loir, et de la Roche de Vaas, fait hommage de ces terres en 1393. (*Noms féod.*) : d'argent au chevron de sable, accompagné de trois mouchetures d'hermines de même, 2 en chef, 1 en pointe? (*La Ch.*).

FONTENAILLES. Plusieurs terres et seigneuries de ce nom existaient à Ecommoy, Vouvray-sur-Huisne, etc., en 1570, François de Fontenailles fit hommage au seigneur de Mayenne, pour le Menil-Barré. (*Le P.*) : d'argent à trois annelets de gueules. (*Arm. de la M.*).

FONTENAY, seign. de la Fresnaye et de Téligny. Le seign. de Fontenay, écuyer, à Téligny, taxé au rôle de l'arrière-ban, 1675. Un gentilhomme de ce nom assista à l'assemblée de la Noblesse du Maine, 1789 : d'argent à deux lions léopardés de sable, armés, lampassés et couronnés d'or, l'un sur l'autre. (*Dub.*).

FONTEVRAULT (le PETIT), monastère fondé à la Flèche, dans les premières années du 17.e siècle, par Jeanne de Bourbon, abbesse de Fontevrault : d'or, à un soleil de gueules et un chef d'azur, chargé de trois fleurs de lis d'argent. (*Arm. ms.*).

FOREST, de la. Plusieurs familles de ce nom dans le Maine; la plupart éteintes.

FOREST, Pierre de la, né à la Suze, chancelier de

France, 1350, cardinal, 1356 : d'argent à l'arbre de sinople.

FOREST D'ARMAILLÉ, de la, famille d'Anjou. Louis-André de la Forêt d'Armaillé, seign. de Vernée, Marigné, Cré, Chanteucé, et Louis-Henri, seign. de St.-Amadour, assistèrent à l'assemblée de la Noblesse d'Anjou, 1789. Madame de la Forest d'Armaillé, veuve de Villeautrais, s'y fit représenter : d'argent au chef de sable. (*Courc.*).

LE FORESTIER, Messire René, seign. de St.-Aubert, à Vaucé, taxé au rôle de l'arrière-ban, 1675. Plusieurs familles du nom de Forestier : l'une porte d'argent à trois huchets de sable, liés de gueules. (*Nob. de N.*). Une autre, etc.

FORGET, Marguerite, veuve de la Roche-Breslay, à Soulitré, portée au rôle de l'arrière-ban, 1689 : d'azur au chevron d'or, accompagné de trois coquilles de même. (*Trés. hér.*).

FOU, Guillaume du, seign. châtelain de Piremil, fait hommage de cette terre, 1455 : d'azur au léopard d'or. (*Trés. hér.*).

FOUCAUD VAUGUYON : d'azur à la bande d'or, accostée de six besans d'argent. (*Armor. de la M.*).

FOUCAULD, de, se fit représenter à l'assemblée de la Noblesse du Maine, 1789. Plusieurs familles de ce nom. Une porte : d'azur semé de fleurs de lis d'argent; une autre porte d'argent au lion de sable. (*Roy d'armes*).

FOUCAULD DES BIGOTTIÈRES assista à l'assemblée de la Noblesse d'Anjou, 1789 : de sinople au chevron d'or, surmonté d'un lion rampant de même, et cantonné de trois trèfles d'argent? (*La Ch.*).

FOUGÈRES. Au 13.e siècle, Hardouin de Fougères était seigneur de la Rongère, en Houssay. (*Le P. I, 415*) : d'azur au chef losangé d'or et de gueules de deux traits. (*Trés. hér.*).

FOULÉ, seign. d'Ourne. Léonard, garde des sceaux, en la cour des Aides de Guyenne, fait hommage de la terre d'Ourne et du droit d'usage en la forêt de Bersay, 1662, 1669 : d'hermines à la fasce de gueules, à trois pals d'azur brochant sur le tout. (*Trés. hér.*).

FOULONGNE, de, seigneurs de Saint-Jean, de la Motte en Madré. (*Le P.*, II, 2). André-Louis-François et Jacques assistèrent à l'assemblée de la Noblesse du Maine, 1789 : d'azur à trois fasces d'or, à la barre de gueules chargée de trois coquilles d'argent brochant sur le tout.

FOUQUET, Bernardin, archevêque d'Embrun, abbé de la Couture, 1767-1784 : d'argent à l'écureuil de gueules.

FOUQUET LA VARENNE, marquis de la Varenne, baron de Ste-Susanne, etc. : de gueules au levrier passant d'argent, au collier d'azur semé de fleurs de lis d'or.

FOURNERIE, de la. Antoine-Emmanuel, seigneur du Bois-Geney, et N. de la Ferrière, membres de l'assemblée de la Noblesse du Maine, 1789.

FRANC, Pierre-Paul le, des Fontaines, abbé de la Pelice, 1769-1790. Le Nobiliaire de Normandie indique deux familles de ce nom : 1.° d'argent à la fasce d'azur accompagnée de trois cœurs de gueules, deux en chef, un en pointe ; 2.° : d'argent à trois cœurs de gueules, deux et un.

FRANCBOUCHER, seign. de Ste.-Osmane, 15.ᵉ siècle.

FRANCE, royaume riche et puissant, dont l'origine remonte jusqu'au 5ᵉ siècle. A la mort de Henri III, le 2 août 1589, il vint à l'illustre maison de Bourbon, dans la personne de Henri, duc de Vendôme, de Beaumont, baron de la Flèche...., Roi de Navarre, connu sous le nom de Henri IV, surnommé le Grand. Ce prince généreux et magnanime descendait de Robert de France, sire de Bourbon, dernier fils du roi Louis IX (saint Louis), et cadet de Philippe III, dit le Hardi. Louis XIV, l'un de ses successeurs, fit fleurir les sciences, les lettres et les arts, étendit les limites du royaume, plaça son petit fils, le duc d'Anjou, sur le trône d'Espagne, couvrit la France de gloire et mérita le nom de Grand Roi, titre que la postérité confirme. Les armes de France étaient anciennement : d'azur semé de fleurs de lis d'or ; le roi Charles VI, 1380-1422, ayant réduit le nombre des fleurs de lis à trois, posés, 2 et 1, elles sont d'azur à trois fleurs de lis d'or ; l'écu entouré des cordons des ordres de St.-Michel et du St.-Esprit, est couronné d'une couronne d'or garnie de fleurs de lis, enrichie de pierres précieuses et fermée de quatre bandes aboutissant en pointe par le haut et sommées d'une double fleur de lis; il a pour supports deux hérauts vêtus de tuniques semées de fleurs de lis et tenant à la main un étendart. Ses maisons régnantes et leurs différentes branches ont adopté les mêmes armes. Les souverains les donnèrent aux juridictions, aux administrations et aux établissements qui dépendent de la couronne. Plusieurs villes obtinrent aussi l'honneur d'en orner le chef de leur écusson. V. BOURBON.

FRANÇOIS, ordre de SAINT; il comprend les Cordeliers, les Capucins, les Récollets, et cinq couvents de femmes.

CORDELIERS.

Les couvents des Cordeliers portaient les armes de l'ordre qui sont d'argent à une croix de sable haussée, embrassée par deux bras de carnation, l'un nu, l'autre vêtu de sable et passés en sautoir.

Cordeliers, au Mans, fondés en 1215, par la Reine Bérengère, veuve de Richard Cœur de Lion; l'évêque Geoffroy de Laval bâtit le monastère. Le sceau de la maison portait l'image de l'Annonciation de la sainte Vierge, qu'on peut blasonner d'azur aux figures d'or.

Cordeliers, aux Anges, paroisse de Saint-Quentin, près Craon, fondés par le seign. du lieu.

Cordeliers, à Laval, établis en 1396, par Gui XII de Laval et Jeanne de Châtillon, sa femme.

Cordeliers, à Précigné, établis en 1610 au château des Salles, par Urbain de Laval, seign. de Boisdauphin.

CAPUCINS.

L'ordre porte un Saint-François à genoux, les mains croisées, tenant de l'une un crucifix couché.

Capucins, au Mans, ils s'établirent en 1602, sur un fond donné par le chapitre de la cathédrale. Le sceau du monastère représentait l'image de la Visitation de la sainte Vierge, qu'on peut blasonner d'azur aux figures d'or.

Capucins, à Laval. Le chapitre Saint-Tugal leur donna le terrain sur lequel ils élevèrent, en 1614, leur monastère.

Le sceau devait porter l'image de la sainte Vierge, à laquelle l'église fut dédiée.

Capucins, à Mayenne. Ils plantèrent en 1606, la croix sur le terrain que la ville leur avait acheté. Le sceau du couvent devait représenter Saint-François, en l'honneur duquel l'église fut dédiée.

Capucins, à la Flèche, établis vers 1636.

Capucins, à Château-Gontier, fondés dans le 17.ᵉ siècle.

RÉCOLLETS.

Récollets, à Château-du-Loir, fondés en 1616.

Récollets, à la Ferté-Bernard, établis en 1608, par Charles de Lorraine, baron de la Ferté.

Récollets, à la Flèche, établis en 1604.

Récollets, au Lude, établis par les seigneurs de cette ville.

CORDELIÈRES.

Cinq monastères de cet ordre.

Beaumont-le-Vicomte, maison fondée en 1636, par les sieur et dame des Brunelières : d'azur à une Notre-Dame d'or. (*Arm Ms.*).

Le Buron, près de Château-Gontier : d'azur à une Assomption de la sainte Vierge, avec ces mots autour : Notre-Dame de Buron. (*Arm. ms.*).

La Flèche, monastère établi en 1484, par René, duc d'Alençon : d'argent à une croix alaisée d'azur ; à un chef de gueules chargé de deux étoiles d'or. (*Arm. ms.*).

Noyen, fondé en 1637, par Marguerite de Launoy, veuve du marquis de Kerveno, dame de Noyen : d'azur à un chef de gueules chargé de deux étoiles d'or. (*Arm. ms.*).

Sablé, maison établie en 1631, par Philippe-Emmanuel de Laval Boisdauphin, et Madelaine de Souvré, sa femme : de gueules à un cordon de Saint-François d'argent. (*Arm. Ms.*).

FRANQUETOT, ducs de Coigny, famille illustre ; a donné des maréchaux de France, des grands baillis : de gueules à la fasce d'or, chargée de trois étoiles d'azur et accompagnée de trois croissants montans d'or, deux en chef, un en pointe.

FRÉART, Paul, seign. de Chantelou, chev., gouverneur de Château-du-Loir, seign. de Fontenaille, à Ecommoy, 1663. FRÉARD. Le Nobiliaire de Normandie désigne deux branches : 1.re d'azur au chevron d'or, surmonté d'un croissant de même et accompagné de trois fers de piques d'argent, deux en chef, un en pointe; 2.e porte de même, à l'exception d'une étoile d'or, au lieu du croissant.

FRÉBOURG, de, seign. de Frébourg et de la Houdairie. Denis, à Contilly, fit partie de l'arrière-ban, 1689. De Frébourg, seign. du lieu, se fit représenter à l'assemblée de la Noblesse du Maine, 1789 : d'argent à trois aigles éployées de sable. (*Nob. de N.*).

FRÉDUREAU, officier de la Chambre des Comptes, seigneur de Fontaines, paroisse du Vendomois. (*Le P.*).

FREMIÈRE, Marie de, dame de Vaux-le-Vicomte, au N. O. de Courdemanche, 1489. (*Noms féod.*).

FRÈRES DE LA CHARITÉ, les, au Quart Bouillon de St.-Bomer, généralité d'Alençon : de sable à un pal d'argent, chargé d'une bayonnette de sinople. (*Arm. ms.*).

FRESNE, du. Plusieurs familles de ce nom. Jean, écuyer, seign. de Vaux, d'Isaac et du Cormier, en 1460. René, seign. de Beauregard, à Champagné, porté au rôle de l'arrière-ban, 1689. DUFRESNE, seign. de la Vallée, d'argent au lion de gueules armé, lampassé et couronné d'or; DUFRESNE, seign. du Bois : de sinople au chef endenté d'or et chargé de trois tourteaux de gueules, DUFRESNE, seign. de la Rouillière : d'azur à la fasce d'argent accompagnée de trois fers à cheval d'or, tournés de gauche à droite, 2 en chef, 1 en pointe. (*Nob. de N.*).

FRESNEAU, Messire Dreux, chev., seign. de Créans, dans la mouvance de la Flèche, 1681. (*N. féod.*).

FRESNAY, le comte de. V. BAILLY.

FRESTAU, seign. de Montchauveau en Ceaulcé. Vers 1543, cette famille quitta son nom pour prendre celui de Montchoveau. (*Le Paige*, I, 152) : de gueules, fretté d'argent. (*Dub.*). Le FRETEL, en Normandie, porte : d'azur à trois écussons d'or frettés d'azur et bordés d'argent, l'écu entouré d'une bordure componée de gueules et d'argent. (*Nob. de N.*).

FREZEAU DE LA FREZELIÈRE : burelé d'argent et de gueules de dix pièces, une bande d'or brochant sur le tout. (*Arm. de la M.*).

FROMENTIÈRES DES ETANGS, famille du Maine. 1697, Nicolas-Hilarion était seign. des Etangs-l'Archevêque, terre située à l'O. S. O. de St.-Vincent-du-Lorouer : d'argent à deux fasces de gueules. (*Roy d'arm.*).

FROMONT, de, se fit représenter à l'assemblée de la Noblesse du Maine, 1789.

FRONSAC, le duc de, baron de la Ferté-Bernard, se fit représenter à l'assemblée de la Noblesse, 1789; il était le fils du maréchal de Richelieu. Voir RICHELIEU.

FROTTÉ, seign. de Couterne, etc., maint. 1666. Le marquis de Couterne assista à l'assemblée de la Noblesse du bailliage de Falaise, 1789 : d'azur au chevron d'or, accompagné en chef de deux molettes de même, en pointe d'un besan d'argent. (*Nob. de N.*).

FROULAY de Tessé, de, anc. et illustre famille du Maine, décorée de la grandesse d'Espagne de première classe ; elle a donné un maréchal de France et plusieurs hauts fonctionnaires. Charles-Louis de Froulay fut évêque du Mans, 1723-1769 : d'argent au sautoir de gueules engrêlé de sable.

FUMÉE, famille éteinte, a donné un garde des sceaux de France, sous Charles VIII ; deux abbés de la Couture, Adam, 1527-1544; Nicolas, docteur ès-lois, évêque et comte de Beauvais, pair de France, abbé 1544-15.. : d'azur à deux fasces d'or, accompagnées de six besans de même, 3 en chef, 2 en cœur, 1 en pointe. (*La Ch.*).

G.

GAALON, François-Henri de, assista à l'assemblée de la Noblesse du Maine, 1789 : de gueules à trois rocs d'échiquier d'or. (*Nob. de N.*).

GAIGNARD, Louis de, écuyer, seign. de la Boulais, à Luché, taxé au rôle de l'arrière-ban, 1675.

GAIGNON, de, comte de Villaines, seign. de Saint-Benoit, Chemiré-le-Gaudin, Louplande, etc. : d'hermines à la croix d'or.

GAILLARD, Jean, seig. de la Guyardière, de la haute justice de Préaux et de St.-Aubin-des-Grois, se fit représenter aux états du Perche en 1558. Plusieurs familles de ce nom : 1.º d'azur au chevron d'or, accompagné en chef de deux étoiles d'or, en pointe d'un croissant d'argent?

GALICHON, de, Jean-Jules, membre de l'assemblée de la Noblesse du Maine, 1789; de Galichon, seign. de Courchamp et du Plessis, à Grez-en-Bouère, assista à celle d'Anjou : d'azur à une fasce d'or, accompagnée de trois merlettes d'argent, deux en chef, une en pointe. (*Armor.*).

GALIFET, de, seign. de Galifet, au comtat Venaisin, en 1460. Louis, ancien vicaire-général du diocèse d'Aix, abbé de Fontaine-Daniel, 1775-1790, devint seigneur de la Fontaine, à St.-Mars-d'Outillé : de gueules au chevron d'argent accompagné de trois trèfles d'or. (*La Ch.*).

GALLERY, seign. des Granges, de la Tremblaye, maint. 1667; Nicolas, seign. des Granges; et Louis-René-Jean, seign. de la Tremblaye, assistèrent à l'assemblée de la Noblesse du Maine, 1789; Gallery du Bellay s'y fit représenter : de gueules à l'épée d'argent, la pointe en haut et la poignée d'or, accostée de deux croix de Lorraine d'or. (*Nob. de N.*).

GALLOYET, de. Anne, demoiselle de la Bourdonnière; et Marguerite, demoiselle du Petit-Bois, au Temple, paroisse du Vendômois, taxées au rôle de l'arrière-ban, 1675.

GARGUESALE, seign. de Bossé en Aubigné, dans le 15.ᵉ siècle.

GARNIER. Plusieurs familles de ce nom. GARNIER, Robert, lieutenant-criminel du sénéchal du Maine, en 1574, depuis conseiller au grand-conseil; poëte dramatique. Armes? GARNIER, Mery, seign. du Breil et de Monceaux, assista aux États du Maine, 1508. Jacques, seign. de la Bonnerie, acheta, 1587, d'Ambroise de Loré, la seigneurie de la Bitousière, située à St.-Aignan en Passais. (*Le P.*) : d'or à trois losanges de sable. (*Nob. de N.*).

GASNÉ, Jacques, à St.-Jean-de-la-Motte, inscrit au rôle de l'arrière-ban, 1689. GANNAI; deux familles de ce nom : 1.° d'argent à la fasce de gueules, chargée de trois roses d'or, 1 et 2, accostées de deux coquilles aussi d'or; 2.° d'or à l'aigle de sable. (*La Ch.*) : d'argent à un aigle désarmée de sable. (*Trés. hér.*).

GAST, de. Roger de Gast, seign. de Dehault, à Dehault, inscrit au rôle de l'arrière-ban, 1689. De GAST Lucé ou Lussault, en Touraine, porte : d'azur à cinq besans d'or, posés 2, 2, 1. (*La Ch.*).

GASTÉ, de, seign. de Les-Bois, St.-Mars-sur-Colmont. (*Le Paige*). Maurice-Simon de Gasté de la Palu assista à l'assemblée de la Noblesse du Maine, 1789; il y représenta aussi Gasté de la Cour de Comer, et la demoiselle Marie-Anne de Gasté.

GASTEVIN, Macé, écuyer, fait hommage au seign. de Château-du-Loir, de l'hôtel et domaine de Coulernes, 1387. (*Noms féod.*).

GAUDIN, Anne, dame de Martigné, rend hommage de sa terre de Fay, venue de la succession de Péan Gaudin, son oncle, 1484. (*Noms féod.*) : d'azur au lion d'or semé de fleurs de lis de même.

GAUDIN, seign. de la Chenardière, de Fleuré et de la Chapelle-St.-Remi. Louis-François, seign. de la Chenardière et de la Chapelle-St.-Remi; Amédée-Joseph-René, seign. de Fleuré, assistèrent à l'assemblée de la Noblesse, 1789 : d'azur à deux trèfles d'or, coupé d'or, à un trèfle d'azur.

GAUDIN DE MENIBEUX, seign. de Saint-Brice, sur la Varenne. (*Le-Paige.*) : d'azur au chevron d'or accompagné de trois aigles à deux têtes d'argent, au chef de gueules, fretté de six pièces d'argent. (*Nob. de Norm.*).

GAULTIER DE LAUNAY, dame de Villiers, demeurant à Ste.-Colombe, se fit représenter à l'assemblée de la Noblesse d'Anjou, 1789 : d'azur au chevron d'or, accompagné de trois épées d'argent, les poignées d'or, les pointes en bas, 2 et 1. (*Nob. de N.*).

GAUTIER, seign. de la baronnie de Coulans ; sa nièce a porté cette terre à N. Pasquier. Plusieurs familles du nom de Gautier : 1.º d'azur au coq d'or sur un mont d'argent ; 2.º d'azur au chevron d'or, accompagné en chef de deux étoiles du même, et en pointe d'une colombe d'argent ; 3.º d'azur à deux éperons d'or, au chef d'argent chargé de trois étoiles de gueules ; 4.º d'azur au chevron d'or, accompagné de trois roses du même, tigées et feuillées de sinople. (*Courc.*). Le seigneur de Coulans appartenait-il à l'une de ces familles ?

GAUTIER DE CHIFFREVILLE, maint., 1667, seign. de Beaumont-Pied-de-Bœuf, près de Château-du-Loir ; François, sieur de Chiffreville, à Verneil, fut inscrit au rôle de l'arrière-ban, 1689 : de gueules à la croix ancrée d'argent, liée en cœur d'azur. (*La Chesn.*).

GAUTIER DE LA VILLE-AUDRAIS. Trois membres de cette famille se firent représenter à l'assemblée de la Noblesse du Maine, 1789.

GAUTRON-ROBIEN, seign. de la Marie, de la Barre en Bierné, etc. : d'azur à dix billettes d'argent, 4, 3, 2, 1. (*Arm. de la M.*).

GAUVAIN DU RANCHER, Louis-Claude, seign. du Rancher en Téloché, assista à l'assemblée de la Noblesse du Maine, 1789 ; il y représenta aussi la dame veuve Gauvain : d'azur à l'étoile d'or, surmontée d'une bisse de même posée en fasce ; coupé de gueules à trois roses ou quintefeuilles d'or, 2 et 1. (*Sceau*).

GAUVILLE, le marquis de, seign. de la Chartre et de l'Homme, co-seigneur de Courdemanche : de gueules au chef d'hermines. (*La Ch.*).

GAYOT, de, seign. de la Prousterie en Avezé, de Sceaux, 18.e siècle : d'or à la bande d'azur chargée de trois étoiles du champ dans le sens de la bande, la bande accotée de deux trèfles de sinople. (*Dub.*).

GENDRE, le, seigneur de Thomasin en Chantenay, 18.e siècle. (*Le P.*). Plusieurs familles de ce nom : d'azur au chevron d'or, accompagné de deux étoiles d'or en chef et d'un lévrier courant d'argent accolé de gueules en pointe. (*Dub.*).

GENEVIÈVE DE MONSOR (SAINTE), abbaye de Bénédictines, fondée dans un des faubourgs d'Alençon, en 1636, par Geneviève de Flotté, veuve de Charles de Vancé, seigneur de Brétel. Armes ?

GEORGES DU BOIS (SAINT), abbaye fondée au 6.e siècle, rétablie en 1045 par Geoffroy Martel, comte d'Anjou et de Vendôme; elle était occupée par des Prémontrés réformés : tiercé en bande d'argent, de vair et d'or.

GEMIN, Renée, veuve Jean Leclerc, écuyer, seign. de la Provostière, à Laval, taxée au rôle de l'arrière-ban, 1675.

GERENTE ou JARENTE, ancienne famille de Provence. Louis-Sextius de Jarente, évêque de Digne, abbé de Lérins et de St.-Vandrille, évêque d'Orléans, en 1758, ayant la feuille des bénéfices; abbé de St.-Vincent, 1763-1788 : d'or au sautoir de gueules. (*La Ch.*).

GERMAINCOURT, vers la fin du 14.e siècle, seign. de Bossé, terre située à Aubigné : d'azur à trois têtes de lions d'or.

GHAISNE, sieur du Genetai, secrétaire du Roi au Grand-Conseil, seign. de Classé en St.-Germain-de-Coulamer, et de Thomasin en Chantenay. Ces terres, possédées par la famille de Ghaisne, dès le commencement du 17.e siècle, sont venues par mariage en celle de Cailleau. La Branche Ghaisne de Bourmont, à laquelle appartient le Maréchal de France, porte de vair au franc canton coupé d'argent et de sable; écartelé de gueules à deux fasces de vair. (*Arm. des Pairs.*).

GIBOT, dans le 16.e siècle, seigneur de la Perinière, de la Carelière et de Moulinvieu au Maine; famille d'Anjou, alliée à celle de Maudoit; d'argent au léopard de sable. (*Armorial.*).

GIFFART · d'argent à la croix de gueules, chargée de cinq coquilles d'or, cantonnée de quatre lions couronnés de gueules. (*Arm. de la M.*).

GILBERT, de, seign. d'Haleines, assista à l'assemblée de la Noblesse du bailliage d'Alençon, 1789. GILBERT de la Jaminière; annobli 1654 : d'azur à la croix engrêlée d'argent, cantonnée de quatre croissans d'or. (*La Ch.*).

GILBERT DE SOLERAC, famille originaire de Champagne, dont une branche s'est établie dans le Maine : d'or à trois croisettes patées de gueules, posées en pal.

GILLES DE LA BÉRARDIÈRE, seign. de la Barbée, terre située à Basouges-sur-le-Loir. Marin Gilles de la Bérardière, baron de la Barbée, fut membre de l'assemblée de la Noblesse d'Anjou, 1789.

GILLET DE PAVANT : écartelé en sautoir, le premier et le quatrième du chef et de la pointe de gueules, chargé d'un roc d'échiquier d'or ; aux 2 et 3 des flancs fascé d'or et d'azur de six pièces. (*Arm. de la M.*).

GILLIER, barons de Marmande, seign. de Passau, terre située à Coulongé. Antoine-René, Marc et Urbain rendent hommage, 1619 et 1629, de la maison forte de Passau : d'or au chevron d'azur, accompagné de trois macles de gueules. (*Trés. hér.*).

GIRARDIN DE LA VAIRIE, seign. de la Vairie. René, écuyer, seign. de la Vairie, à Melleray près Lassay, taxé au rôle de l'arrière-ban, 1675. Un membre de cette famille se fit représenter à l'assemblée de la Noblesse du Maine, 1789. GIRARDIN, en Champagne, porte d'argent à trois têtes de corbeaux arrachées de sable. (*Dub.*).

GIROIE, restaurateurs de l'abbaye de St.-Evroult, en 1050, seign. de St.-Cenery, St.-Célerin-le-Geré, de Connerré : d'argent à la fasce d'azur.

GIROIS, de, seign. de Neuvy, de la Roche de Mayet. Antoine assista à l'assemblée de la Noblesse du Maine, 1789. d'argent à la fasce d'azur.

GIRONDE, de, famille d'Auvergne. La marquise de Gironde, Adélaïde-Geneviève-Marguerite d'Assé, mariée en 1757 au marquis de Gironde, lieutenant-général pour le roi au gouvernement de l'Isle de France, possédait la seigneurie d'Assé-sous-Montfaucon. Armes de Gironde : d'or à trois hirondelles de sable ; les deux premières affrontées, la troisième en pointe, regardant les deux autres. (*La Ch.*).

GIRARD DE CHARNACÉ. Anselme de Girard, seign. de Ballée, Lignières, Beaucé, ayant épousé Claude de

Charnacé, son petit-fils obtint en 1673 des lettres qui lui permirent d'ajouter à son nom et à ses armes les nom et armes de Charnacé. Marc-Prosper fut membre de l'assemblée de la Noblesse du Maine, 1789 : écartelé aux 1 et 4 d'azur à trois chevrons d'or, qui est de Girard ; aux 2 et 3 d'azur à trois croisettes patées d'or, qui est de Charnacé. (*Courc.*, I, 286).

GODDARD, conseiller au Parlement de Paris, seign. de Villiers en Launai-Villiers, fin du 17.ᵉ siècle. Ne faut-il point lire GODARD ? Plusieurs familles de ce nom : coupé d'azur et de gueules à l'aigle éployée d'or brochante sur le tout. (*Nob. de N.*).

GODARD D'ASSÉ (la dame), veuve Lefebvre, se fit représenter à l'assemblée de la Noblesse du Maine, 1789.

GOHIN, seign. de la Cointerie et Maillé, à Cré, fut membre de l'assemblée de la Noblesse d'Anjou, 1789.

GOMER, de, Noblesse d'anc. chevalerie, de Picardie, répandue en Normandie, au Maine, Beauvoisis. Louis de Gomer, chevalier, seign. de Gomer, au Bas-Maine, vivait vers 1430 : d'or à sept merlettes de gueules, au lambel d'azur. (*Courc.*, I, 294).

GONDI, ancienne et illustre maison, a donné plusieurs cardinaux, etc. Pierre de Gondi, abbé de Champagne et de l'Epau, évêque de Paris, cardinal, 1587, mort à Paris en février 1616. Henri, cardinal de Retz, chanoine de l'église de Paris, en devint évêque par la résignation de Pierre son oncle, prit possession de ce siége, le 29 mars 1608, abbé de Champagne, 1616, cardinal, 1618, commandeur de l'ordre du Saint-Esprit, 1619, membre des des états généraux tenus à Paris, 1614, mort à Beziers, août 1622. Jean-François, doyen de l'église de Paris, coadjuteur de Henri son frère, abbé de Saint-Aubin d'Angers ; en 1622, de Champagne et de l'Epau, évêque, puis 1.ᵉʳ archevêque de Paris, cardinal : d'or à deux masses de sable passées en sautoir, liées de gueules par en bas, le lien bordé de sable. (*Gall. purp.*).

GONIDET, la dame veuve de, se fit représenter à l'assemblée de la Noblesse du Maine, 1789. Le GONIDEC de Tressan : d'argent à cinq bandes d'azur. (*Arm. de la May.*),

GOR DE ROUILLAC D'EPERNON, Jules, abbé de Lonlay, 1655-1679. Il faut lire GOT ou GOTH. Got de Rouillac : d'or à trois fasces de gueules. (*Trés. hér.*).

GOUAST, de. Messire Royer de Gouast, chevalier, seigneur du Puy-d'Artigny, pour sa terre et fief de la Roche-Verman, à Soulgé-sur-Loir, taxé au rôle de l'arrière-ban, 1675.

GOUÉ, de, seign. de Goué, Fougerolles, Langottière, la Dorée, du Gué, etc. Gosselin, Alain, dit de Flandre, et Paulin, croisés, accompagnèrent Geoffroy de Mayenne à la Terre-Sainte, en 1158. Claude, seign. de Goué, domicilié à Chaillant, fut taxé au rôle de l'arrière-ban, 1675. d'or au lion de gueules, surmonté d'une fleur-de-lis d'azur. (*La Ch.*).

GOUGEUL, Pierre, doyen de l'église du Mans, 1299, puis évêque, 1312 1326 : d'azur semé de billettes d'or, à deux gougeons adossés de même. (*La Ch.*). Plusieurs historiens nomment cet évêque, de Longueil.

GOUIN DE CHAPISEAUX, marquis de Fontenailles, seign. d'Ecommoy, 18.ᵉ siècle : de vair. (*Nob. de Norm.*).

GOUILLON, de, se fit représenter à l'assemblée de la Noblesse du Maine, 1789.

GOULET DES PATIS, seigneur des Brosses, à Précigné, membre de l'assemblée de la Noblesse d'Anjou, 1789.

GOUPILLÈRE, de la, seign. de la Goupillère en Saint-Hilaire-le-Lierru, de Boissé-le-Sec, de Dollon ; Israël, écuyer, seign. de l'Etang, à Bouer, fut taxé au rôle de l'arrière-ban, 1675. Georges-Paul-Henri de la Goupillère assista à l'assemblée de la Noblesse du Maine, 1789 ; les dames veuves de la Goupillère de Dollon et de la Goupillère y furent représentées : d'argent à trois renards de gueules. (*Le P.*).

GOYON, comte de Beaufort, seign. de Chaillant, posséda au 17.ᵉ siècle les seigneuries de Terchant et de Ruillé-le-Gravelais : d'argent au lion de gueules, armé lampassé et couronné d'or. (*Hist. de Guébriant*).

GRAFFARD. Charles, écuyer, de la paroisse de Beauchesne, taxé au rôle de l'arrière-ban, 1675 : d'argent à trois pieds de griffon de sable. (*Trés. hér.*). Une autre famille porte : d'or à deux roses de gueules en chef et trois merlettes de sable en pointe ; coupé d'azur à trois moutons d'argent, 2 et 1. (*Nob. de N.*).

GRANDMESNY, Jean du, écuyer, sieur de la Tour et de l'Epinay, à St.-Pierre-des-Landes, taxé au rôle de l'arrière-ban, 1689. Ne faut-il pas lire GRASMENIL ? Grasmenil en Bretagne porte : d'argent à l'épée de sable mise en bande. (*La Ch.*).

GRAS, le, marquis du Luart, seigneur de Coudrécieux, etc. Anne-Jean, marquis du Luart, et François-Marie du Luart, assistèrent à l'assemblée de la Noblesse du Maine, 1789 : d'azur à trois rencontres de cerf d'or. (*Courc.*, I, 302).

GRASSIN, ancienne famille de Bourgogne. Julien, abbé commendataire de St.-Calais, 1568-1588 : de gueules à trois lis de jardin d'argent posés 2 et 1. (*La Ch.*).

GRAVELLE ; demoiselle Marie, à Vivoin, taxée avec les enfants Caillard au rôle de l'arrière-ban, 1675 : d'azur au chevron d'or, accompagné de trois croissants d'argent. (*Nob. de N.*).

GRAZAY, de, au Maine. — Jean, seigneur de Grazay, Louvigné, la Tranchée, la Lizardière, eut pour fille, Jeanne de Grazay, femme de Jean de Champagné, chevalier, seign. de la Montagne, 15.ᵉ siècle : d'or au lion d'azur, lampassé armé et couronné de gueules. (*Courc.*, I., 305).

GRENIER, du, baron d'Oleron, de l'élection de Mortagne : d'or au lion de gueules. (*La Ch.*).

GRENIERS A SEL, tribunaux établis pour juger les procès relatifs à cette denrée.
BALLON :
BONNÉTABLE :
BOULOIRE :
CHATEAU-GONTIER : d'azur à deux pelles d'or passées en sautoir. (*Arm. Ms.*).
CHATEAU-DU-LOIR : de gueules à un minot d'or. (*Arm. Ms.*).
CRAON : d'azur à deux pelles d'or passées en sautoir.
ERNÉE, d'azur à trois fleurs de lis d'or. (*Arm. Ms.*).
LA FERTÉ-BERNARD :

Fresnay :
La Gravelle : d'azur à trois fleurs de lis d'or. (*Arm. Ms.*).
Lassay : de France. (*Arm. Ms.*).
Laval :
Loué :
Le Lude : d'argent à une clé de sable posée en pal. (*Arm. Ms.*).
Malicorne :
Mamers :
Le Mans : d'azur à trois fleurs de lis d'or. (*Arm. Ms*).
Mayenne : de France. (*Arm. Ms.*).
Mondoubleau :
Montmirail : de gueules à trois fasces d'or. (*Arm. Ms.*).
Sablé : de gueules à un minot d'or couronné de même. (*Arm. Ms.*).
Sillé-le-Guillaume :
Sainte-Susanne :
Vendôme : tiercé en bande d'argent d'hermines et de sable. (*Arm. Ms.*).
N. B. Les juridictions royales avaient les armes de France : d'azur à trois fleurs de lis d'or.

GRENOUILLON : fascé d'argent et de sable de six pièces, à la bande d'azur brochant sur le tout. (*Arm. Ms.*).

GRESLAY, Claude, seign. de Posset en Teloché, taxé au rôle de l'arrière-ban, 1689.

GRESLE, Jeanne, de, veuve de Guillaume Crochard, à Landivy, taxée au rôle de l'arrière-ban, 1675.

GRIGNON DE LA PELISSONNIÈRE, au Maine, originaire de Bretagne : de gueules à trois clés d'or. (*Courc.*).

GRILLEMONT, Isabelle de, abbesse du Pré, 1426-1455.

GRIMALDI, anc. maison d'Italie. Louis-André de Grimaldi, des princes de Monaco, évêque du Mans, 1767-1779, passa à l'évêché de Noyon : fuselé d'argent et de gueules.

GRIMALDI DE VALENTINOIS, de la même famille, se fit représenter à l'assemblée de la Noblesse du Maine, 1789 : fuselé d'argent et de gueules.

GRIPELET, Jean du, seign. de Gorron, assista aux Etats du Maine, 1508.

GRISON. la veuve Grison, dite Bourgine, à la Ferté-Bernard, taxée au rôle de l'arrière-ban, 1675.

GROGNET DE VASSÉ, marquis de Vassé, barons de la Roche-Mabille, vidames du Mans, seign. de Rouessé, Saint-Pierre-la-Cour, Orthe, Connée, Dangeul, Fyé, etc. Lancelot, archidiacre de Passais, fut abbé de Champagne, 1547-1574. Jean, lui succéda, 1574-1579. Jean, seign. de la Châtellenie de Vassé, assista aux états du Maine, 1508, et Alexis Grognet, marquis de Vassé, vidame du Mans, à l'assemblée de la Noblesse de cette province, 1789 : d'or à trois fasces d'azur.

GROS DE BELPLAS, Joseph-Marie, docteur de Sorbonne, abbé de l'Epau, 1781-1783 : Gros de Saint-Joire : d'or à l'aigle éployée de sable couronnée de gueules, à la bordure de sable, chargée de huit besans d'argent. (*Roy d'armes*).

GROSSOLLES, une des maisons les plus distinguées des provinces de Guyenne et du Périgord, est connue dès le 13.ᵉ siècle. Les seign. de FLAMARENS sont une branche cadette. — NOTA. Grossoles de Flamarens se fit représenter à l'assemblée de la Noblesse du Maine, 1789 : d'or au lion de gueules naissant d'une rivière d'argent, et un chef d'azur chargé de trois étoiles d'or. (*La Ch.*).

GRUEL, maint., 1666. Julien-Jean-René, seign. de Saint-Hilaire, et André-Joseph, seign. des Salles, furent membres de l'assemblée de la Noblesse du Maine, 1789 : d'azur à trois grues d'argent. (*Nob. de N.*).

GRUTUSE, Gruthuse, famille de Flandre. Jean de la Gruthuse, sénéchal du Maine, 1492-1499, fut remplacé par Louis de la Gruthuse, auquel succéda, en 1500, Brandelis de Champagne : d'or à la croix de sable. (*Trés. hér.*).

GUAST, du, seign. de Lucé, au Maine, gouverneur de la ville et du château d'Amboise : d'azur à cinq besans d'or, 2, 2, 1. (*Hist. de Montmorency*, 304).

GUÉ, du, anc. famille de Bretagne : d'argent à la croix engrêlée de sable. (*Arm. de la M.*).

GUE DE LAUNAY, abbaye du, à Vibraye, fondée en

1159 ou 1164, par Rotrou, seign. de Montfort, Malestable et Vibraye, pour des Bénédictins : d'or au chêne de sinople. (*Arm. Ms.*).

GUÉ DE MAULNY (Chapitre royal de la Sainte-Chapelle du), fondé en 1328, par Philippe de Valois et Jeanne de Bourgogne, sa femme, réuni en 1741 à la collégiale de St-Pierre-de-la-Cour : d'azur à une Sainte Vierge, d'argent, accostée de deux fleurs de lis d'or et accompagné en pointe d'une pareille fleurs de lis. (*Arm. Ms.*).

GUÉ DE MAULNY. Le sceau des notaires de la sénéchaussée du Maine, lorsqu'ils étaient institués par le chapitre du Gué-de-Maulny, portait les armes de France, sans désignation d'émaux avec la couronne ducale : l'écu renfermé dans un cercle et accosté de deux fleurs-de-lis, soutenues d'un croissant. Légende : SIGIL. REG. DE VADO MALI NIDI.

GUEHERI, Jean-René de, fut membre de l'assemblée de la Noblesse du Maine, 1789 : N. de Guehery et la dame veuve de ce nom s'y firent représenter. GUERRI, porte : d'azur à deux épées d'argent garnies d'or passées en sautoir, la pointe en haut, au chef d'argent chargé de trois roses de gueules. (*Trés. hér.*).

GUÉMENÉ, le prince de. Le roi Henri IV lui engagea les halles et la prévoté de Mamers, en 1597. (*Le Paige*). Guémené est une branche de la maison de Rohan : de gueules à neuf macles d'or, 3, 3, 3.

GUÉPRÉ, Françoise Miée de Guépré, 31.e abbesse du Pré, 1609-1618. — Marguerite, sa sœur, abbesse, 1618-1644. — Charlotte, nièce des précédentes, abbesse du Pré, 1644-1661 : d'azur à la fasce d'or, accompagnée de trois besans du même, 2 et 1.

GUEROULT, seigneur de Bois-Claireau en Teillé. Guillaume-René-Jean Gueroult de Bois-Claireau, et Gueroult de Freville, se firent représenter à l'assemblée de la Noblesse du Maine, 1789 : de gueules à trois lionceaux d'argent. (*La Ch.*). Plusieurs familles du nom de Gueroult.

GUERRIER, seigneur de Dehault. (*Le P.*) : de sable à la croix d'or cantonnée au 1.er canton d'un écu d'argent chargé de trois coqs de sable, aux trois autres cantons d'une molette d'or. (*Nob. de N.*).

GUESCLIN, du, anc. maison de Bretagne, a donné Bertrand du Guesclin, duc de Moline et de Transtamare, en Castille, comte de Longueville, connétable de France, qui fut gouverneur du Mans, vers 1370. Un autre membre de cette famille posséda les terre et seigneurie de Beaucay, situées paroisse de Solesmes : d'argent à l'aigle éployée de sable couronnée d'or. (*Simpl.*, VI, 182).

GUESTRE DE PRÉVAL, seigneur de Préval. Philippe-Jean Guestre de Préval, chanoine du Mans, fut abbé de Perseigne, 1673-1708 : de gueules à l'aigle d'or, au vol abaissé, regardant un soleil d'or, à l'angle dextre, au chef d'azur à trois croissants d'argent celui du milieu surmonté d'une étoile d'or. (*La Ch.*).

GUIBERT, Charles, écuyer, sieur de la Tabourie, à Saint-Aignan, près Lassay, et la veuve d'Ambroise Guibert, sieur de la Goupillière, portés au rôle de l'arrière-ban, 1675 : d'azur à trois casques d'argent, 2 et 1? (*Trés hér.*). Plusieurs familles du nom de Guibert ; l'une d'elles, domiciliée dans le Maine, porte : d'argent à trois pals de gueules, écartelé d'argent à trois merlettes d'azur.

GUIBERT, de, seign. de Montigné en Montbisot ; deux gentilshommes de ce nom, Etienne-Charles, seign. de Montigné, et Etienne-Jacques René assistèrent à l'assemblée de la Noblesse du Maine, 1789 ; un troisième s'y fit représenter : d'azur au gui de chêne fleuri d'or, accompagné de trois étoiles de même? (*Courc.*)

GUIERCHE, de la, seigneur de la paroisse de ce nom, aux 12.e et 13.e siècles.

GUILLART, seign. d'Arcy, famille éteinte en 1751, eut pour auteur Jean, notaire et secrétaire du roi, trésorier et receveur de toutes les finances du comté du Maine, annobli au mois de février 1464. Elle a donné des conseillers d'état, dont l'un Charles Guillart, seign. de l'Epichelière, Crenon, Vallon, Maigné et Souligné, fut président au parlement de Paris, en 1508 ; Louis, évêque successivement de Tournay, Chartres, Chalons et Senlis ; Charles, doyen de l'église du Mans, 1555-1559, évêque de Chartres, m., 1573 : de gueules à deux bourdons d'or posés en chevron, accompagnés de trois montagnes d'argent. (*Courc.*).

GUILLEBON DE BEAUVOIR, seign. de Montmirail, famille de Picardie : d'azur à la bande d'or accompagnée de trois besans de même. (*Trés. hérald*).

GUILLEMIN DE LA MAIRIE. Jean-Baptiste Gaston, commissaire des guerres, pour son fief de la Brouardière et terre de la Mairie, à Courgenard, taxé au rôle de l'arrière-ban, 1675 : GUILLEMIN en Touraine, écartelé aux 1 et 4 d'argent à la fasce de sable chargée de trois coquilles d'or, aux 2 et 3 parti d'hermines et de gueules qui est de Bailleul. (*Dub*).

GUILLON, Pierre, officier de la reine, à Lamnay, et François, écuyer, sieur de Mortrie, à Savigné-l'Evêque, taxés au rôle de l'arrière-ban, 1675 : d'argent au chef de gueules chargé d'un lambel de trois pendants d'argent. (*Arm. de la M.*).

GUILLOT, de. Louise-Anne, à Sarcé, inscrite au rôle de l'arrière-ban, 1675. René, écuyer, sieur de la Fremillionnière, à Cheviré, taxé à celui de 1689 : mi-parti, au 1 de gueules à une demi-fleur de lis d'or, au 2 d'azur à l'étoile d'argent (*Courc.*).

GUINGALOIS (SAINT), prieuré conventuel de Bénédictins, fondé dans le 11.ᵉ siècle, à Château-du-Loir, par le seign. de cette ville, et donné à l'abbaye de Marmoutier. La conventualité avait cessé au 18.ᵉ siècle : d'argent à une clé d'azur. (*Arm. Ms.*). Sont-ce les armes du prieuré ou celles du titulaire ?

GUIOT DU DOIGNON, famille du Poitou. M. Guiot du Doignon de Saint-Quentin ; ancien officier de cavalerie, chevalier de la Légion d'honneur et de l'ordre royal militaire de St.-Louis, établi au Mans ; M. Guiot de la Féraudière, à la Flèche ; d'or à trois perroquets de sinople, becqués et membrés de gueules, 2 et 1 ; supports : un lion et un griffon.

GUITAU ou GUITEAU, lieutenant-général du siége présidial de Château-Gontier, acquit dans le 18.ᵉ siècle, les seigneuries de Bannes-en-Charnie et de Cossé-en-Champagne.

GUITON, anc. famille de Normandie. Jacques-Jean-Baptiste Guiton des Bois, fut membre de l'assemblée de la Noblesse du Maine, 1789 : d'azur à trois fers de lances antiques d'argent ; plusieurs auteurs disent à trois rocs d'argent ; c'est une erreur. Devise : DIEX AIE, placée au centre de l'écu. (*M. Guiton de Villeberge.*).

GURYE, épouse de Charles-René-Auguste de Farcy, dame de Champagné, à Bazouges, près de Château-Gontier, se fit représenter à l'assemblée de la Noblesse d'Anjou, 1789. Gury, d'argent à trois quintefeuilles de sable. (*Nob. de N.*).

GUYONNEAU, officier en cour, seign. de la Grande-Maison, terre située paroisse de Lombron. (*Le Paige*).

GUYOT, devint, en 1581, seign. d'Ardenay, par son mariage avec l'héritière de cette famille : d'azur à la perdrix d'or, membrée de gueules, au chef d'or. (*Courc.*) Plusieurs familles du nom de Guyot.

H.

HAGUAIS DE MONTGIVRAULT, le, seign. de Mezerai. (*Le Paige*) : de gueules au dextrochère armé, mouvant du flanc sénestre d'une nuée, tenant une pique en barre, le tout d'argent ; au chef cousu d'azur chargé d'un croissant d'argent accolé de deux fleurs de lis d'or. (*Dub.*).

HALAY, Jean, sieur du Morant, à la Pelerine, porté au rôle de l'arrière-ban, 1689.

HALLEY, comte de la Ferrière, élection de Domfront : de sable à deux fasces d'argent, à un pal du même brochant sur le tout. (*Nob. de N.*).

HALLOT, de, seig. de St.-Bertenin, Ponsus, génér. d'Alençon, élect. de Mortagne, maint. 1668. Du Hallot assista à l'assemblée de la Noblesse du Maine, 1614 : d'argent à deux fasces de sable et trois annelets de même en chef. (*Nob. de N.*).

HAMEL, du, seign. de Bois-Ferrand, la Fosse, élection de Mortain : d'azur au chevron d'argent, accompagné de trois roses du même, (*Nob. de N.*). — D'azur au chevron d'or, accompagné de trois roses du même. (*Armor. de la May.*).

HAMELIN, Jacques, évêque de Tulles, était seigneur de Bourchemin et de René, en 1533 : d'azur au lion d'or, au chef de même, chargé d'un cœur de gueules accoté de deux étoiles d'azur. (*Dub.*).

HAMELIN, ancienne famille. Claude de Hamelin, chevalier, épousa vers la fin du 16.ᵉ siècle, Françoise de Maillé de la Tour-Landry, baronne de Bouloire.

HAMON, François, écuyer, seign. de Launay, garde de la porte, à Couesmes, taxé au rôle de l'arrière-ban, 1675. Dominique-François Hamon des Roches était abbé de St.-Georges-du-Bois en 1727.

HAN, du : d'argent à la bande fuselée de sable, accostée en chef d'un lion de gueules. (*Arm. de la M.*).

HANS, des, seign. de Voutré. (*Le P.*).

HARAUCOURT : d'or à la croix de gueules au franc canton d'argent, au lionceau de sable. (*Trés. hér.* 55).

HARCOURT, famille illustre de Normandie. Jean IV devint seign. de Montfort, Vibraye et Bonnétable, par son mariage avec Isabeau de Parthenay, en 1315. Jean VIII fut gouverneur et lieutenant-général en Anjou, Maine et Touraine, 1422-1424. Jean Bâtard d'Harcourt, sénéchal du Maine, 1481-1486. HARCOURT : de gueules à deux fasces d'or; HARCOURT, seign. de Bonnétable : de gueules à deux fasces d'or, au lambel de trois pendants d'argent; HARCOURT (Jean Bâtard d'), d'Harcourt au bâton d'argent mis en barre.

HARDAS, du, seign. d'Hauteville, Chevaigné, d'Ancinnes, de Courtilloles, Chenay, etc. Claude, écuyer, seig. de Houssemaine, au Grand-Oisseau, taxé au rôle de l'arrière-ban, 1675 Du Hardas d'Hauteville, abbé de l'Epau, mort en 1781 : d'argent à six tourteaux de gueules, 3, 2, 1. (*Le Paige*, 1, 247).

HARDI, seign. de St.-Georges-sur-Erve et de Foltorte. (*Le P.*). HARDI, de Bretagne, porte : d'argent à quatre aiglons d'azur membrés et becqués d'or, 2 et 2. (*La Ch.*).

HARDOUIN DE LA GIROUARDIÈRE, seign. de Coudreuse, Chantenay, la Freslonnière, et de Souligné-sous-Ballon, famille ancienne : d'argent à la fasce de gueules, accompagnée en chef d'un lion léopardé de sable, lampassé de gueules, et en pointe de deux quintefeuilles du 3.e émail. (*Courc.*, *Dict.* III, 271).

HARDOUINEAU, d', famille ancienne, originaire du Maine : d'argent au griffon de sable. (*Courc.*, *Dict.* I, 350).

HARLAY DE CHAMPVALON. Cette ancienne famille a donné un grand louvetier de France, un premier président du Parlement de Paris, des maîtres des requêtes, un archevêque de Paris, l'un des plus grands prélats de son siècle, François de Harlay, mort en 1695 ; Marguerite de Harlay, abbesse de la Virginité, 17..; après avoir gouverné trente ans cette abbaye, elle fut nommée abbesse de Port-Royal de Paris : d'argent à deux pals de sable.

HAUTEFORT, seign. de Bellefille, d'Atenay, la Flotte, Lavenay. (*Le P.*). Maison illustre et ancienne du Périgord : d'or à trois forces de sable. Devise : *Alti et fortis*. (*Courc.*).

HAUTERIVE, Urbain, sieur de Chevière, à Fontenay, porté au rôle de l'arrière-ban, 1689.

HAUTEVILLE, le marquis de, seign. de Chevaigné, près de Mayenne. V. du HARDAS.

HAUTONNIÈRE, de la, ancienne famille qui tire son nom d'une terre située paroisse de Fougerolles : d'or au sautoir noué de sable, cantonné de quatre étoiles de gueules. (*Le P.*, *Dict.* I, 348).

HAVET, seigneur de Montmirail et Melleray, 18.e siècle: d'azur à la croix d'hermines, papelonnée de gueules. (*Dub.*).

HAY, seign. du Chatelet, Vaufleury, la Boissière, des Nétumières. Hay de Bouteville assista à l'assemblée de la Noblesse du Maine, 1789 : de sable au lion d'argent. (*Dub.*).

HAYE, de la, ancienne famille de Normandie. Messire Pierre, chevalier, seigneur de Raiseux, à Juvigny, taxé au rôle de l'arrière-ban, 1675. Jean assista à l'assemblée de la Noblesse du Maine, 1789 ; il y représenta aussi un gentilhomme de sa famille : d'argent au cœur de gueules, accompagné de sept mouchetures de sable, 4, 2, 1, au chef d'azur chargé de deux sautoirs d'or. (*La Ch*).

HAYE-MONTBAULT, la : de gueules à six étoiles d'or, 3 en chef, 3 en pointe, au croissant de même mis en cœur. (*Arm. de la M.*).

HAYER, le, de la généralité d'Alençon, maint. 1669. Pierre, écuyer, seign. du Perron, à St.-Germain-de-Corbeis, taxé au rôle de l'arrière-ban, 1675. Dame Françoise, veuve de François de Foulongne, chevalier, seigneur de la Motte de Madré, portée sur celui de 1689 : d'or au chevron de gueules chargé de trois croissans d'argent. (*Nob. de N.*).

GAY, Jean, le, maître des requêtes, en 1602, abbé de la Couture. Le Guay : d'or au lion de sable, au chef d'azur chargé de deux étoiles d'argent. (*Trés. hér.*).

HAYES DE CRI, des, seign. de la Perrine, à Avoise, de Saint-Loup, près Sablé, des Étangs en Pruillé-l'Éguillé, etc. La veuve des Hayes de Cri, dame de Fresnay et du Petit-Fontenay, à Auvers-le-Hamon, fut représentée à l'assemblée de la Noblesse du Maine, 1789 : parti d'argent et de gueules, à trois annelets posés 2 et 1, les deux premiers de l'un en l'autre, le troisième de l'un à l'autre. (*Courcel.*).

HEBERT DE HAUTECLAIR, seign. de Hauteclair, se fit représenter à l'assemblée de la Noblesse du Maine, 1789. Plusieurs familles de ce nom, l'une porte : d'argent au lion de sable ; l'autre : de gueules à trois pommes d'or, 2 et 1 ; une troisième, etc.

HÉLIAND, d', seign. d'Ampoigné, Chantrigné, Saint-Fraimbault-de-Prières, St.-Loup-du-Gast. René-Henri, seign. d'Ingrande et d'Azé, assista à l'assemblée de la Noblesse d'Anjou, 1789. La veuve d'Heliand d'Ampoigné se fit représenter à celle du Maine.

HEMARD-D'ENONVILLE, Charles, né en 1493 au diocèse de Chartres, fils de Pierre, écuyer, seign. d'Énonville et de Marguerite de Fremière, issue de Guillaume et de Marguerite du Breil, du Maine, fut employé dans plusieurs négociations par le roi François Ier. Évêque de Mâcon en 1531, créé cardinal en 1536, transféré au siége d'Amiens, 1537, il mourut au Mans le 23 août 1540, où il était venu visiter sa famille. Ses entrailles furent enterrées dans l'église de Saint-Benoît, sépulture ordinaire des du Breil, et son corps inhumé dans la cathédrale d'Amiens : d'argent burelé de sable de cinq pièces. (*Gall. Purp. Le Corv.*, 826).

HERBELIN, d', seign. de la Reveillère, à St.-Calais-du-Désert, 1550-1770. Jean assista à l'assemblée de la Noblesse du Maine, 1789.

HERCÉ, de, seign. du lieu, du Coudray en Chantrigné, maint. en 1669. Julien, écuyer, seign. de Rubesnard, à la Carelle, taxé au rôle de l'arrière-ban, 1675. Jean-François assista à l'assemblée de la Noblesse du Maine, 1789. Un membre de cette famille est évêque de Nantes : d'azur à trois herses d'or, posées 2 et 1 ; ailleurs : d'azur à trois herses d'argent.

HÉRISSÉ, le. Georges était seign. de Hallaines en 1635. (*Le P.*).

HÉRISSON, seigneur de la Reveillère en St.-Calais-du-Désert, 16.ᵉ siècle. (*Le P.*). L'Hérisson, en Champagne : d'azur à trois roses d'argent. (*La Ch.*).

HERMITTE, de l'. Pierre-Etienne, assista à l'assemblée de la Noblesse du Maine, 1789. Plusieurs familles de ce nom : L'Hermite, baron de Fresnay, élection de Falaise, porte : tiercé en fasce, d'argent, de gueules et d'hermines ; la partie du chef chargée d'une fasce d'azur, de trois créneaux, et le gueules chargé de trois croix d'argent. (*La Ch.*).

HERSANT DES TOUCHES. Alexandre-Etienne-Guillaume Hersant des Touches, baron, ancien préfet, propriétaire à Rouessé-Fontaine : coupé au 1 d'azur, semé d'étoiles d'or, à la rose tigée et feuillée d'argent en cœur ; au 2 de gueules à deux flèches d'argent en sautoir, les pointes en bas, empoignées d'or, à la bordure componée d'or et de sable. (*Courcell., Dict. III.*).

HERTE, de, seigneur de la Roche, à Vaas, se fit représenter à l'assemblée de la Noblesse du Maine, 1789 : d'azur à trois fleurs de souci d'or. (*Courc.*).

HERVÉ, Christophe, né à Cerans, créé chevalier en 1809, colonel en retraite, officier de l'ordre royal de la Légion-d'Honneur, et chevalier de l'ordre royal et militaire de St.-Louis : d'azur au chevron d'or soutenu d'une épée d'argent, la pointe en haut.

HIERRAI, Jean d', évêque du Mans, 1465-1477 : d'argent au chevron de gueules, accompagné de trois grappes de raisins d'azur. (*Le Corvaisier*).

HOPITAL, de l', seigneur de Landivy, 18.ᵉ siècle. Plusieurs familles de ce nom. L'Hôpital, en Bretagne, porte : d'argent à la bande de gueules chargée au milieu d'un coq d'argent, membré, crêté et barbelé d'or, accosté vers le chef d'une merlette de sable. (*La Ch.*).

HOSPITALIERES (religieuses). Elles avaient des établissements à Château-Gontier, Craon, Evron, la Flèche, etc.

Chateau-Gontier : d'or à la croix recroisettée de gueules.

Laval, établi en 1648 : d'argent à un cœur enflammé de gueules, accompagné de trois croix de sable, deux en chef, une en pointe. (*Arm. ms.*).

HOTEL ou PETIT HOTEL, à Ste.-Susanne, 16.ᵉ siècle : de... à la fasce de... accompagnée de trois étoiles de..., 2 en chef, 1 en pointe. (*Arm. de la M.*).

HODON. Jean, seign. de Vauloger, possédait en 1669 la terre de Launay-Briant, située à St.-Jean-de-la-Motte. René, écuyer, seign. de la Gruellerie en Mayet, porté au rôle de l'arrière-ban, 1689.

HOUDETOT, ancienne maison de Normandie, qui a donné un maître des arbalêtriers de France. Robert, sire d'Houdetot, mort en 1358. Le comte d'Houdetot possède la terre de.... à Rouessé-Fontaine : d'argent à la bande d'azur diaprée d'or de trois médaillons, celui du milieu figuré d'un nom, les deux autres présentent une aigle éployée d'or.

HUBAUDIERE, prieuré de la, de l'ordre de Grandmont, fondé paroisse de Sannières, vers la fin du 12.ᵉ siècle, par Bouchard IV, comte de Vendôme, et Hugues II de Chaumont, depuis réuni à celui de Bersay. Tiercé en bande de sable, de vair et d'argent. (*Arm. ms.*).

HUE DE MONTAIGU. Madame Hue de Montaigu, veuve de M. de Tucé, au Mans, nous a communiqué avec une extrême obligeance, le Nobiliaire de Normandie, ouvrage qui nous a été d'un gand secours dans la rédaction de l'Armorial du Maine : de gueules au chevron d'or, accompagné de trois étoiles d'argent, 2 en chef et 1 en pointe ; au chef d'or. (*Sceau*).

HUET D'ARTIGNÉ se fit représenter à l'assemblée de la Noblesse du Maine, 1789 : d'azur au cerf d'or sortant à demi-corps d'une rivière d'argent mouvante de la pointe de l'écu, au chef de gueules chargé de trois molettes d'argent. (*La Ch.*).

HUGUET DE SÉMONVILLE. François devint seigneur d'Ardenay par son mariage avec Élisabeth Levasseur, vers la fin du 17.ᵉ siècle : écartelé aux 1 et 4 d'azur au cigne d'argent; aux 2 et 3 d'or, au chêne de sinople fruité du champ. Devise : *candor et robur*. (*Courc.*).

HUILLIER, l', famille alliée à celle de du Bois de Courceriers. Antoine, et René l'Huillier, sieur de Bellefosse, portés sur le rôle de l'arrière-ban, en 1689 : parti d'argent et de gueules, au lion de l'un en l'autre, couronné d'or.

HULLIN DE LA SALLE, seigneur de la Frapinière, Cossé et la Salle-de-Vihiers, fut membre de l'assemblée de la Noblesse d'Anjou, 1789 : d'argent à la fasce d'azur chargée de trois coquilles du champ, et accompagnée de trois croix du St.-Esprit de gueules, 2 en chef, 1 en pointe.

HUMIÈRES, François d', seign. d'Averton et de Belin, du chef de sa femme, Renée d'Averton; gouverneur de Paris pour la Ligue. — Famille éteinte, fin du 16.ᵉ siècle : d'argent fretté de sable. (*Courc.*, III, 302).

HUNE, de la. Herbert, vicomte de Beaumont, épousa 1086, Godehilde, fille de Lambert de la Hune. Perrine de la Hune fut mariée en 1455, à Thibault du Bois, seign. du Bois en Flacé (*Amp. Coll. Le P.*) : d'argent à deux chevrons de sable, accompagnés de trois coquilles de gueules, 2 en chef, 1 en pointe. (*Le P.*, I, 247).

HURAULT DE VIBRAYE, marquis de Vibraye, barons de la Guierche, seign. de Lamnay, etc. Cette famille a donné un chancelier de France, Philippe Hurault, comte de Cheverni, mort en 1599 : d'or à la croix d'azur cantonnée de quatre ombres de soleil de gueules.

I.

ILLIERS. Maison descendue en ligne directe des anciens comtes de Vendôme. Florent d'Illiers, à la tête d'une noblesse nombreuse, levée à ses frais, secourut la ville d'Orléans, assiégée par l'armée anglaise, sous le règne de

Charles VII. Jean était seigneur d'Ecorpain et de Maisoncelles, dans le 16.e siècle ; le marquis d'Illiers, ou ses héritiers, propriétaires de la terre de Beaumont-Pied-de-Bœuf, taxés au rôle de l'arrière-ban, 1675. Maison éteinte en 1701 : d'or à six annelets de gueules, 3, 2, 1. (*La Ch.*). Jacqueline d'Illiers de Balsac, nommée en 1633 abbesse de Bonlieu, fut remplacée par Claire d'Illiers, sa nièce, à laquelle succéda Élisabeth, sœur de cette dernière ; ces abbesses appartiennent-elles à la maison ci-dessus ?

INGRANDE, Isabeau, veuve de Jean de Vernueil, écuyer, rend hommage de l'habergement de la Chevechière, vers la forêt de Bersay, dans la mouvance de Château-du-Loir, 1402. (*Noms féod.*). Coticé d'or et d'azur, à la bordure d'argent, chargée de onze merlettes de sable ? (*Courc.*).

INVERSES, Jehannot d', acquit la châtellenie de Ballon en 1505, il assista aux Etats de la province du Maine, en 1508.

J.

JACQUART. Marie, veuve de messire René de Verdelay, seign. de Coulonge, à Rahay, taxée au rôle de l'arrière-ban, 1675. JACQUARD, famille de Franche-Comté : d'azur à la croix fleuronnée d'or. (*Courc.*). Eteinte.

JACQUET D'ARGENCÉ, madame veuve, se fit représenter à l'assemblée de la Noblesse, 1789 : d'or à la fasce crenelée de gueules, surmontée d'un demi-cerf de même, parti de sable à la bande d'argent. (*Trés. hér.*).

JAILLE, Guillaume de la, était seigneur d'Outillé, au commencement du 13.e siècle. — Pierre de la Jaille, seign. du Chastelet, et Charles de la Jaille, comparurent pour l'arrière-ban, 1689 : d'or au léopard lionné de gueules, accompagné de cinq coquilles d'azur, mises en orle, deux à chaque flanc, une en pointe. (*Courc.*, III, 317).

JALESNE, Michel, chevalier, seign. du lieu et de Spay, et Charles, son fils, rendirent hommage pour la terre de la Beunèche, située à Roezé, l'un en 1600, l'autre en 1609. (*Noms féod.*).

JAMIN, procureur du Roi à Château-du-Loir, seign. de Jupille. (*Le P.*, I, 452).

JANNAY, Jeanne de, dame de Château-Fermont et de Courcillon, rend au seign. de Château-du-Loir, hommage pour la terre de la Roche, près Vaas, 1392. (*Noms féod.*).

JARDINS, des, seigneur de St.-Remi, maint. 1668 : de gueules à un écot de six branches d'or en pal, chaque branche sommée d'une merlette de sable. (*Courc.*).

JARENTE. V. GERENTE.

JARIEL, seigneur de la châtellenie de la Tournerie en Louzes, de Roulée, Bonnebos et Garenne. Jean-Baptiste, conseiller à la cour des Aides, rend hommage de la Tournerie en 1690; Mathurin, écuyer, avait fait cet hommage en 1684 pour les autres terres. (*Noms féod.*).

JARNAU, Gervais, avait en 1342 droit de voirie à Mayet, suivant un aveu rendu au seign. de Château-du-Loir. (*Noms féod.*).

JAROSSON, Pierre, secrétaire du roi, seign. de Saint-Julien-du-Terroux, 18.e siècle. (*Le P.*, I, 451).

JARRIÉ, Jean, possédait en 1342, l'habergement de jarriaye, situé à Verneil, dans la mouvance de Château-du-Loir. (*Noms féod.*).

JARSAY, le marquis de, seign. de Villiers en Ste.-Jamele-Robert, 18.e siècle. Duplessis, marquis de Jarsay : de gueules à le rencontre de cerf d'argent surmontée de deux croissans l'un sur l'autre (Duplessis); écartelé d'argent à la bande, fuselée de gueules à la bordure de sable chargée de trois besans d'or (Des Roches).

JAVAINS, seign. de St.-Ouen-le-Brisoul, au 13.e siècle. Guillaume de Javains donna à l'église du Mans la présentation de la cure de St.-Ouen. Famille éteinte. (*Le P.*)

JEAN-BAPTISTE, SAINT, prieuré conventuel de Bénédictins, fondé à Château-Gontier : d'argent à un agneau passant de sable, tenant une croix longue de gueules, d'où pend un étendard ou guidon d'azur chargé d'un écusson losangé d'or et de gueules. (*Arm. ms.*).

JEAN DE JÉRUSALEM (ordre de SAINT), connu depuis sous le nom d'ordre de Malte, fut établi à Jérusalem vers le commencement du 12.ᵉ siècle; il possédait plusieurs commanderies dans le diocèse : de gueules à la croix patée d'argent à huit pointes.

JÉSUITES du collége de la Flèche; ils avaient les armes de l'ordre, qui sont : d'azur à un nom de Jésus d'or, entouré de rayons de même avec cette devise : AD MAJOREM DEI GLORIAM. (*Hist. des Ord. relig.*).

JOLY DE FLEURY, seign. de Briosne et de la Mousse; cette famille, originaire de Bourgogne, compte des maîtres des requêtes, des conseillers d'état, des avocats-génér., etc. : d'azur au lis d'argent, au chef d'or chargé d'une croisette patée de sable; écartelé d'azur au léopard d'or, lampassé et armé de gueules. (*Courc.*, III, 329).

JOSSIÈRE, de la, seign. du Petit Beton. (*Le P.*).

JOURDAIN, seign. de la Panne en Auvers-le-Hamon : de gueules à un tau ou croix de saint Antoine d'argent. (*Courc.*, I, 447).

JOURDAN, de, seigneur du Hardas, assista à l'assemblée de la Noblesse d'Anjou, 1789.

JOUFFROY DE GONSSANS, comtes et marquis de Jouffroy, en Franche-Comté; cette famille a donné Jean, évêque d'Arras, cardinal en 1461; François Gaspard de Jouffroy de Gonssans, d'abord évêque de Gap, puis évêque du Mans, 1779-1797 : d'or à trois fasces de sable, la première chargée de deux croisettes d'argent. (*Sceau*).

JOUVENEL DES URSINS, ancienne famille de Champagne, a donné deux archevêques de Reims, un premier président au parlement de Rouen, un abbé de la Pelisse; bandé d'argent et de gueules de six pièces, au chef d'argent chargé d'une rose de gueules boutonnée d'or, soutenue de même. (*La Ch.*).

JOYERE, la : de gueules au lion d'or, accompagné de trois étoiles d'argent, 2 et 1. (*Arm. de la M.*).

JOYEUSE, famille illustre du Vivarais. Henri, duc de Joyeuse, pair et maréchal de France, gouverneur de Touraine, Maine, et d'une portion du Perche, 1584-1586.

Antoine-Scipion de Joyeuse, son successeur, 1586-1587. — Les premiers seigneurs de Joyeuse portaient pallé d'or et d'azur de six pièces, au chef de gueules chargé de trois hydres d'or ; leur postérité écartela de St.-Didier, qui est d'azur au lion d'argent, à la bordure de gueules chargée de huit fleurs de lis d'or. (*La Ch.*).

JUETTE : d'argent au chevron de gueules, accompagné de trois trèfles de même. (*Arm. de la M.*).

JURIDICTION CONSULAIRE, établie au Mans, pour juger les affaires commerciales : de gueules à la croix d'or, chargée d'une clé de sable, cantonnée de quatre chandeliers d'argent, au chef d'azur, à trois fleurs de lis d'or ; cartouche de l'écu accompagné d'une balance d'argent, tenue par une foi, ou deux mains jointes, avec la devise : COMMERCIA THEMIDE TUTA. (*Sceau*).

JUGLART, seign. du Fresne en Beaumont-la-Chartre, et de Rortre. (*Le P.*).

JUIGNÉ. Cette famille d'Anjou remonte à Philippe de Juigné, qui vivait en 1200. René-Jacques, seign. de Saint-Saturnin-du-Limet, convoqué à l'assemblée de la Noblesse d'Anjou, 1789 : d'argent au lion de gueules, ayant la tête d'or. (*Courc.*).

JUILLÉ, famille qui fonda le prieuré de St.-Aubin-du-Pont, à Beaumont-le-Vicomte, et fit des dons à l'abbaye de St.-Vincent, dans le 11.ᵉ siècle.

JULIEN (chapitre de SAINT), à Pruillé-l'Eguillé, établi par Guillaume de Chelles, seign. de Lucé, vers le commencement du 14.ᵉ siècle : d'argent au lion passant de gueules. (*Armor. ms.*).

JUMILLY, seign. de Jumilly, terre en St.-Bomer, dans le Passais. Guillaume et Simon de Jumilly firent (1240) un don à l'abbaye de Lonlay. (*Le P.*). Les seigneurs de Jumilly portaient au 17.ᵉ siècle : d'or à la rose de gueules, accompagnée de trois trèfles de sinople, deux en chef, un en pointe. (*Nob. de N.*). Ils n'étaient pas de la famille des premiers.

JUPILLES, de, seign. de Moulins-le-Carbonnel et du Petit-Oisseau, famille dont l'origine remonte au commeneement du 13.ᵉ siècle. J.-B.-Joseph-Joachim-Marie de Jupilles assista à l'assemblée de la Noblesse du Maine, 1789; deux autres gentils-hommes de même nom s'y firent représenter : parti emmanché d'hermines et de gueules. (*Trés. hér.*).

JUPILLÈRE, de la, seign. du Bignon. (*Le P.*).

JURIDICTIONS ROYALES, chargées de l'administration de la justice civile et criminelle ; ces tribunaux avaient ordinairement un sceau aux armes de France, qui sont : d'azur à trois fleurs de lis d'or, posées 2 et 1.

Présidiaux.

LE MANS, établi en 1551 : armes de France. — Dans un placet présenté au roi en 1753, les officiers du présidial demandèrent les prérogatives de l'Art militaire ; quelques années plus tard : ils supplièrent S. M. de leur accorder la noblesse transmissible. (*Le Dru, Annuaire de la Sarthe*, an X, pages 67 et 68). La noblesse ne leur fut pas accordée.

CHATEAU-GONTIER, institué en 1639 : armes de France.
LA FLÈCHE, créé par Henri IV, en 1595 : armes de France.

Sénéchaussées.

CHATEAU-GONTIER : armes de France.
LA FLÈCHE : mêmes armes.
LE MANS : armes de France.

MONSIEUR, frère du roi, ayant eu en 1771, le Maine, l'Anjou, etc. pour apanage, donna aux juridictions ses armes, qui sont d'azur à trois fleurs de lis d'or, à la bordure crenelée de gueules.

BEAUMONT-LE-VICOMTE :
SAINT-CALAIS :
CHATEAU-DU-LOIR.

Bailliages.

DOMFRONT : d'azur à trois tours d'or, posées 2 et 1, et une fleur-de-lis en cœur. (*Arm. ms.*).

FRESNAY-LE-VICOMTE :
LAVAL : d'argent à une chaise de gueules et un chef d'or, chargé d'une main de justice et d'une épée de sable passés en sautoir. (*Arm. ms.*).

MAMERS :
MONDOUBLEAU :
SAINTE-SUSANNE :
VENDOME.

Siéges royaux.

BOURGNOUVEL, à Mayenne : armes de France. (*Arm. ms.*).
LONGAULNAY, au Mans.

Vicomté.

DOMFRONT : d'azur à trois fleurs de lis d'or. (*Arm. ms.*).

Grands Jours.

VENDOME : tiercé en bande, d'or, d'hermines et de sable. (*Arm. ms.*).

JUST, chapitre de SAINT, à Châteaugontier : d'azur à un saint Just, martyr, vêtu d'une tunique sans manches de gueules, portant sa tête entre ses bras : une croisette patée aussi d'argent posée en chef, et autour ces mots : SANCTI JUSTI MARTYRIS.

K.

KAERBOUT, Kerbourg, anciennement d'Escarbot, seign. de Teillé, de la Cruche, de Boismauclerc, de Gemasse en Greez, a pour auteur Jean d'Escarbot, vivant en 1500 : de gueules à trois boucles ou fermaux d'argent, 2 et 1. (*Courc.*).

KERHOENT, Querhoent, marquis de Coetanfao, famille de Bretagne, dont le chef Paul de Kerhoent mourut vers 1105, acquit la terre et seigneurie de Montoire avec ses dépendances, au 18.ᵉ siècle : losangé d'argent et de sable. (*Courc.*, I., 451).

KERVASEGAN, seign. de Chemiron et de la Montelière, terres situées en Fortan et Chemillé, paroisses du Bas-Vendomois.

KERVENO, anc. famille de Bretagne. Marguerite Lannoi, veuve du marquis de Kerveno, dame de Noyen, fonda, en 1637, dans ce bourg, un couvent de religieuses de sainte Elisabeth : Kerveno, d'azur à dix étoiles d'argent, 4, 3, 2, et 1. (*La Ch.*).

L.

LABRÉGEMENT, baron de Pilmil, seign. châtelain de Noyen, et de Courcelles, comparut aux Etats du Maine, 1508. Il pourrait bien être un puisné de la maison de la Tremouille. Le Roy d'Armes, p. 130, cite la Tremouille Labrégement et lui donne pour armoiries : d'or au chevron de gueules accompagné de trois aigles d'azur à la bordure de gueules.

LAMBERT : d'argent à trois têtes de cerf de profil de sable, posées 2 et 1. (*Arm. de la M.*).

LAMBERT, seign. de Banvou. — Il existe plusieurs familles de ce nom. — LAMBERT, seign. du Fresne en Normandie, maintenu en 1668 : de gueules au chevron d'argent, accompagné en chef de deux croissants d'or, en pointe d'une étoile de même. — LAMBERT, seign. de la Londe, de Lambermont, en Normandie, maintenu en 1324 : d'argent à trois bandes de sable. — LAMBERT, seign. de Saint-Mars, marquis de Thibouville, en Normandie, dont le chef vivait au 16.ᵉ siècle : d'azur au lion d'or, au chef d'argent chargé de trois étoiles de gueules.... (*Courc.*, I, 462). Le seign. de Banvou, pourrait bien appartenir à la première famille.

LAMBOUL, de, seigneur de Lamboul, de la Fresnaye, terres situées à Saint-Aignan en Passais, de Saint-Ouen, etc. Guyon de Lamboul vivait en 1369 : d'azur à trois étoiles d'or en pal. (*Courc.*).

LAMBOUST, Charles, écuyer, à Asnières, taxé au rôle de l'arrière-ban, 1675.

LANCRAU, de, comte et vicomte de Bréon, seign. de Lancrau, à Chantocé. Le chef vivait en 1386. — Marc-Alexis-Louis-François de Lancrau, seign. de Chanteil en Méral et de Pommerieux ; Alexis-Marc-Henri Charles de Lancrau, seign. de Bréon et de Marigné-Peuton, assistèrent à l'assemblée de la Noblesse d'Anjou, 1789 : d'argent au chevron de sable, accompagné de trois roses de gueules, boutonnées d'or, couronne de marquis : supports : deux lions : devise : *In Deo spes mea*. (*Courc.*).

LANDE, de la. Louise, veuve de Gaspard de Brossard, écuyer, sieur des Landes, à Neufchatel, taxée au rôle de l'arrière-ban, 1675, et de la Lande, à Mareschè, taxé à celui de 1689 : Jean-Louis-Augustin-Thérèse de la Lande, à Saint-Martin de Villenglosse, membre de l'assemblée de la Noblesse d'Anjou, 1789 : de gueules à trois étoiles d'or posées en fasce, coupé d'or au cor de chasse de sable, et un chef de même. (*Arm. de la M.*).

LANDELLE, la, d'argent à trois merlettes de sable, 2 et 1. (*Arm de la M.*).

LANDES, Siméon des, seign. de Saint-Denis-de-Villenette, de Bois-Josselin en la Baroche-sous-Lucé : d'azur à trois chevrons d'or. (*Trés. hér.*).

LANDES, des, à Montourtier : parti d'argent et de gueules à trois annelets de l'un en l'autre.

LANDIVY. Les seign. de Landivy, bienfaiteurs de l'abbaye de Savigny, y avaient leur sépulture dans la chapelle de Sainte-Catherine, où l'on voyait leurs tombeaux avec leurs armes. — Guillaume, Richard et Robert de Landivy se croisèrent en 1158 : burellé d'or et de gueules de huit pièces. (*Le Paige.*).

LANGAN DE BOIS-FÉVRIER, marquis de Bois-Février, par érection de 1674, famille de Bretagne, qui a pris des alliances dans le Maine. Pierre, écuyer, sieur de Beauvais, à Montenay, taxé au rôle de l'arrière-ban, 1675; de Langan de Bois-Février, abbé de l'Epau, 1783-1790 : de sable au léopard couronné d'argent, armé et lampassé de gueules. (*La Ch.*).

LANGLÉE, au Maine : de sable à trois fasces d'argent, a. quinze quintefeuilles d'argent et de sable, dont 14 rangées en deux pals, celles d'argent sur le sable, et celles de sable sur l'argent, et la 15.ᵉ d'argent à la pointe de l'écu. (*Dub.*).

LANGLOIS, Grégoire, évêque de Séez ; conseiller au parlement de Paris, 1368 ; maître des requêtes de l'hôtel, 1371 ; fondateur du collége de Séez, à Paris, était né à Lucé en Passsais : d'azur à trois pommes de pin d'or et une rose en cœur de même. (*Généal. des Maîtr. des Req.*). Gervais Langlois, abbé d'Évron, mort en 1319, pouvait bien être de la même famille que l'évêque de Séez.

LANGRUNIÈRE, François de, rendit, en 1570, hommage au seign. de Mayenne, pour Langrunière. (*Le P.*, II, 297). Le nom de famille n'est pas établi.

LANGUEDOUE, gentilhomme verrier, de Mareil-en-Champagne, fut cité pour l'arrière-ban, 1689 : d'argent à deux fasces de gueules accompagnées de huit coquilles de sable, 3, 2, 3. (*Trés. her.*).

LANNOI, ancienne famille, qui tire son nom d'une petite ville de Flandre, a donné plusieurs chevaliers de la toison d'or, un grand maître des arbalétriers de France. Marguerite de Lannoi, veuve du marquis de Kerveno, dame de Noyen, dans le 17.ᵉ siècle : d'argent à trois lions de sinople, armés, lampassés de gueules et couronnés d'or. (*La Ch.*) Couronnés de gueules. (*Courcelles.*)

LANTAGE, de, famille de Champagne, dont le chef existait vers 1380. Elle a possédé les seigneuries de Juvigny-sous-Audaine et de Baulandais ; éteinte en 1726 : écartelé aux 1 et 4 de gueules, à la croix d'or ; aux 2 et 3 d'azur, au fer de moulin d'argent. (*Courc.*).

LANTIVY, Lentivy, anc. maison de Bretagne, connue dès le 13.ᵉ siècle, dont une branche s'est établie dans le Craonnais. De Lantivy, seigneur de Niafle, fut membre de l'assemblée de la Noblesse d'Anjou, 1789 : de gueules à une épée d'argent en pal, la pointe en bas ; et, pour devise : *Qui désire n'a de repos.* (*La Ch.*).

LARÇONNEAU DE LA JALAISE, Gabriel-René, conseiller au présidial du Mans, conseiller auditeur des consignations et saisies réelles, seign. de Vandœuvre, à Fay.

LARDEUX : d'argent à deux fasces de sinople. (*Arm. de la M.*).

LAU D'ALLEMANS, du, famille origin. de Béarn, remonte à 1429. Louis-Armand Joseph, baron du Lau, seign. de Bourchemin et de René, assista à l'assemblée de la Noblesse du Maine, 1789 : d'or au laurier à trois branches de sinople, au lion léopardé de gueules brochant sur le fût de l'arbre, à la bordure d'azur chargée de quinze besants d'argent. (*Courc.* III, 397).

LAUNAY, seign. d'Onglée, 16.ᵉ siècle. Jean de Launay écuyer, sieur de la Bouverie, à Bourg-Neuf-la-Forêt, taxé au rôle de l'arrière-ban, 1675. Launay de la Bouverie, représenté, 1789, à l'assemblée de la Noblesse du Maine, à laquelle assista Launay de Fresnay : d'or au chêne de sinople, accoté de deux aigles éployées, les têtes affrontées de sable, becquées et onglées de gueules. (*Le P. I*, 248).

LAUNOY, ou Lanoy, famille de Normandie, ayant pour auteur Benoit de Lanoy, qui vivait en 1452 ; elle possédait au 18.ᵉ siècle la seign. de la Motte en St-Marc-de-Grenne : d'argent à l'aigle de sable, becquée et membrée de gueules. (*Courc.*).

LAUNOY, de, seign. de Villarmois, de Courcy : d'hermines à trois cafetières de sable. (*Dub.*).

LAUREUX, seign. de Brion et de Daon, assista à l'assemblée de la Noblesse d'Anjou, 1789 :

LAVAL. Cette maison, l'une des plus anciennes et des plus illustres de la province du Maine, commence à la fin du 10.ᵉ siècle et finit à Gui VI, mort en 1218. Elle a fondé l'abbaye de Clermont, les prieurés de Perils, d'Avenières, du Plessis, d'Olivet, et la collégiale de St-Tugal. Geoffroy, évêque du Mans, 1231-1234, était sorti de cette famille. Emme de Laval, unique héritière de sa maison, épousa, vers 1220, Mathieu de Montmorency, à condition que leur 1.ᵉʳ enfant prendrait le nom et les armes de Laval. Ces armes sont de gueules au léopard d'or. Celles de Montmorency, d'or à la croix de gueules, cantonnée de seize alérions d'azur, 4 à chaque canton. Mathieu voulut conserver les armes de sa maison, mais il les brisa de cinq coquilles d'argent sur la croix, comme puîné.

Cette seconde maison donna Gui, évêque du Mans, 1326-1328, et produisit plusieurs branches : Laval, seign. d'Olivet, Laval, seign. de Loué et de Brée ; Laval, seign. de Lafaigne ; Laval, seign. de Bois-Dauphin, pour le Maine. Toutes portaient de Montmorency-Laval. LAVAL-OLIVET : de Montmorency-Laval, brisé d'une bordure de sable besantée d'argent. LAVAL-LOUÉ : de Montmorency-Laval, brisé d'un franc quartier de gueules à la croix nilée d'or, qui est Beauçay. LAVAL-BOISDAUPHIN : de Montmorency-Laval, brisé d'une bordure de sable, chargée de cinq lionceaux d'argent, les pieds tournés vers l'écusson. Les autres maisons qui ont possédé la terre de Laval, sont les maisons de Montfort, en 1412, de sainte-Maure, en 1547, et de la Tremoille, en 1605.

LAVAL, sur la Mayenne, ville, ancien chef-lieu d'un archidiaconé et d'un doyenné, ancien comté-pairie, devenue le chef-lieu du département de la Mayenne : de gueules au léopard d'or. Ce sont les armes de ses anciens seigneurs.

LAZARE (Ordre de SAINT). Cette institution élevée à la dignité d'ordre militaire, vers le commencement du 12.ᵉ siècle, avait pour objet le soulagement des malades et surtout des lépreux. Elle desservait en France les hôpitaux connus sous les noms de léproseries et de maladreries. On donna à ses membres appelés chevaliers de Saint-Lazare, l'habit blanc sur lequel ils portèrent la croix verte ou de sinople, bordée de blanc à huit pointes.

LAZARISTES, ou Prêtres de la Mission, établis en 1645 au séminaire du Mans : Notre Seigneur prêchant. Ce sont les armes de la congrégation.

LEBLANC, Charles, écuyer, seign. de Vincence, à Sainte-Jame-sur-Sarthe : porté au rôle de l'arrière-ban, 1675.

LEDOUX, Charles, de la Panneterie à Chames, porté au rôle de l'arrière-ban, 1689. François de la Panneterie assista à l'assemblée de la Noblesse du Maine, 1789; Louise-Françoise-Gabrielle Ledoux de Chame, dame de Ruigné, à Sainte-Colombe, se fit représenter à celle d'Anjou : d'azur à trois têtes d'oiseau arrachées d'or, becquées de gueules, posées 2 et 1, au lambel de trois pendants d'argent en chef. (*Nob. de N.*).

LEFEBVRE, plusieurs familles de ce nom. Marie, veuve d'Antoine le Corvaisier, lieutenant criminel au Mans fait hommage pour Vaumorin et moitié de la Chatellenie d'Outillé, 1663 : d'azur à deux bâtons noueux d'or en sautoir, accompagnés de deux croissants en chef et d'une étoile de même en pointe ?(*Trés. hér.*).

LEFEBVRE, seign. d'Argencé. La dame veuve Jacquet d'Argencé se fit représenter à l'assemblée de la Noblesse du Maine, 1789 : d'argent à une loutre de sable posée sur une terrasse de sinople, au chef d'azur chargé de deux roses d'argent. (*Dub.*).

LEFEBVRE DE CHEVERUS, famille de Mayenne : de gueules à trois têtes de chèvres arrachées d'argent. Jean-Louis-Anne-Madeleine Lefebvre de Cheverus, né à Mayenne, 28 janv. 1768, évêque de Boston 1810, de Montauban 1823, archevêque de Bordeaux 1826, cardinal 1.er février 1836, mort 14 juillet 1836 : d'argent à la croix ancrée de sable. (*Arm. des Pairs*).

LEFEBVRE, seign. du Breuil et de Saint-Pierre-des-Bois, conseiller au présidial du Mans, en 1789, secrétaire du roi. Sa veuve, Madame Godard d'Assé, fut représentée à l'assemblée de la Noblesse du Maine : d'argent au chevron de gueules, accompagné d'une étoile de même en pointe, au chef de sable, chargé de trois coquilles d'argent en fasce.

LE FEBVRE DE LAUBRIÈRE, seign. de Méral. Charles-François, membre de l'assemblée de la Noblesse d'Anjou, 1789 : d'azur au lévrier rampant d'argent accollé de gueules, bordé et bouclé d'or. (*Trés. hér.*).

LEFEBVRE DES VAUX, le baron Charles-Antoine, maréchal-de-camp : d'azur au chevron d'or accompagné de trois écussons d'argent, 2 en chef 1 en pointe, et chargés, les deux du chef, d'une quintefeuille de gueules ; celui de la pointe, d'une merlette de sable, celui-ci surmonté d'une molette d'argent. M. le général Lefebre Desvaux a conservé les armoiries d'Alleaume, sa famille maternelle.

FERON, le, Antoine, seign. de Pré, au Mans. Jean-Baptiste, sieur des Arcis, à Chevillé, et le sieur des Roches, à Moulins, portés au rôle de l'arrière-ban, 1689 : quatre gentilshommes de ce nom, membres de l'assemblée de la Noblesse du Maine, 1789 : de gueules au sautoir d'or accompagné de deux molettes d'or, une en chef, une en pointe, et de deux aiglettes de même en flanc.

LEFÈVRE D'YVRY, seign. de la Pinetière, à Greez. Jean-François, assista à l'assemblée de la Noblesse du Maine, 1789 : Plusieurs familles du nom Lefevre. Lefevre, en Bretagne : d'or au chevron de gueules chargé de trois molettes d'or, accompagné en chef de deux tourteaux d'azur, en pointe d'une roue de fortune aussi d'azur. (*La Ch.*).

FLÈCHE, de la, famille Bretonne : d'azur à trois flèches d'or, deux en sautoir, la troisième en pal. (*Hist. d'Evron.*).

LEFRÈRE, seigneur de Maisons, de Brécé. Jacques-François-Charles de Brécé, et René de Maisons, assistèrent à l'assemblée de la Noblesse du Maine, 1789 : d'azur à l'étoile d'argent, au chef d'or, chargé d'une croix patée de gueules. (*Trés. hér.*).

LEGANTIER, Jacques, à Marçon, porté au rôle de l'arrière-ban, 1689.

LEGENDRE, seigneur de Thomasin, en Chantenay, 18.e siècle. LEGENDRE, de Paris, annobli en 1696, a donné Gaspard-François Legendre, intendant de Tours, 1717-1721 : d'azur à la fasce d'argent, accompagnée de trois bustes de filles de même, chevelées d'or. (*Courc.*).

LEGAY, Jean, maître des requêtes, abbé de la Couture, 1602-16... Le prince de Conti jouissait des revenus de l'abbaye.

LEGOUÉ. Jacques-Louis Legoué de Richemont, membre de l'assemblée de la Noblesse du Maine, 1789.

LEHAYER. La dame Françoise Lehayer, veuve de François de Foulongne, chevalier, seign. de la Motte de Madré, portée au rôle de l'arrière-ban, 1689.

LEJAY. Plusieurs familles de ce nom. LEJAY de la Maison-Rouge a donné Nicolas, garde des sceaux des ordres du Roi, premier président du Parlement de Paris, mort en 1640 : d'or à trois geais de sable, au chef d'azur ; armes primitives de la famille. La branche de la Maison-Rouge les a changées, ainsi : d'azur à l'aigle cantonnée de quatre aiglettes, regardant un soleil au canton dextre, le tout d'or. (*La Ch. — Courc.*). Charles Lejay, intendant de Tours, 1661-1663, appartenait à cette branche.

LEJEUNE, Michelet, écuyer, seign. de Montceaux et Follet, fit hommage de ces terres en 1489. (*Noms féod.*).

LÉLÉS-DUPLESSIS, François, secrétaire du roi, seign.

de Mambray, dans la mouvance du Mans, en fait hommage, 1706.

LELIÈVRE, seign. de Beauvais en Ceton, et de la Rousselière, assista aux États du Perche, 1558. Plusieurs familles de ce nom. Lelièvre de la Grange : d'azur au chevron d'or, accompagné en chef de deux roses d'argent, et en pointe d'une aigle éployée de même. (*La Ch.*). Leliepvre de la Houssière : d'azur au chevron d'or, accompagné en chef de deux croissans, et en pointe d'un lièvre courant, le tout d'argent. Leliepvre de Chanteraine : d'azur à la croix ancrée, accompagnée de trois croissans, 2 en chef, un en pointe, le tout d'argent. (*Nob. de N.*).

LE MAÇON, seign. de Foultourte, au 14.e siècle ; famille originaire de Château-du-Loir. Guillaume devint chancelier de France. René, lieutenant-criminel, à Château-du-Loir ; Alexis, prévôt des maréchaux ; et Daniel, capitaine, domiciliés dans la même ville, portés au rôle de l'arrière-ban, 1689 : d'argent au chêne de gueules, à la bordure de même. (*Roy d'Arm.*).

LEMAIRE, seigneur de Cordouan en Ste.-Gemme-le-Robert, de Courtemanche en Parennes, d'Izé, etc. Bruno, sieur de la Millière, à Rouëz ; François, trésorier de France, à Monhoudou ; René-Emmanuel, sieur de Courdalain, à St.-Aubin-du-Désert, portés au rôle de l'arrière-ban, 1689. René-Julien, seign. de Cordouan, et Henri-Alexis, seign. de Courtemanche et de Parennes, assistèrent à l'assemblée de la Noblesse du Maine, 1789 : d'azur à trois croissants d'or. (*Courc.*). Plusieurs familles de ce nom. V. CORDOUAN.

LEMAIRE DE LA MAIRERIE, Renée-Géneviève, dame de la Pierrine, à Marigné, près Daon, assista à l'assemblée de la Noblesse d'Anjou, 1789. Lemaire, de l'élection de Falaise : d'argent à la croix cantonnée de quatre lions de gueules. Lemaire, de l'élection de Bayeux : d'azur à trois grenades d'or, 2 et 1. (*La Ch.*).

LEMAISTRE, famille de robe, connue depuis 1500, divisée en plusieurs branches. La branche Lemaistre de Grandchamp, a donné Marie-Angélique Lemaistre de Grandchamp abbesse de la Virginité, vers le commencement du 18.e siècle : d'azur à trois soucis d'or. (*La Ch.*).

LEMENAGER, Charles-Hyacinthe-René, seign. de la Dufferie, fut membre de l'assemblée de la Noblesse du Maine, 1789.

LE MOINE DE BOISBIDE : deux dames de cette famille se firent représenter à l'assemblée de la Noblesse du Maine, 1789. LEMOINE, en Anjou : d'argent à sept losanges de gueules, 3, 3, 1. (*Roy d'Arm.*).

LE MOUTON DE BOIS D'EFFRE, famille de Normandie, qui s'établit dans le Maine. René-Jean, et Louis-René-Alexandre assistèrent à l'assemblée de la Noblesse du Maine, 1789 : d'argent à trois gibecières de sable, garnies d'or, 2 et 1. (*La Ch.*).

LE MEULNIER, René, sieur de la Rousselière, ancien garde du corps, à Bonnétable, porté sur le rôle de l'arrière-ban, 1689. LE MEULNIER, en Angoumois : d'azur au chevron d'or, accompagné de trois meuniers d'argent. (*Dub.*).

LENFANT. Jean Lenfant, chevalier, seign. de Varennes au Maine, était maître des requêtes, 1464; Jean, écuyer, sieur de la Patrière et d'Espaux, à Courbeville, porté au rôle de l'arrière-ban : d'argent à la bande d'azur accostée de deux cotices de gueules. (*Maître des req.*).

LENFERNAT, Jacques, épousa en 1587, N. de Guyot, dame d'Ardenay; un descendant vendit cette terre, 1654, à Suzanne de Voisins : d'azur à trois losanges d'or, 2 et 1. (*La Ch.*).

LENONCOURT, une des quatre premières maisons de l'ancienne chevalerie de Lorraine : d'argent à la croix engrêlée de gueules. (*Simpl.*).

LE NORMAND DE CHAMPFLÉ, seign. de Panet en Cormes : écartelé d'or et de gueules à quatre rocs d'échiquier de l'un en l'autre, et sur le tout d'azur à une fleur de lis d'or. (*La Ch.*).

LE NORMAND. Plusieurs familles de ce nom. Jacques, écuyer, sieur de la Cousinière, maître des eaux et forêts et capitaine des chasses du duché de Mayenne, porté au rôle de l'arrière-ban, 1689.—1.° LE NORMAND, de Bretagne : d'azur au lion léopardé d'or, au chef de gueules chargé d'un léopard d'or, le chef soutenu d'argent; 2.° un autre :

d'azur à la rencontre de cerf d'or, accompagné de trois molettes d'or, une en chef, une en fasce, et une en pointe. (*La Ch.*).

LE NORMAND DE CHEVRIGNY. Claude-François fut membre de l'assemblée de la Noblesse du Maine, 1789.

LE PAULMIER, famille établie dans le Maine : d'azur au lion léopardé d'or, au chef de même chargé de trois tourteaux. (*Rech. hist. sur la ville de Séez*).

LEPELLETIER, famille distinguée dans la magistrature, a donné des conseillers d'état, des premiers présidents au parlement de Paris, etc. Jean Lepelletier, nommé président du présidial du Maine, en 1569, lors de l'établissement de cette charge, était alors avocat au Mans, sa patrie. François Lepelletier, doyen des conseillers-clercs du parlement de Paris, fut doyen de l'église du Mans, depuis 1597 jusqu'à l'époque de sa mort (1621). Etienne Lepelletier, Richard et François, sieur du Grignon, portés au rôle de l'arrière-ban, 1689 : d'azur à la croix patée d'argent, chargée en cœur d'un chevron de gueules, acosté de deux molettes de sable et accompagnée en pointe d'une rose de gueules. (*La Ch.*).

LEPESANT DE BOISGUILBERT, baron de Montmirail et de la Basoche-Gouet, seign. de Melleray, Saint-Ulphace, etc. : d'azur au chevron d'or, accompagné en chef de deux têtes de lion arrachées cantonnées, et en pointe d'un cœur, le tout d'or.

LEPORC, ancienne famille : d'or au sanglier de sable. (*Trés. hér.*).

LEPRESTRE, premier président à la cour des aides, ayant acquis la terre de la Chapelle-Rainsouin, obtint des lettres qui changèrent le nom de cette paroisse en celui de Bourg-le-Prestre, 17.e siècle. Plusieurs familles de ce nom : d'azur au chevron d'or accompagné de deux besans en chef et d'une couronne de même en pointe ?

LEPRINCE, seigneur d'Ardenay, annobli 18.e siècle. Jean-Baptiste-Henri-Michel, seign. d'Ardenay et de Soulitré ; Julien-Charles Leprince de Clairsigny, son frère, assistèrent à l'assemblée de la Noblesse du Maine, 1789 :

d'azur à neuf abeilles d'or posées l'une en cœur, les huit autres en orle, tournées vers la première.

LERABLE, du Lude : de gueules, au chevron d'or, accompagné de trois érables arrachés d'or, 2 en chef, 1 en pointe. (*M. de Bonnière*).

LERICHE DE VANDY, directeur général des fermes du roi, au Mans, assista à l'assemblée de la Noblesse du Maine, 1789.

LEROUX DES AUBIERS, Léonard, doyen de l'église du Mans, 1554-1555 : gironné d'argent et de sable de huit pièces. Renée Leroux, veuve du sieur de Benault, à Douillet; portée au rôle de l'arrière-ban, 1675, était-elle de cette famille?

LEROY, François, comte de Clinchamp, seign. de Chavigny, dans le Maine, lieutenant-général dans les provinces de Touraine, Anjou, Maine et comté de Laval, 1560-1566 : aux 1 et 4 d'argent, à la bande de gueules, qui est Leroy, aux 2 et 3 échiqueté d'or et d'azur, à la bande de gueules qui est Dreux. (*La Ch.*).

LEROY DE GRAMMONT, Louis, membre de l'assemblée de la Noblesse du Maine, 1789. Plusieurs familles de ce nom : 1.º de gueules à la croix d'or, cantonnée de quatre lozanges de même ; 2.º tiercé en pal, de gueules, d'argent et d'azur ; 3.º d'argent à trois merlettes de sable.

LEROYER DE CHANGÉ, François-René-Nicolas, membre de l'assemblée de la Noblesse du Maine, 1789.

LESCOT DE CLEIGNY, Pierre, abbé de Clermont, 1570, eut pour successeur, 1605, Léon de Lescot de Lissy. Plusieurs familles de ce nom. De Lescot en Dauphiné : d'or à trois têtes de lions arrachées de sinople. De Lescot en Brie : de sable, à la tête de chevreuil d'argent, les ramures d'or et d'argent. (*Courc.*).

LE SÉNÉCHAL, barons de Kercado, par érection de 1624, seign. du Bois-Béranger, ancienne et illustre maison de chevalerie de la province de Bretagne. Guyon le Sénéchal, seign. du Bois-Béranger, fut membre des États du Maine, 1508 : d'azur à neuf macles d'or, 3, 3, 3. (*Courc.*).

LESHERAULT DE BOUILLÉ. Jean Leshérault, seign.

de Bouillé-Théval et de Flée, famille de Château-Gontier, alliée aux Deshayes de Cric, de Scepeaux : d'or à trois croix patées de gueules, 2 et 1 ; une étoile d'azur au milieu de l'écu. (*Armor.*).

LESNÉ, seign. de Torchamp et de Collières en St-Front : d'azur à la fleur de lis d'or, accompagnée de trois molettes d'argent.

LESPINASSE, de. La branche établie à Mortain porte : fascé d'argent et de gueules. Une autre a pour armoiries : de gueules à la bande d'argent accompagnée en chef d'un lambel de même brochant sur le tout. (*Dub.*). François de Lespinasse, à Cigné, porté au rôle de l'arrière-ban, 1689.

LESTENOU : de sable au lion d'argent. (*Arm. de la M.*).

LEVASSEUR, seign. de Cogners, Sainte-Osmane, de Thouars en Saint-Mars-sous-Ballon. N. Levasseur, seign. de Cogners, vivait en 1420 ; Jehannot assista aux Etats du Maine, 1508. Levasseur, seigneur de Thouars, fut membre de ceux de 1576 et de 1614 : d'argent au lion de gueules armé, lampassé et couronné d'azur. (*La Ch.*).

LEVAVASSEUR DES LANDES, Gervais, membre de l'assemblée de la Noblesse du Maine, 1789 : d'or à la fasce vivrée de sable. (*Trés. hér.*).

LEVAYER DE FAVEROLLES, seign. de Vandeuvre, de la Davière, de Courcemont, etc. François, lieutenant-général de la sénéchaussée du Maine, en 1592, eut pour successeur René, qui passa à l'intendance d'Arras ; François, lieutenant-général en 1642, fut remplacé par Jacques, en 1650. Michel, aumônier de la reine Anne d'Autriche, fut doyen de l'église du Mans, 1677-1691 ; Jean-Auguste, doyen de la même église, 1692-1733 ; Jean-Michel-Christophe, seign. de Faverolles, sénéchal du Maine, 1780-1790, présida l'ordre de la Noblesse, 1789 : d'argent à la croix de sable, chargée de cinq miroirs ronds d'argent bordés d'or. (*Trés. hér.*).

LE VENEUR, barons de Tillières, en Normandie, seign. de Lignières-la-Doucelle, au Maine. Jean fut évêque de Lizieux, 1505 ; abbé de Loulay, du Bec, de St.-Michel-du-Mont ; grand aumônier de France, 1526 ; cardinal, 1533, et mourut en 1543. François devint abbé de Fontaine-

Daniel, dans le 17.ᵉ siècle : d'argent à la bande d'azur, chargée de trois croix d'or. (*Gall. Purpurata*) : d'argent à la bande d'azur chargée de trois sautoirs d'or. (*Simpl.*).

LEVÈQUE DE VOUZIÈRES se fit représenter à l'assemblée de la Noblesse du Maine, 1789. LÉVESQUE, en Bretagne : de sable au chef d'argent, chargé de trois fleurs de lis de gueules. (*Trés. hér.*).

L'HOMMOIS, de. Cette famille a possédé la terre et seigneurie de Vivoin, près de Grazé. (*Le Paige*).

LIANNES DE LESSEINS, Charles, abbé de St.-Calais, 1671-1699.

LISCOUET et LISCOET, famille distinguée de Bretagne. Charles du Liscoet, chevalier, seign. de la Planche, fut sénéchal du Maine, 1687-1717. Dans le 17.ᵉ siècle, Georges était seigneur de Bouer, et Pierre possédait la terre et seigneurie de Courgadi, située à Vallennes : d'argent au chef de gueules chargé de sept billettes d'argent, posées 4 et 3. (*La Ch.*).

LISLE, de. Plusieurs familles de ce nom. Jean rend hommage, en 1570, au seigneur de Mayenne, pour Olon, la Marcillière et le bois de Mont. (*Le P.*). Benjamin, seign. de Sarcigné (Charchigné?), à St.-Fraimbauld-de-Prières, taxé au rôle de l'arrière-ban, 1675. De Lisle était seign. de St.-Germain de Corbie, 17.ᵉ siècle. Ce dernier est-il de la même famille que les précédents? De LISLE, en Normandie : d'argent au lion de sable. (*Trés. hér.*).

LISLE, de, en Bretagne, seigneurs de la Gravelle, etc. : de gueules à dix billettes d'or, 4, 3, 2 et 1. (*Courc.*).

LISLE DU GAST, de, seign. de Chantrigné; paraît être la même famille de Lisle, dont sont membres les deux premiers gentilshommes portés à l'article précédent.

LOGÉ, de, seign. de Cigné dès avant 1583, maintenu dans sa Noblesse en 1667 : d'argent à trois quintefeuilles de sinople, 2 et 1. (*Nob. de N.*).

LOGES, des. En 1470, il existait une famille de ce nom dans le Maine. Jacques des Loges, seign. de la Chapelle-Gaugain, au commencement du 17.ᵉ siècle : d'azur à cinq fleurs de lis d'or en sautoir. (*Trés. hér.*).

LOMBELON, famille de Normandie. Tannegui de Lombe'on, baron des Essarts, et Pierre-François de Lombelon, son fils, sénéchaux du Maine : le premier, de 1638 à 1674; le deuxième, de 1674 à 1683 : de gueules au chevron d'or. (*Nob. de N.*).

LONGUEIL, ancienne maison originaire de Normandie. Antoine-Hyacinthe, chevalier, a possédé dans le 17.e siècle, les terres et seigneuries des Chesnays et de la Touche, situées l'une à Bouessay-sur-Vaige, et l'autre, à Roizé: d'azur à trois roses d'argent posées 2 et 1, au chef d'or, chargé de trois roses de gueules. (*La Ch.*).

LONGUEVAL D'HARAUCOURT, anc. famille de Picardie, dont une branche s'est établie dans le Maine, où elle possédait les seigneuries du Haut-Bois et de Brette. Joseph-Gui-François, seign. du Haut-Bois et de Brette, et Charles-Mathieu-Étienne, assistèrent à l'assemblée de la Noblesse du Maine, 1789 : bandé de vair et de gueules de six pièces. (*La Ch.*).

LONLAY, abbaye de Bénédictins, fondée dans le Passais normand, vers 1020, par Guillaume I, seign. de Bellême et d'Alençon : de sable à un loup d'argent. (*Armor. ms.*).

LONLAY DE VILLEPAIL, ancienne famille de Normandie, maintenue dans sa noblesse en 1667 ; elle forme plusieurs branches. Jean, écuyer, seign. de Souvré, à Basogers, et de la Corbelière, à Cigné, porté au rôle de l'arrière-ban, 1689. Nicolas de Lonlay de Villepail, seign. de Mondragon en la Bosse, se fit représenter à l'assemblée de la Noblesse du Maine, 1789. François-René-Julien de Lonlay de St.-Michel, seign. de St.-Michel-de-Chavaigne, et Charles-Jacques-Joseph, y assistèrent ; un autre y fut représenté : d'azur à trois porcs-épics de sable, à la fleur de lis en cœur. Courcelles, au lieu de porcs-épics, met sangliers.

LORRAINE, maison ancienne et très-illustre ; le duc de Lorraine, baron de Sablé et de la Ferté-Bernard, se fit représenter aux États du Maine, 1508 : d'or à la bande de gueules, chargée de trois alérions d'argent. (*Simpl.*, I, 541).

LORÉ, de, seign. du Grand-Oisseau, de Couptrain,

de St.-Mars-sur-Colmont; ancienne famille, tire son nom de la terre de Loré, située dans la paroisse du Grand-Oisseau. Ambroise de Loré, né en 1396, l'un des plus célèbres capitaines de son temps, et le plus redoutable ennemi des Anglais dans la province du Maine, devint prévot de Paris : d'hermines à trois quintefeuilles de gueules. (*Le Corvaisier*).

LOUDON. Cette famille, éteinte depuis long-temps, avait reçu son nom d'une terre située dans la paroisse de Parigné-l'Evêque ; elle a donné Geoffroy, évêque du Mans, 1234-1255. Ses biens passèrent par mariage dans la maison de Morin : d'or à trois fasces de sinople. (*Trés. hér.*).

LOUET : d'azur à trois coquilles d'or, 2 et 1. (*Arm. de la M.*).

LUC, de. Jacques, écuyer, sieur de Villemisson, à Sougé-sur-Loir, taxé au rôle de l'arrière-ban, 1675. De Luc, famille du Dauphiné, connue sous le nom de Laire, barons de Luc, porte d'argent au lion de gueules, lampassé et armé de sable. (*Courc.*). Le sieur de Villemisson appartient-il à cette famille ?

LUCASSIÈRE, seign. de la Lucassière, terre située dans la paroisse du Mont-St.-Jean ; fan[ille] éteinte. Anne de la Lucassière, unique héritière de sa maison, fut mariée en 1390, à Foulques de Courtarvel.

LUCE, famille établie près de Mamers. N. Luce de Roquemont se fit représenter à l'assemblée de la Noblesse du Maine, 1789 : d'argent au chevron de gueules accompagné en chef de deux trèfles de sinople, en pointe, d'une montagne de même. (*Dub.*).

LUNEL DES ESSARTS. Cette famille possédait, à la fin du 17.e siècle, la terre et seigneurie de Mondragon, située dans la paroisse de la Bosse : d'azur à la bisse d'or en pal, une bande de même brochant sur la bisse, accotée de deux croissants d'argent. (*Dub.*).

LUSIGNAN, l'une des plus anciennes maisons de France, ainsi nommée d'une petite ville du Poitou, a donné des rois de Jérusalem, d'Arménie et de Chypre. Elle forme différentes branches ; a possédé dans le diocèse du Mans les seigneuries d'Epaigné, de Chemillé et de Vouvray-sur-Loir. Les premiers sires de Lusignan portaient bandé d'argent et d'azur ; les rois de Chypre : écartelé aux 1 et 4 d'azur, à la croix d'argent, aux 2 et 3 burelé d'argent et d'azur, au lion de gueules, lampassé, couronné et armé d'or, brochant sur le tout. (*La Ch.*).

LUSSAN, la veuve du sieur de Lussan, à Bais, taxée au rôle de l'arrière-ban, 1689.

LUXEMBOURG, ancienne et illustre maison, une des plus puissantes de l'Europe, a donné quatre empereurs à l'Allemagne, six reines, dont une impératrice d'occident; à la France, plusieurs grands officiers de la couronne ; au diocèse du Mans, trois évêques, Thibault, 1465-1474; Philippe, 1474-1507, 1509-1519 ; François, 1507-1509. Le premier fut désigné cardinal en 1574, l'année de sa mort ; le second fut créé cardinal en 1497 et légat *à latere*. Luxembourg porte : d'argent au lion de gueules, la queue fourchée et nouée, passée en sautoir, armé, lampassé et couronné d'or. Philippe portait écartelé de Luxembourg et de Baux, qui est de gueules à une comète de seize rais d'argent.

M.

MACÉ DE GASTINES, en Provence, famille maintenue dans sa noblesse en 1724. Une branche s'est établie dans le Maine : d'argent, au chevron d'azur, accompagné en chef de trois roses du même, et en pointe d'un lion de gueules. (*La Ch.*).

MADAILLAN, seign. de Madaillan, Lespare, Montataire, marquis de Lassay, par érection de 1647 ; ancienne et illustre maison de Guienne, posséda dans le 17.ᵉ siècle la terre de Lassay : tranché d'or et de gueules (Madaillan); écartelé d'azur au lion d'or (Lespare.). (*Le Paige.*).

MADELEINE DE RAGNY, la, marquis de Ragny, par érection de 1597, famille du Charolais, qui a donné des chevaliers des ordres du Roi. Érard-Anne, abbé de Tyronneau, 1674-170... : d'hermines à trois bandes de gueules chargées de onze coquilles d'or, cinq sur la bande du milieu, et trois sur chacune des autres bandes; écartelé, bandé d'or et d'azur à une bordure de gueules. (*Arm. Ms.*).

MAGNY, de, seign. de Magny-le-Désert, généralité d'Alençon, élection de Falaise : d'azur au chevron d'argent, accompagné de deux étoiles de même en chef et d'un croissant d'argent en pointe. (*Nobil. de Norm.*).

MAILLÉ DE LA TOUR-LANDRY, seign. de Bouloire, d'Entrames, de Parné, Bénéhart, Ruillé-sur-Loir, Monceaux, Montécoublet, la Fresnaye, etc. La maison de Maillé florissait dès le 12.e siècle. Hardouin X de Maillé épousa, en 1494, Françoise de la Tour-Landry, à la charge d'en prendre le nom et les armes : coupé d'or à trois fasces antées et ondées de gueules; et d'or, à la fasce crenelée de trois pièces et demie de gueules, maçonnée de sable, qui est la Tour-Landry.

MAILLY, maison illustre, alliée avec les premières maisons de France et d'Europe, a été revêtue dans tous les temps des ordres et des plus grandes charges de la couronne. Colard de Mailly, tué avec son fils, à la bataille d'Azincourt, 1415, fut appelé au gouvernement du royaume sous Charles VI. Cette illustration a transmis à sa maison une couronne entremêlée de fleurs de lis, qu'elle porte sur ses armes depuis ce temps. Le maréchal de Mailly était seign. de la Roche de Vaux, du Bouchet aux Corneilles, et de Requeil, etc. : d'or à trois maillets d'azur; supports : deux lions; devise : HONGNE QUI VONRA; couronne entremêlée de fleurs de lis et de fleurons de duc; cimier du casque : une tête de cerf, issant les pattes de devant en dehors; manteau de duc.

MAINE, Comtes du, de la maison de France : semé de France au lion d'argent mis au franc quartier, à la bordure de gueules. (*Simpl.*, I, 235).

MAINE, province du : mêmes armes que les comtes.

MAINE, assemblée provinciale de la province du, créée en 1787. Le sceau de cette administration portait les armes de la province.

MAIRE. V. LEMAIRE.

MALET, MALLET, seign. du Fresne en Couterne, du Bois-Mallet, Coulfru, la Bermondière, St.-Julien-du-Terroux, Tessé, la Chapelle-Moche, Geneslay, etc. : d'azur au chevron d'or, accompagné de deux tours d'argent en chef, et en pointe d'un lion passant de même, à la bordure de gueules, chargée de trois boucles d'or, 2 et 1. (*La Ch.*).

MALESTROIT, ancienne maison de Bretagne, fondue dans celle de Chateau-Giron : d'azur à neuf besans d'or, posés 3, 3, 3 (*Arm. de la M.*) : de gueules à neuf besans d'or, 3, 3, 3. (*La Ch.*).

MALFILLASTRE, famille de Normandie, connue dès la fin du 12.ᵉ siècle. Roland, à Landivy, porté sur le rôle de l'arrière-ban, 1689. Gilles-Antoine-Henri, et René-Marie de Malfillastre furent membres de l'assemblée de la Noblesse du Maine, 1789 : d'argent à trois merlettes de sable, 2 et 1. (*La Ch*).

MALHERBE, seign. de Poillé en Marçon ; cette famille remonte à Jean de Malherbe, écuyer, vivant en 1469. Elle a donné des capitaines de cinquante hommes d'armes des ordonnances, des gentilshommes ordinaires des rois de Navarre, des gouverneurs de places. Le seigneur de Poillé se fit représenter à l'assemblée de la Noblesse du Maine, 1789 : d'or à deux jumelles de gueules, surmontées de deux léopards affrontés aussi de gueules (*La Ch.*).

MALICORNE, très-ancienne famille ; a donné son nom à un bourg du Maine, situé sur la Sarthe ; elle fonda, 1080, le prieuré de Malicorne, en faveur de l'abbaye de Saint-Aubin d'Angers. En 1158, Thibault et un de ses parents se croisèrent avec Geoffroy de Mayenne ; éteints depuis plusieurs siècles.

MALINEAU, seign. du Plessis, famille alliée à celle de Dubois de Courceriers : d'argent à la fasce de gueules frettée d'or, accompagnée en chef de trois molettes de sable et d'une ancre de même et en pointe de deux molettes de sable. (*Le Paige, art.* Courceriers).

MALIOT, seign. de Gemasse en Greez. MAILLOT, de l'élection de Vire : de gueules à la fasce d'or accompagnée de trois roses d'argent, 2 et 1, au chef cousu de France. MAILLOT, de l'élection de Lizieux : d'argent au maillet de sable, au chef cousu d'azur chargé de trois quintefeuilles d'or, 2, 1. (*La Ch.*).

MALMOUCHE, ancienne famille du Maine. Drogon

donna à l'évêque du Mans, vers le commencement du 12.ᵉ siècle, la présentation de la cure des Loges.

MALNOE, seign. de Marigny, épousa Léonore du Bellay, qui lui apporta la terre de la Feillée, avec la seigneurie d'Alexain. Susanne de Malnoe, leur fille et unique héritière, fut mariée en 1652, à Gilles Desnos. (*Le P.*, I, 9): d'azur à trois oiseaux d'argent, 2, 1. (*La Ch.*).

MAMERS, prieuré de Bénédictins, fondé vers le milieu du 12.ᵉ siècle, par Guillaume III de Bellême, et donné à l'abbaye de St.-Lomer de Blois ; il cessa en 1640 d'avoir des religieux ; ses armes étaient :

MANDON, famille alliée à celle de Dubois de Courceriers : d'azur au lion d'or, couronné, lampassé, armé de gueules, accompagné de six larmes d'or, trois en chef, deux en flanc, et une en pointe. *(Le P.).*

MANDOT, seign. des Pins, paroisse du Vendomois.

MANS, le, sur la Sarthe, ville capitale de la province du Maine, siége d'un évêché et chef-lieu du département de la Sarthe. Ses armoiries ont varié à diverses époques : dans le principe, elles furent d'or à la croix de gueules chargée d'une clé d'argent mise en pal, et de trois chandeliers de même, 2 et 1 ; au chef d'azur chargé de trois fleurs de lis en fasce. Suivant le Corvaisier, ces armoiries représentaient la vision du gouverneur de la province, au moment de la mort de saint Julien. Cet apôtre lui apparut tout resplendissant de lumière, accompagné de trois diacres portant chacun un chandelier garni d'un cierge allumé, qu'ils déposèrent sur la table. Le gouverneur, pour conserver le souvenir de ce miracle, voulut que les habitans portassent sur leurs enseignes la figure de la croix que saint Julien avait arborée dans le pays, et les trois chandeliers qu'il lui avait envoyés du ciel. — En 1656, elles furent de gueules, à la croix d'or chargée d'une clé de sable et cantonnée de quatre chandeliers d'argent, au chef d'azur, à trois fleurs de lis d'or. Après 1814, les lettres-patentes ajoutèrent, à l'écu, une bordure d'or. Sur le sceau dont on se servait journellement, la croix était d'argent, afin qu'elle se distinguât mieux.

MANS, Eglise du : d'azur semé alternativement de fleurs de lis d'or et de clés d'argent. (*Arm. ms.*). Mais le sceau du

Chapitre portait : d'azur semé de fleurs de lis d'or, à trois clés d'argent posées 2 et 1, les deux premières adossées.

MANS, du, seign. du Bourg-l'Evêque; Michel-René-François, membre de l'assemblée de la Noblesse du Maine, 1789; il y représenta aussi du Mans de Chalais : d'or à la fasce de gueules, chargée de trois étoiles d'argent, accompagnée en pointe d'une merlette de sable. (*Dub.*).

MAQUILLÉ, ainsi nommé d'une terre située en Anjou; famille alliée à celle des Dubois: de gueules à un pairlé renversé d'argent, sénestré de cinq besans de même posés en croix. (*Le P., Dict.* I, 247, art. Courceriers).

MAR, seign. de Ruillé-sur-Loir. Jeanne de Mar, dame de Bénéhart et de Ruillé, épousa, vers le milieu du 15.ᵉ siècle, Guillaume de Villiers, seign. de Villiers en Champagné. MARE de Creseneuille, porte : d'azur à une cigogne d'argent. (*La Ch.*).

MARAIS, des. Jacques des Marais, à Roullée, porté au rôle de l'arrière-ban, 1689. DES MARETS, en Normandie : de gueules, à la croix ancrée d'argent. (*Nob. de N.*).

MARC DE LA FERTÉ, famille de Normandie, a donné, au diocèse du Mans, Emeric, évêque, 1637-1648 : d'argent à trois marcs d'or, 2 et 1, écartelé de sable à deux épées d'argent, la poignée d'or, passées en sautoir, pointées en bas. (*Le Corv.*).

MARCÉ. C'est un rameau de la branche de Goyon de la Moussaye, connu sous le nom de Goyon-Marcé. Goyon porte : d'argent à un lion couronné de gueules. La veuve du sieur de Marcé, à Noyen, taxée au rôle de l'arrière-ban, 1689, n'appartient pas à cette famille.

MARCHEFER : de sable à trois fers de cheval d'argent. (*Hist. de Montmorency*, 597).

MARCILLY, de, seign. de Marcilly, à Landivy et de Monfoulour. La marquise de Marcilly était dame de Monfoulour vers le milieu du 18.ᵉ siècle : d'or à la croix resarcelée de gueules. (*Arm. de la M.*). Une autre famille de ce nom porte : d'azur à trois molettes d'or. (*La Ch.*).

MARÇON, seign. de Marçon, près de la Chartre, famille éteinte depuis long-temps. Guillaume assista aux obsèques de Guillaume des Roches, sénéchal d'Anjou, du Maine et de Touraine, fondateur de l'abbaye de Bonlieu, 13.ᵉ siècle.

MARÉCHAUSSÉE.

Anjou (siége de la maréchaussée d') : de gueules à une massue d'or posée en pal. (*Arm. ms.*).

Chateau-Gontier :

Chateau-du-Loir (corps des officiers) : d'azur à un château composé de cinq tours pavillonnées d'argent, maçonnées de sable, accompagnées de trois fleurs de lis d'or, deux aux flancs, une en pointe. (*Arm. ms*).

La Flèche : d'azur à deux mousquetons d'argent passés en sautoir. (*Arm. Ms.*).

Le Mans :

Le Perche : d'argent à deux bâtons d'azur semés de fleurs de lis d'or passés en sautoir. (*Arm. Ms.*).

Vendôme : tiercé en bande de sinople, d'or et d'azur. (*Arm. Ms.*).

MARESCHAL, Jean, était, en 1396, seign. de Sarceau, terre située à Sarcé. (*Noms féod.*). Plusieurs familles de ce nom : d'or à la bande de gueules accompagnée de cinq coquilles de même en orle. (*Trés. hér.*).

MARESCOT, seign. de Chaley, à Saint-Quentin, dans le Bas-Vendomois. Marescot, de Normandie : d'azur au chevron d'or, accompagné de trois coqs de même, 2 en chef, un en pointe. (*La Ch.*). Un autre famille porte : de gueules à trois fasces d'or, au léopard lionné brochant sur les fasces, au chef d'or, à l'aigle de sable. (*Trés. hér.*).

MARGERY, Jacques Margery, sieur de Formeux, à Marollettes, porté sur le rôle de l'arrière-ban, 1689.

MARIDORT, seign. de Vaux, de Château-Sénéchal, de la Freslonnière, de Lucé, de St-Ouen-en-Champagne, du Breil, de Doucelles, Cherancé, etc. Cette ancienne famille, alliée à plusieurs grandes maisons, prétendait tirer son origine d'Angleterre et descendre des comtes de Varvic. Elle a donné à la province du Maine un sénéchal, Louis-Charles de Maridort, 1717-1736 : d'azur à trois gerbes d'or. (*Le Paige*).

MARILLAC, de, anc. maison d'Auvergne, a donné un garde-des-sceaux, un maréchal de France, un évêque de Rennes, un intendant du Poitou, etc. Marie, veuve René de la Jarrie pour son fief de la Ragotière et dépendances, à Lombron, taxée au rôle de l'arrière-ban, 1675 : d'argent maçonné de sable rempli de six merlettes de même, et un croissant de gueules posé en cœur.

MARIN, seign. de Montmarin et de St.-Martin de Sargé, sur la Braye. Plusieurs familles de ce nom : d'argent à trois bandes nébulées de sable. — d'argent à trois fasces ondées de sinople, au chef d'azur chargé de trois étoiles d'or. (*Courc.*). — D'azur à trois chevrons d'or, au chef cousu de gueules à trois roses d'or. (*Trés. hér.*).

MARISY, en Champagne, seign. de St.-Arnoul dans le Bas-Vendomois, d'azur à six macles d'or. (*Courc.*)

MARSELIÈRE, seign. de Villiers-Charlemagne, au 17.ᵉ siècle : cette famille est-elle distincte de celle de la Marzelière ?

MARTEAU et MARTEL, seign. de Beaumont-Pied-de-Bœuf, près de Château-du-Loir, 14.ᵉ siècle. (*Noms féod.*). Gabriel Martel, à St-Denis-d'Orques, porté sur le rôle de l'arrière-ban, 1689 : plusieurs familles du nom de Martel : 1.° Martel, de Bretagne : d'or à trois marteaux de sable ; 2.° Martel, de Provence : d'azur à trois marteaux d'armes d'argent ; 3.° Martel, de Dauphiné : d'or à la bande de sable, chargée de trois étoiles d'argent. (*La Ch.*).

MARTELIERE, MARTELLIÈRE, de la. Jean-Baptiste-Pierre, fils du sieur de la Martelière, vivant, maître des requêtes, seign. de Fay, Passau, Brouassin en Mansigné, porté au rôle de l'arrière-ban, 1689. Deux autres membres de cette famille se firent représenter à l'assemblée de la Noblesse du Maine, 1789 : d'or au chevron de gueules accompagné de trois feuilles de chêne de sinople. (*La Ch.*). Plusieurs familles de ce nom.

MARTIGNÉ. Guyonne de Martigné fut abbesse de Bonlieu, 1554-1563. Martigné en Bretagne, d'azur à la quintefeuille d'or. (*Trés. hér.*). Une autre maison porte : semé de France au lion d'or. (*Trés. hér.*).

MARTIN (Chapitre de SAINT), à Troo, fondé en 1040, par Geoffroy Martel, comte d'Anjou. Ses armes étaient :

MARTIN DE LAUBARDEMONT, Pierre, intendant de Tours, 1637-1641 : d'azur à la tour d'argent donjonnée à dextre d'une tourelle de même, le tout maçonné de sable. (*M. Lambron*).

MARTINEAU, seign. de Fromentières ; Martineau, seign. de Passau en Mansigné, 1622. Le sieur de Fromentières, à Voutré, taxé au rôle de l'arrière-ban, 1675. Martineau de Fromentières fut membre de l'assemblée de la Noblesse d'Anjou, 1789 : d'azur à trois tours d'argent, 2, 1. (*Dub.*).

MARTINEAU, né à Cherreau 28 septembre 1772, colonel en retraite, chevalier de l'empire, 1808, officier de la légion d'honneur : de sable au lion contourné d'or sur une champagne d'argent chargée de trois grenades de gueules, à la bande de gueules chargée de la croix de la légion d'honneur, brochant sur le tout.

MARTOU DES HOUILLÈRES DE LA JUPELLIÈRE, seign. de Maisoncelles, près Meslay, se fit représenter à l'assemblée de la Noblesse du Maine, 1789.

MARZELIÈRE, de la, anciens seign. de Landivy. Gilonne de la Marzelière, veuve de René du Mats, marquis de Brossay, dame du Ménil-Barré en Andouillé, des fiefs de Chaillant et de Torchanon, situés à Chaillant, etc., demeurant à Saint-Germain-le-Guillaume, et Renée de la Marzelière, veuve de Jacques-Auguste de Thou, président aux enquêtes du parlement, dame de Boisthibault, en St-Fraimbault de Lassay, de sainte Marie et de Hazay en Genellay, portées au rôle de l'arrière-ban, 1689 : de sable à trois fleurs de lis d'argent. (*La Ch.*).

MAS, du, barons de Mathefelon et de Durtal. René du Mas était seign. de la Vaisousière et de Bouère, dans le 16.e siècle : de gueules à trois têtes de lion arrachées d'or. (*Courc.*).

MASSOT de LAUNAY, famille du Perche, propriétaire de la terre de Launay, près de Senonches. René MASSOT fut abbé de Tyronnéau, 1634 : d'argent à la croix de sable chargée de cinq ancres d'argent. (*Courc.*).

MASSUE, officier à la sénéchaussée de Château-du-Loir, seign. de la Chapelle-Gaugain, 18.ᵉ siècle : MASSUE de Renneval, en Picardie : d'azur au cor enguiché d'or. (*La Ch.*).

MASTAS, de, ancienne famille, dont Etienne de Marchay, sénéchal d'Anjou, au 12.ᵉ siècle, prit le nom et adopta les armes : lozangé d'or et d'azur. (*Hist. de Sablé*, 296).

MATHAN, de, famille ancienne de Normandie. Jean, chevalier banneret, se trouva à la première croisade de 1098. Gilles, mort en 1500, avait épousé Jeanne de Coulonges au Maine, de la Chapelle et de Saint-Ouen-le-Brisoul : de gueules à deux jumelles d'or, surmontées d'un lion de même. (*La Ch.* — *Nob. de N.*).

MATEFELON, MATHEFELON, maison connue dès le 11.ᵉ siècle, est ainsi nommée d'une baronnie située à Seiche, en Anjou. Elle a possédé les terres de Durtal, près de la Flèche, de Brûlon, Ruillé-d'Anjou, et plusieurs autres seigneuries. La maison de Champagne au Maine en est sortie. Juhel de Mathefelon, doyen de l'église du Mans, devint archevêque de Tours en 1227, passa au siége archiépiscopal de Reims, en 1244, et mourut vers 1250 : d'or à six écussons de gueules, 3, 2 et 1. (*Trés. hér.*).

MATRAIS, la. Le sieur de la Matrais, seign. de Contest, porté sur le rôle de l'arrière-ban du Maine, 1675. Isaac de la Matrais, inscrit sur celui de 1689. Peut-être faut-il lire la Matraie ?

MATZ DE BROSSAY, du, anciens seign. de Boisthibault en Saint-Fraimbault de Lassay et de sainte Marie-du-Bois, son annexe. Claude Gédéon-Denis du Matz, comte de Rosnay, président au parlement de Paris, seign. de Montourtier : d'argent fretté de six pièces de gueules, au chef échiqueté d'or et de gueules. (*La Ch.*).

MAUCHIEN, ancienne famille éteinte depuis plusieurs siècles. Payen, sénéchal du Maine en 1171. Geoffroy, exerçant la même charge en 1184-1190. Ce dernier et Odia Gauduchon sa femme, donnèrent, à la fin du 12.ᵉ siècle, tous leurs biens à l'abbaye de la Couture.

MAUDET, Thomas, sieur de Noyau, terre située à Verneil, commissaire ordonnateur des guerres, et Claude

Maudet, l'un et l'autre demeurant à Maigné, inscrits sur le rôle de l'arrière-ban, 1689.

MAUDUISON DE PREVAL, Charles de, seign. de la Châtellenie de Préval, membre de l'assemblée de la Noblesse du Maine; il y représenta aussi un membre de sa famille : d'azur au chevron d'or, accompagné de deux roses d'argent en chef, et d'un croissant de même en pointe. (*Nob. de N.*).

MAUDUIT DU PLESSIS, Joseph-Hyacinthe, abbé d'Evron, 1768-1771. MAUDUIT, en Normandie : de sable à un *Agnus Dei* d'argent. (*La Ch.*).

MAUGAT, Ithier, sénéchal d'Anjou et du Maine, 1342-1349.

MAULNE DE ROUESSÉ, seign. de Grenoux, près Laval. Cette famille semble être la même que celle de MÉAULNE.

MAULNY, Madame veuve, se fit représenter à l'assemblée de la Noblesse du Maine, 1789.

MAULORÉ, seign. de Saint-Paul-le-Gautier : deux membres de cette famille assistèrent à l'assemblée de la Noblesse d'Alençon, 1789.

MAUNY, seign. de Thorigny, ancienne maison de Normandie, possédèrent la terre et châtellenie de Saint-Aignan, 1380-1517. François, évêque de Saint-Brieux, puis archevêque de Bordeaux, fut abbé de Tyronneau, mourut en 1548. Jacques de Mauny, à la Fresnaye, porté au rôle de l'arrière-ban, 1689. Est-il de la famille de l'abbé de Tyronneau? d'argent au croissant de gueules. (*La Ch.*).

MAUROY, famille de Champagne. Angélique de Mauroy, veuve de Jean Lemaigre, conseiller du roi, receveur-général des finances en la généralité de Bordeaux, dame de la Tabaise en Baillou, au district de Mondoubleau, portée au rôle de l'arrière-ban, 1689 : d'azur au chevron d'or accompagné de trois couronnes ducales de même. (*La Ch.*).

MAYENNE, ancienne et illustre maison, fondatrice de l'abbaye de Fontaine Daniel et de plusieurs prieurés. Elle posséda les seign. de Mayenne, d'Ambrières, de Gorron, de la Chartre, etc., éteinte dans le 13.e siècle. Geoffroy fit, en 1158, le voyage de la Terre Sainte, avec plusieurs seigneurs de la province du Maine. Jeanne de Mayenne, dame de la Chartre, porta cette terre dans la maison de Vendôme : de gueules à six écussons d'or, 3, 2, 1. (*Le P.*).

MAYENNE, sur la rivière de même nom, ville, ancien chef-lieu de doyenné, ancien duché, aujourd'hui, chef-lieu d'arrondissement du département de la Mayenne : de gueules au chef d'argent, à l'escarboucle d'or. (*Hist. de Sablé*, 190). de gueules à six écussons d'or, 3, 2 et 1. (*Arm. Ms.*). Ce sont les armes de ses anciens seigneurs.

MAZARIN, duc de Mayenne, 17.ᵉ siècle. Jules, duc de Mayenne, évêque de Metz, cardinal, 1641, abbé de Saint-Denis, Cluny, etc., ministre d'État, fondateur du collége des Quatre-Nations, à Paris, mort en 1661 : d'azur à une hache consulaire d'argent, entourée d'un faisceau de verges d'or lié d'argent, et une fasce en devise de gueules, chargée de trois étoiles d'or, brochant sur le tout.

MAZIS, des, au 18.ᵉ siècle, seign. de Duneau, Fontenailles, Vouvray-sur-Huisne, et de Roches en Sceaux, famille du baillage d'Estampes, dont le chef vivait en 1429. Anatole-Paul, chevalier de Malte, assista à l'assemblée de la Noblesse du Maine, 1789 ; Alexandre-Henri, seign. de Roches, s'y fit représenter : de gueules à la fasce d'or, chargée de trois molettes de sable.

MEAULNE, de, anc. famille d'Anjou, tire son nom d'une terre située à Chalonne, près du Lude ; elle possédait au 17.ᵉ siècle, les seigneuries de Lancheneil et de Nuillé-sur-Vicoin. La demoiselle Anne de Meaulne, à Laval, taxée au rôle de l'arrière-ban, 1675, René-Joseph, à Chaillant, porté sur celui de 1689 : d'argent à la bande fuselée de gueules, à l'orle de six fleurs de lis de sable. (*Trés. hér.*). Un membre de cette famille se fit représenter à l'assemblée de la Noblesse du Maine, 1789.

MEGAUDAIS, seign. de Mégaudais, de Dompierre, de Larchamp, la Carelle, tire son nom d'une terre située à Lévaré, paroisse du Bas-Maine. Marie Anne de Mégaudais, dame de Larchamp, fut mariée en 1680, à Charles-Philippe de Froulay, comte de Montflaux : de gueules à l'aigle éployée d'or. (*Arm. de la M.*).

MELINAIS, abbaye de Génovefains fondée au 12.ᵉ siècle, sur la paroisse de Sainte-Colombe, près de la Flèche, par Henri II, roi d'Angleterre. Sa manse abbatiale fut réunie au collége des Jésuites de la Flèche.

MELLERAY, anciens seign. de Melleray, paroisse du Bas-Maine. En 1414, Jean de Melleray possédait les seign. de la Regellerie et des Landes de Malindre. (*Le Paige*).

MELLERIE. le seign. de la Mellerie assista à l'assemblée de la Noblesse du Maine, 1789.

MELLO, maison ancienne et illustre de Picardie qui tirait son origine de Dreux I, seigneur de Mello, vivant au commencencent du 12.ᵉ siècle. Marguerite de Mello, dame de Sainte-Hermine, fut mariée à Maurice VII, sire de Craon et de Sablé : d'azur à deux fasces de gueules, et une orle de merlettes de même. (*La Ch.*).

MELUN, maison illustre, posséda la terre de Montmirail sur la fin du 15.ᵉ et au commencement du 16.ᵉ siècle. Anne, chanoinesse de Mons, fonda l'hôpital de Baugé : d'azur à sept besants d'or, 3, 3 et 1, au chef d'or. (*Simplicien*, V, 233).

MÉNAGE, famille originaire du Maine qui s'établit à Angers, au 14.ᵉ siècle. Elle a donné Mathieu, né à Sablé, chanoine théogal d'Angers, un des membres les plus renommés des Conciles de Bâle et de Bourges, en 1433 et 1444, Gilles Menage, auteur célèbre du siècle de Louis XIV : d'azur au chevron d'or, accompagné en chef de deux croissants d'argent, et en pointe d'une tour du second émail. (*Courc.*).

MENARD DE LA GROYE, François-René-Pierre, premier président de la Cour royale d'Angers, chevalier de la Légion-d'Honneur, créé baron le 25 février 1813 : d'argent au lion de sable, armé, lampassé de gueules, franc-quartier des barons présidents des Cours, qui est de gueules à la toque de sable garnie d'hermines, brochant au neuvième de l'écu : le tout soutenu d'une champagne retraite de gueules au signe des chevaliers légionnaires, ou à la croix de la Légion-d'Honneur.

MENGIN, barons de Mengin en Lorraine, famille distinguée par ses charges et ses alliances. — Philippe-Martin, grand audiencier de France, baron de Montmirail, seign. de Saint-Ulphace, etc. Se fit représenter à l'assemblée de la Noblesse du Maine, 1789 : d'azur à la fasce d'or, sommée d'un griffon, issant de même. (*Courc.*).

MENJOT, vicomte de Champfleur, seign de Groustel, Couléon, à la Chapelle Saint-Rémi. Le seign. de Couléon, anc. officier d'artillerie, assista à l'assemblée de la Noblesse du Maine, 1789; le vicomte de Groustel s'y fit représenter : d'argent au chevron d'azur, accompagné en chef de deux épis, en pointe, d'un lion, le tout de gueules.

MENON DE TURBILLY, seign. de Bresteau, 1680-1783; cette famille posséda aussi la terre et seigneurie de Villiers-Charlemagne : d'or au chardon fleuri de gueules, tigé et feuillé de sinople, mouvant d'un croissant de gueules. (*Dub.*). Ces armes se voient sur les fonds baptismaux de Beillé.

MERAULT, dame Michelle Pétronille, comtesse de la Grève, terre située à Saint-Bomer sur la Braye, veuve d'Antoine Lambert, chevalier, comte de Meslay-le-Vidame, se fit représenter à l'assemblée de la Noblesse d'Orléans, 1789 : d'azur au chevron d'or, accompagné de trois molettes de même. (*Dub.*).

MERGERIE. en 1509, Jean Mergerie était seign. de la Drouardière en Sainte-Marie-du-Bois. (*Le Paige*).

MERGOT DE MONTEGRON OU MONTERGON, seign. de la Verrie, à Précigné, fut membre de l'assemblée de la Noblesse d'Anjou, 1789 : d'azur à trois chevrons d'or. (*Trés. hér.*).

MERLE, du, en Normandie. Melloc du Merle, seign. du Merle-Raoul, baron de Messey, de Gorron, père de Foulques du Merle, chevalier, seign. du Merle R., baron de Messey, Gorron, qui fut maréchal de France en 1302 : de gueules à trois quintefeuilles d'argent. (*Courcelles*, II, 28).

MERVÉ, échiqueté d'hermines et de gueules. (*Arm. de la M.*).

MESGRIGNY, famille originaire de Champagne, connue dès le 14.e siècle, Jacques épousa, en 1644, Éléonore de Rochechouart, marquise de Bonnivet, comtesse de Belin : d'argent au lion de sable. (*La Ch.*).

MESLANGER. Gilles de Meslanger, écuyer, sieur de Meslanger, demeurant au Mans, et Antoine, sieur des Landes, à Chassé, portés au rôle de l'arrière-ban, 1689.

MESLANT. Michel Meslant, à Sillé-le-Guillaume, porté au rôle de l'arrière-ban, 1689.

MESLAY, seign. de la Marque, à Montmirail, 18.ᵉ siècle.

MESLIAN DE MOSLAN, René, écuyer, seign. de la Cuissardière, à Fontaine-Raoul, taxé au rôle de l'arrière-ban, 1675. MELIAND, en Berry : d'azur à la croix cantonnée aux 1 et 4 d'une aigle, aux 2 et 3 d'une ruche à miel, le tout d'or. (*La Ch.*).

MESLIERE, la, seig. de St-Maurice, général. d'Alençon, élection de Falaise : d'argent à trois molettes d'éperon de sable, 2 et 1, à la bordure de gueules, chargée de huit besants d'argent. (*Nob. de N.*).

MESNARD DE SEILLAC, Charles, assista à l'assemblée de Noblesse, 1789. MENARD, seign. de Cleste : d'or à trois macles d'azur. (*Dub.*).

MESNARD, seign. de Tourchepré, de Tifauges : d'argent à trois porcs-épics de sable miraillés d'or.

MESNIL, du. Gilles, à Fougerolles, porté au rôle de l'arrière-ban, 1689 : de gueules à trois croissants d'argent. (*Nob. de N.*). Plusieurs familles de ce nom.

MESNIL ADELÉE, ADELEY, du, famille de Normandie, de l'élection d'Avranches. Adelée ou Adelayes, moine d'Evron, abbé de ce monastère, de 1587 à 1595, pouvait être de cette famille : d'argent à trois chevrons de gueules. (*La Ch.*).

MESNILBEUX, seign. de Vilaines, fief de Haubert, situé dans la paroisse de Saint-Front. (*Le Paige*).

MESNY, Jacques du, seign. du Moland et de Pré, terre situées à Assé-le-Boisne. Françoise du Mesny, veuve de Meaulne, à Chaillant, et Julienne, veuve de Jacques Lenormant, furent portées au rôle de l'arrière-ban, 1689.

MESSANGE, MESANGE, François de Mesange, écuyer, sieur de Montéhard, à Saint-Samson, taxé au rôle de l'arrière-ban, 1675. Georges de Messanges, sieur de la Rousselière, à Landivy, porté sur celui de 1689: MESANGE, en Normandie: d'azur à la bande d'argent, cotoyée de deux étoiles de même. (*La Ch.*).

METZ, du, comte de Rosnay, était seigneur d'Aron, près Mayenne, au 18.ᵉ siècle. (*Le P.*). De gueules à six besants d'argent, posés 3, 2 et 1. (*Le Laboureur, Tab. gén.*).

MIAULAIS DE MAUREPART, lieutenant-général d'artillerie, seign. de la Sauvagère, terre située dans la paroisse de Chemiré-le-Gaudin: il en fit l'acquition vers le commencement du 18.ᵉ siècle.

MICHEL DU CIMETIÈRE-DIEU (SAINT). Chapitre, fondé à Laval en 1421, par Jeanne, fille de Jean Ouvrouin, seign. de Poligné et de Forcé : d'azur à un Saint-Michel terrassant un diable, le tout d'or. (*Arm. Ms.*).

MICHEL DU CLOITRE (SAINT), chapitre ou confrérie, établi dans l'église du Mans, vers le commencement du 12.ᵉ siècle : d'azur à un Saint-Michel d'or terrassant un diable de même. (*Arm. Ms.*).

MICHELET, seign. de Saint-Pierre-du-Lorouer, du chef de sa femme, 1462.

MIEE DE GUÉPRÉ, famille de Normandie, maint., 1666. Antoine Miée, seign. de Guépré, vicomte d'Argentan et d'Exmes, en 1477, épousa Jacqueline de Pontfarcy. Françoise de Miée de Guépré, abbesse du Pré, 1609-1618; Marguerite de Miée de Guépré lui succéda, 1618-1644. Charlotte de Miée, nièce de Marguerite, nommée coadjutrice de sa tante, 1624, lui succéda, 1644, et mourut en 1661 : d'azur à la fasce d'or, accompagnée de trois besants de même, 2 et 1. (*La Ch. — Nob. de N.*).

MILLET, famille de Paris, dont le chef vivait au 14.ᵉ siècle, posséda la terre de Boisblondet. Michel Millet, écuyer, sieur de Chanvalon, garde d'artillerie, propriétaire de la terre de la Roussière, à Cogners, porté sur le rôle de l'arrière-ban, 1689. Millet d'Arvillars, abbé de Saint-Calais, 1783-1790 : tranché d'or et d'azur, à l'étoile à huit rais de l'un à l'autre. Devise: *Vidimus stellam in Oriente.* (*Courc.*).

MINIAC, famille de Bretagne, alliée à celle de la Hautonnière : de gueules à l'aigle à deux têtes éployée d'argent, accompagnée de sept billettes d'argent, quatre en chef, trois en pointe. (*Le P. art. Fougerolles*, I, 55).

MINIMES, l'Ordre avait pour armes : d'azur au mot CHARITAS d'or entouré de rayons de même. Ces armes étaient adoptées par les maisons du Mans et de Sillé-le-Guillaume.

MINOT, de, René, écuyer, seign. de la Minotière, à Brécé, taxé au rôle de l'arrière-ban, 1675 ; Jean de Minot, à Bouère, porté sur celui de 1689.

MIRAUMONT, Jean de Miraumont et Radegonde de Tracqueville sa femme, firent hommage, 1502, de la haute justice en la terre d'Assé, dans la mouvance du Mans : d'argent à trois tourteaux de gueules. (*Trés. hér.*).

MIROMESNIL, Thomas HUE de, marquis de Miromesnil, intendant de Tours, 1689-1704 : d'argent à trois hures de sanglier de sable, allumées de gueules, défendues d'argent. (*M. Lambron*).

MIRON, famille orignaire de Catalogne, répandue dans l'Orléanais et la Bourgogne ; elle s'est alliée à la famille du Bois de Courceriers : de gueules à un miroir rond à l'antique, d'argent, pointé d'or. (*Le Paige, art. Courceriers*).

MISSIONNAIRES (les), établis à Domfront : d'argent au nom de Jésus de sable. (*Arm. Ms.*).

MOIRE, Jean de, seign. du Plessis-Barthelemer, dont il rendit hommage, 1402, au seign. de Château-du-Loir.

MOIRÉ, de, assista aux États du Maine, 1614.

MOLAY, au Maine. Marie du Molay, veuve de Pierre Chouet, conseiller au parlement de Rennes, domiciliée à Montenay, portée sur le rôle de l'arrière-ban, 1689 : d'or à l'orle de merlettes de sable. (*Roy. d'arm.*).

MOLDEREL. Jean Molderel, abbé de Fontaine-Daniel, 1575-1573.

MOLERE, de la, ancienne famille du Béarn, dont un membre s'est fixé au Mans : d'azur au griffon d'or, au chef de gueules, chargé de deux meules d'or, bordées de sable, celle à dextre, percée de sable, celle de sénestre, garnie d'une anille de sable, cantonnée de quatre tourteaux de gueules.

MOLIN, Jacques Molin, secrétaire du roi, seign. de la Châtellenie de la Faigne, dont il fit l'acquisition vers 1721. (*Noms. féod.*).

MONCEAUX, MONTCEAUX, seign. d'Antoigné, Méhoudin, de la Sauvagère, terre située à Chemiré-le-Gaudin. (*Le Paige.*) De Monceaux assista aux Etats du Maine, 1614.

MONDAGRON, plusieurs familles de ce nom. Jean-Baptiste de Mondagron, seign. de Hires, demeurant à Saint-Corneille, porté au rôle de l'arrière-ban, 1689. Un autre membre de cette famille assista à l'assemblée de la Noblesse du Maine, 1789 : de gueules au lion d'or, écartelé d'or au dragon ailé de gueules ? (*La Ch.*).

MONDAMER, seign. de Sept-Forges, au 13.^{c} siècle. 1279, Jean fut un des seigneurs qui tentèrent d'enlever l'évêque Jean de Tanlay, pour venger l'injure faite par le prélat à Amaury de Juillé. 1570, les enfants de Mathieu de Mondamer firent au seign. de Mayenne, hommage pour les Ecotais et Surgan. (*Le P.*, II, 297). François, sieur des Gages, demeurant à Madré, inscrit sur le rôle de l'arrièreban, 1689.

MONDOT, seign. de Mondot en Villiers-Charlemagne, de Vaujois en Nuillé-le-Vendin, du Bois-Hamelin : de gueules à un lion d'or. (*La Ch.*).

MOUDOUBLEAU, anc. seign. de la ville et Châtellenie de Mondoubleau, de Tuffé, etc. Hugues fonda, vers 1015, l'abbaye de Tuffé, que ses descendants soumirent à l'abbé de Saint-Vincent du Mans.

MONDOUCET, éc. seign. de la Roche, général. d'Alençon, élect. de Mortagne, maint., 1667 : d'argent à trois fasces de gueules, à dix-neuf croisettes posées en pal sur trois rangs, de gueules sur l'argent, d'argent sur le gueules. (*Nob. de N.*).

MONSAULIN DE PORTAL, François-Ignace, abbé de Fontaine-Daniel, 1678. Ne faut-il point lire Montsaulin ? Montsaulin, famille de Bourgogne : de gueules à trois léopards couronnés d'or, l'un sur l'autre. (*La Ch.*).

MONSIEUR, frère du Roi, comte du Maine, se fit représenter à l'assemblée de la noblesse, 1789 : d'azur à trois fleurs de lis d'or, 2 et 1, à la bordure crenelée de gueules.

MONTAFIE, seign. de Bonnétable et de Lucé : d'argent à une étoile de gueules chargée d'un croissant tourné d'or. (*Trés. hér.* 319).

MONTAGNAC, de, évêque de Tarbes ; abbé de Saint-Vincent, 1788-1790. Ne faut-il point lire Montaignac ? Voir plus bas.

MONTAGNE, Guillaume Montagne, abbé de la Couture, 1638-164.. Montagne, sieur de la Chapelle, élection d'Arques, maint. 1668 : d'azur à la barre d'argent, accompagnée de trois molettes d'or, 2 en chef 1 en pointe. Un autre : d'or à trois têtes de lion arrachées de sable. (*Roy. d'armes*).

MONTAIGNAC, en Languedoc. Madame de Montaignac, abbesse de la Perrigne, 1779-1790 : d'azur au sautoir d'or, cantonné de quatre vaches d'argent. (*La Ch.*).

MONTAINARD, MONTENARD, famille du Dauphiné, connue dès le 10e siècle, alliée à celle de Tressan : vairé, au chef de gueules, chargé d'un lion issant d'or. (*La Ch.*).

MONTALAIS (Anne de), abbesse du Pré, 1661-1672 : d'or à trois chevrons de gueules, une fasce d'azur sur le tout. (*Le P. Dict.* II, 212). D'or à trois chevrons renversés d'azur. (*Trés. hér.*).

MONTAUBAN, maison considérable de Bretagne, dont le chef vivait à la fin du 12.e siècle. La terre de Montauban passa à la maison de Rohan. Marie, fille unique de Jean de Montauban, amiral de France, seign. du Resné et de Lignières-la-Doucelle, fut mariée en 1443, à Louis de Rohan : écartelé de Rohan qui est de gueules à neuf macles d'or, 3, 3, 3, et de Milan, qui est d'argent à la givre (serpent), mise en pal, ondoyant d'azur, l'issant de gueules, c'est-à-dire la moitié d'un enfant qu'il semble dévorer.

MONTBAZON, petite ville de Touraine. Cette seigneurie passa de la maison de Sainte-Maure dans celle de Craon. Marguerite de Craon en devint héritière en 1473, par la mort de ses frères, et une de ses petites filles la porta dans celle de Rohan, qui la fit ériger en duché pairie. Le duc de Montbazon, pair de France, seign. de la Châtellenie de Ceton, 1599-1613. (*Noms féod.*). Rohan de Montbazon porte : de gueules à neufs macles d'or rangées en fasces, 3, 3, 3. (*La Ch.*).

MONTBERON, ancienne maison de l'Angoumois, dont le chef vivait au 12.ᵉ siècle. Elle a donné un maréchal de France. Jacques de Montberon, seign. d'Avoir, fut, 1416, lieutenant-général d'Anjou, Maine, Touraine, Poitou : fascé d'argent et d'azur, écartelé de gueules.

MONTBOISSIER, maison illustre d'Auvergne, connue dès le 10.ᵉ siècle; elle a possédé les terres et seigneuries de Chahaignes et de Ruillé-sur-Loir : d'or semé de croix de sable recroisettées au pied fiché, au lion de sable sur le tout. (*La Ch.*).

MONTBOURCHER, seign. du Bordage, de la Magnane, de Poligné, de Forcé, etc., famille de Bretagne. Elle possédait, dès le 13.ᵉ siècle, la Châtellenie du Bordage, située dans l'évêché de Rennes, érigée en marquisat par lettres de 1656 : d'or à trois marmites de gueules, 2 et 1. (*Le P.*).

MONTBRON, Blanche de, dame de Nouans, Gèvres et Couptrain, se fit représenter aux états du Maine, 1508. Montbron est une branche de la famille de Loménie ; ses armes sont : d'or à l'arbre de sinople, sur un tourteau de sable : au chef d'azur chargé de trois losanges d'argent. (*Courc.*).

MONTBRUN, de, famille du Dauphiné, la dame veuve de Montbrun, dame de la Merrerie, à Courgenard, se fit représenter à l'assemblée de la noblesse du Maine, 1789 : d'azur à la bande d'or, chargée de trois mouchetures de sable. (*La Ch.*).

MONTÉCLER, marquis de Montécler, par érection de 1616, seign. de Bourgon, la Châtre, Saint-Christophe-du-Luat, Contest, Saint-Germain-de-l'Hommel, Houssay, Saint-Léger, Villiers-Charlemagne, Saint-Denis-des-Coudrais, Saint-Hilaire-le-Lierru, Prévelles, etc., ancienne et illustre maison du Maine. Montécler, sieur de Courteilles, assista aux Etats du Maine, 1676. René-Georges-Marie, fut membre de l'assemblée de la Noblesse du Maine, 1789 ; un autre membre de la famille s'y fit représenter ; Jeanne de Montécler, dame de Saint-Sulpice, se fit représenter à celle d'Anjou : de gueules au lion d'or.

MONTECOT, seign. de Neuvy. La terre de Montécot, située dans le voisinage de la paroisse de Haute-Chapelle, appartenait à la famille de Doinel, qui en prit le nom ou surnom.

MONTEJEAN, seign. de Sillé-le-Guillaume, au commencement du 15.e siècle, famille d'Anjou : d'or fretté de gueules. (*La Ch.*).

MONTENAY, au Maine. Guillaume de Montenay, de la province du Maine, accompagna Guillaume de Courteheuse, duc de Normandie, à la conquête de Jérusalem ; un autre Guillaume de Montenay, suivit, en 1158, Geoffroy de Mayenne à la Terre-Sainte : d'or à deux fasces d'azur, accompagnées de neuf coquilles de gueules, 4, 2, 3. (*Dumoulin, hist. de Norm.*)

MONTESQUIOU, anc. et illustre famille de l'Armagnac, marquis de Courtenvaux, seign. de Bessé, Bonnevau, Vancé, etc., par le mariage de N. de Montesquiou, avec la demoiselle Letellier de Louvois, héritière de ces terres en 1781. François-Xavier-Marc-Antoine de Montesquiou Fezenzac, abbé de Beaulieu, 1786-1790, mort en février 1832, fut un des présidents de l'Assemblée constituante, et devint ministre d'Etat sous Louis XVIII : d'or à deux tourteaux de gueules l'un sur l'autre. (*La Ch.*).

MONTESSON, de, seigneurs de Bais, Champgénéteux, Hambers, Antenaise, la Cropte, Saint-Ouen-des-Oies, Souvigné, Douillet, Saint-Aubin du Désert, Gennes-le-Gandelin, Sougé-le-Bruant, etc. Cette maison a produit deux lieutenants-généraux des armées du roi, Jean-Baptiste, mort, 1731, et Charles, commandant la maison de S. M. à la bataille de Fontenoy, 1745. Deux de ses membres furent appelés à l'arrière-ban, 1689 ; quatre figurent, 1789, à l'assemblée de la Noblesse du Maine, qui nomma député le marquis de Montesson : d'argent à trois quintefeuilles d'azur, 2, 1. (*La Ch.*).

MONTFORT, anc. seign. de la Châtellenie de ce nom, située sur l'Huisne, éteints depuis plusieurs siècles.

MONTFORT, ancienne et illustre maison de Bretagne, éteinte. Elle a donné un maréchal, un amiral et un grand maître des eaux et Forêts de France, un grand maître de France, un archevêque de Reims. Raoul, sire de Montfort, etc., vivait en 1483 et portait : d'argent à la croix de gueules, givrée d'or. Jean, son fils, succéda en 1412, ès droits de sa femme, à toutes les terres et seigneuries de Gui XII, seign. de Laval, de Vitré, et Gaure; il forma la 3.ᵉ maison de Laval.

MONTFORT-L'AMAURY, très-ancienne et très-illustre famille, a possédé la seigneurie de Château-du-Loir : de gueules au lion d'argent, à la queue fourchue. (*Roy. d'armes*).

MONTFROU. La veuve du seigneur de Montfrou, terre située à Auvers-le-Hamon, fut taxée au rôle de l'arrière-ban, 1689.

MONTGOMMERY, très-ancienne et illustre maison de Normandie, à laquelle Mabille de Bellême porta dans le 11.ᵉ siècle, les comtés d'Alençon, de Bellême, les seigneuries du Sonnois et de la Roche-Mabille, par son mariage avec Roger de Montgommery : écartelé aux 1 et 4 de gueules à trois coquilles d'or, aux 2 et 3 de France plein, quelquefois sur un fond de gueules. (*Courc.*).

MONTIER, au Maine. Marie-Charlotte de Montier de Turé, reçue à Saint-Cyr, en 1687, prouva qu'elle descendait de Pierre de Montier, seign. de Tertonnerre, son sixième ayeul, vivant en 1481 ; d'argent au chevron de gueules, accompagné de trois annelets de même, 2 et 1. (*La Ch.*).

MONTIERS DE MERINVILLE. Charles-François Montiers de Merinville, évêque de Chartres ; abbé de Saint-Calais, 1699-1709 : de gueules à trois fasces d'argent. (*La Ch.*).

MONTIGNY, seign. des Hayes et de Ternay, paroisses du Bas-Vendomois. Plusieurs familles de ce nom : 1° MONTIGNY en Normandie : coticé d'or et de gueules, au franc quartier de gueules, à l'orle de coquilles d'argent. MONTIGNY en Ostrevant : de sinople au lion d'argent armé et lampassé de gueules. MONTIGNY, en Picardie : semé de France, au lion naissant d'argent. MONTIGNY en Bretagne : d'argent au lion de gueules chargé sur l'épaule d'une étoile, d'or, accompagné de huit coquilles d'azur en forme d'orle, 3, 2, 2, 1. (*La Ch.*).

MONTILLET : de sinople à trois croissants d'argent, 2, 1. (*Arm. de la M.*). MONTILLET DE CHASTELLARD : d'azur au chevron d'argent, un croissant de même en pointe. (*La Ch.*).

MONTIS, des, maintenu dans sa Noblesse, 1666. Charles des Montis, seign. de Montreuil, Jupille, appellé à l'arrière-ban, 1689 : d'or à trois chevrons de sable, accompagnés d'une rose de gueules en pointe. (*Nob. de N.*).

MONTJEAN. Cette maison éteinte depuis long-temps, avait pris son nom de la paroisse de Montjean. En 1158, Roland de Montjean, et Gui, son frère; suivirent Geoffroy de Mayenne à la Terre-Sainte ; deux autres membres de cette maison furent sénéchaux de l'Anjou et du Maine, Jean, 1352-1360, et Renault, 1416-1420 : losangé d'or et de gueules ? (*Arm. de la M.*).

MONTLOUIS, seign. du Breil en Parigné-l'Evêque. Montlouis est un surnom, pris d'une terre située à Pontvallain.

MONTMARIN, propriétaire du château de ce nom, situé à Saint-Martin de Sargé, était seign. de cette paroisse du Bas-Vendomois. MARIN, en Bretagne, seign. de Moucan : d'azur à trois chevrons d'or, au chef d'argent chargé de trois roses de gueules. (*Dub.*) V. MARIN.

MONTMIRAIL, capitale du Perche-Gouet, a donné son nom à une famille éteinte dans le 12.ᵉ siècle. Mabille, l'aînée et la principale héritière de sa maison, épousa Hervé III, seign. de Donzi, auquel elle apporta les cinq baronnies composant le Perche-Gouet ; Hervé mourut après 1187.

MONTMORENCY, maison, l'une des plus anciennes et des plus illustres de France, a donné plusieurs connétables, des maréchaux de France et d'autres grands officiers de la couronne. Elle fut divisée en 1230, sous Mathieu II, surnommé le grand, amiral et grand chambellan, qui avait épousé Emme de Laval, par un cadet substitué au nom des anciens sires de Laval. Montmorency, ancien : d'or à la croix de gueules, cantonnée de quatre alérions d'azur ; Montmorency moderne, d'or à la croix de gueules, cantonnée de seize alérions d'azur.

MONTMORENCY-LAVAL, appellés Laval-Montmorency, comtes de Laval : d'or à la croix de gueules, chargée de cinq coquilles d'argent, et cantonnée de seize alérions d'azur.

MONTMORENCY-LUXEMBOURG, ducs de Piney, pairs de France. Charles-Paul-Sigismond de Montmorency-Luxembourg, duc de Châtillon-Bouteville, gouverneur du Maine, Perche et comté de Laval, 1745-1749 : de Montmorency, et sur le tout de Luxembourg, qui est d'argent au lion de gueules, lampassé et couronné d'or, la queue fourchue, nouée en sautoir.

MONTOIRE, anc. maison qui perpétua celle de Vendôme, par le mariage de Pierre de Montoire, avec Agnès de Vendôme, héritière des biens de cette maison, en 1218.

MONTPINSON, MONTPINÇON, seign. de Saint-Maurice, paroisse du Passais. N. de Montpinçon se fit représenter à l'assemblée de la Noblesse du Maine, 1789.

MONTREUIL, de, seign. de Vaugeois en Nuillé-le-Vendin, Mondot en Villiers-Charlemagne, du Boishamelin en Saint-Ouen-le-Brisoul, de Mellerai, Nuillé-le-Vendin, la Chaux, etc. Michel de Montreuil, gouverneur de Cherbourg, grand bailli du Cotentin, se signala sous le règne de Henri IV. René, écuyer, seign. de la Chaux, à Nuillé-le-Vendin, taxé au rôle de l'arrière-ban, 1675; N. de Montreuil se fit représenter à l'assemblée de la Noblesse du Maine, 1789. MONTREUIL-BONIN, en Poitou: d'argent à trois têtes d'ours, arrachées de sable et chainées d'or. (*Roy. d'armes*). LA CHAUX : d'azur au lion léopardé d'or, et une bordure engrêlée et un chef de même chargé d'une aigle issante de sable. (*Roy d'armes*).

MORAND, ancienne famille d'Anjou, alliée à celle de Hardouin de la Girouardière. M. de Morand, ancien officier, chevalier de l'ordre royal et militaire de St.-Louis : d'azur à trois faces d'or chargées de trois croisettes de sable ; supports: deux sauvages armés d'une massue; devise : *impavide*.

MORAS, de, seign. de Saint-Pierre-des-Ormes. (*Le P.* II, 419).

MORDRET, d'azur à deux épées d'argent en sautoir, les pointes en haut. (*Arm. de la M.*).

MORÉ, de. Jean-François de Moré, seign. de Chaufour,

à Sillé, et Louis de Moré, seign. du Val, au Ribay, appelés à l'arrière-ban du Maine, 1689.

MOREAU, seign. de la Poissonnière en Saint-Ouen-en-Belin, depuis la fin du 14.ᵉ siècle, plus tard, de Grez et de la Béraudière. (*Le P.*, I. 150, II, 387).

MOREL, seign. d'Aubigny et de Putanges, près de Falaise. Madame Morel d'Aubigny était abbesse de la Perrigne, en 1727 : d'or au lion de sinople, couronné d'argent. (*La Ch.*).

MOREL, Marie, fit hommage, en 1570, au seign. de Mayenne pour la suzeraineté de Saint-Georges-le-Gautier. (*Le P.* II, 297). Plusieurs familles de ce nom. MOREL de la Grisonnière, élection d'Argentan : de gueules à la fasce d'or, accompagnée de trois roses d'argent, 2 et 1. (*La Ch.*).

MORELLE, anciens seign. du Breil, terre située en Parigné-l'Évêque, et dont le titulaire était un des barons qui devaient porter l'Évêque du Mans, lors de sa première entrée à la cathédrale, de l'église Saint-Ouen en celle de Saint-Julien. Un gentilhomme de ce nom fut membre de l'assemblée de la Noblesse du Maine, 1789.

MORIN, seign. du Tronchet, d'Antoigné, possédaient la châtellenie du Tronchet, dès le commencement du 13.ᵉ siècle. Geoffroy épousa, dans le 14.ᵉ siècle, Alix de Loudon, qui lui apporta cette terre située à Parigné-l'Évêque. Jean-René, seign. de Loudon et du Tronchet, assista aux États du Maine, 1508. Suzanne Morin de Loudon, veuve de Clermont, taxée au rôle de l'arrière-ban, 1689. Philippot Morin avoue en 1393 devoir au comte du Maine, pour l'habergement de Coudereau, un baiser d'hommage lige. (*Noms féodaux*) : d'or à trois fasces de sinople. (*La Ch.*).

MORIN DE LA MASSERIE, seign. de la Masserie, terre située paroisse de ———, étaient une branche de la famille des seigneurs du Tronchet. Louis Morin de la Masserie, fut nommé échevin du Mans, en 1485 : d'or à trois fasces de sinople. (*Trés. hér.*).

MORTIER, Pierre Mortier, abbé commandataire d'Évron, 1616-1635. MORTIER, en Flandre : d'azur à la bande ondée d'argent. (*Trés. hér.*).

MOSNARD, du, seign. de Villefarvart et de St.-Martial en Poitou. Jean-François du Mosnard, baron de Villefavart, fut membre de l'assemblée provinciale du Maine, 1787, et de l'assemblée de la Noblesse de cette province, 1789 : d'argent à la fasce de gueules, accompagnée de trois aiglettes d'azur. (*Courc.* II, 73).

LA MOTHE LE VAYER, même famille que Levayer: d'argent à la croix de sable, chargée de cinq miroirs ronds d'argent, bordés d'or.

MOTTE, de la. Plusieurs familles de ce nom. Jeanne de la Motte, fille du seigneur de Vallon, fut abbesse d'Etival, 1440-1461.

MOTTE, le comte de la, devint seign. de Bouère, paroisse près de Sablé, par son mariage avec N. de Boisjourdan, héritière de sa maison.

MOTTE, de la, seign. de la Motte, terre située dans la paroisse de Madré. Madelaine de la Motte, héritière de sa maison, épousa, avant 1536, Jacques de Saint-Rémi.

MOTTE-BARACÉ, François-Pierre-Louis de la, seign. de Senonnes, fut membre de l'assemblée de la Noblesse d'Anjou, 1789 : d'argent au lion de sable ayant sur l'épaule sénestre, un écusson d'argent à la fasce engrelée de gueules, et accompagné de quatre merlettes de sable placées aux angles de l'écu. (*Arm. de la M.*).

MOTTE DU BREIL, la, famille de Bretagne alliée à celle de Champagné : d'argent à quatre burelles de gueules, les deux premières ondées. (*Arm. de la M.*).

MOTTE-FOUQUÉ, ancienne famille de Normandie, tire son nom de la Motte-Fouqué, paroisse du Passais, dans le doyenné de la Roche-Mabille : d'azur à la fasce d'or. (*La Ch.*).

MOTTE DE VAUCOUR, de la, était, en 1716, seign. de la Serais, terre située dans la paroisse de Javron.

MOTTEVILLE, famille de Basse-Normandie. La dame Marie de Motteville, épouse de François, marquis de Montecler, veuve de Rafeton, demeurant à St-Christophe-du-Luat, portée sur le rôle de l'arrière-ban, 1689: LANGLOIS DE MOTTEVILLE : d'or à deux lions léopardés de gueules, au chef d'azur chargé de trois besans d'or. (*La Ch.*).

MOULINS, de, de Rochefort, remonte à Jean de Moulins, seign. de Rochefort, secrétaire du roi en 1464, a donné un grand aumônier de France. Pierre de Moulins, chevalier, seign. de Rochefort, Villeloy et des Greslières en Noyen, demeurant en Anjou ; et Anne de Moulins, veuve du sieur de la Barre du Horp, à Viviers, appelés à l'arrière-ban du Maine, 1689 : d'argent à trois anilles de sable. (*La Ch.*). D'argent à trois croisettes ancrées de sable. (*Courc.*, II, 75).

MOULINS, Charles de, seign. de Montreuil, à Jupille.

MOULINS DE L'ISLE, des, seign. de l'Isle et de St-Germain de Corbie. Louis des Moulins, comte de l'Isle, baron de Hertré, fut commandeur de l'ordre royal et militaire de Saint-Louis, lieutenant-général des armées du roi. Catherine des Moulins, abbesse de Sainte-Geneviève de Monsor, 1732-1767 : d'azur à trois coquilles d'or, à la cigale d'argent en cœur. (*La Ch.*).

MOULINVIEU. Le seigneur de Moulinvieu, terre située à Asnières, fut taxé au rôle de l'arrière-ban, 1675. Moulinvieu est une branche de la maison de Scepeaux : contrevairé d'argent et de gueules. (*Courc.*).

MOUSSET, du, président au parlement de Normandie, seign. de Roufrançais en Saint-Germain-de-Coulamer. (*Le P.*, I, 375).

MOUSTIER, plusieurs familles de ce nom, en Normandie ; de Moustier, René, écuyer, sieur de Thuré, à Brûlon, taxé au rôle de l'arrière-ban, 1675 : 1° de sable à la croix fleurdelisée d'argent, cantonnée de quatre roses de même ; 2.° d'azur au chevron d'argent chargé à la pointe d'un croissant de gueules, et accompagné en chef de deux soleils, et en pointe d'un cœur enflammé, le tout d'or ; 3° d'azur à trois chevrons d'argent. (*Nob. de N.*).

MOUY, seign. de Gémasse, terre située à Greez, sur la Braye. Léonor de Mouy, chevalier, seign. de Gémasse : d'or au sautoir de gueules, accompagné de quatre merlettes de même. (*Trés hér.*).

MUI, FÉLIX, marquis de Mui, par érection de 1697, famille de Provence, à laquelle appartient Félix de Mui, abbesse de Bonlieu, 17.. — 1781 : écartelé aux 1 et 4 de gueules à une bande d'argent chargée de 3 F. F. F. de sable; aux 2 et 3 de gueules à un lion d'or, à la bande d'azur brochant sur le tout. (*La Ch.*).

MULET, Robert, sénéchal d'Anjou et du Maine, 1349-1352. MEULET, porte : d'azur à trois molettes d'or, 2 et 1, au chef d'or. (*Roy d'Armes, supplément*). Le sénéchal est-il de la même famille ?

MURAT, marquis de Montfort, seign. de la Buizardière, de Changé, Pont-de-Gennes, Champagné, etc. Deux dames de Murat furent abbesses, l'une de la Virginité, 1775-1790 ; l'autre de Bonlieu, 1781-1790. Louis de Murat fut membre de l'assemblée de la Noblesse du Maine, 1789 : d'azur à trois fasces d'argent, maçonnées et crénelées de sable, la première de cinq créneaux ; la seconde, de quatre, et la troisième de trois, ouverte au milieu en porte.

MUSSET, marquis de Cogners, seign. de Sainte-Osmane. Louis-Alexandre se fit représenter à l'assemblée de la Noblesse du Maine, 1789 ; depuis, fut membre de la chambre des députés et du conseil général de la Sarthe. Bienfaisant et désintéressé, il sacrifia plus de 20,000 fr. pour réparer et améliorer le chemin de St.-Calais à Château-du-Loir par Cogners, et procurer en même temps du travail aux malheureux. Dans sa longue carrière, ce gentilhomme rendit une infinité d'autres services au pays. Les Sociétés royale et centrale d'agriculture de Paris, des antiquaires de France, d'agriculture, sciences et arts du Mans le comptaient au nombre de leurs correspondants. M. de Musset a écrit une Histoire du Maine, ouvrage pseudonyme, publié en 1828, et fourni des mémoires aux recueils académiques ; nous lui devons plusieurs renseignements historiques consignés dans nos Essais sur le département de la Sarthe. Né le 14 novembre 1753, ce vertueux père de famille est mort au château de Cogners, le 17 septembre 1839 : d'azur à l'épervier d'or, chaperonné, longé et perché de gueules.

MYRE-MORY, de la, maison d'anc. chevalerie, originaire de Guyenne, dont la filiation est prouvée depuis 1271. Claude-Madelaine de la Myre-Mory, évêque du Mans, 1820-1828 : écartelé aux 1 et 4 d'azur, à trois aiglettes au vol abaissé d'or, becquées, membrées et diadémées de gueules ; aux 2 et 3 d'or à la bande de gueules accompagnée en chef de trois merlettes de sable, et en pointe de deux tourteaux d'azur. (*Courc.*).

N.

NAPLES ET SICILE (Rois de), issus de la première branche d'Anjou : semé de France au lambel de gueules de trois pendants, parti d'argent à la croix potencée d'or, cantonnée de quatre croisettes de même qui est Jérusalem.

Rois de NAPLES et SICILE de la seconde branche d'Anjou ; tiercé en pal, au 1.er d'argent, à la croix potencée d'or cantonnée de quatre croisettes de même qui est Jérusalem ; au 2.e, semé de France au lambel de trois pendants de gueules, qui est Anjou ancien ; au 3.e, semé de France à la bordure de gueules, qui est Anjou moderne. (*Simplicien*).

NARBONNE-PELET, maison illustre du Languedoc, dont l'origine remonte au 11.e siècle. Marie-Félicité du Plessis-Châtillon, seule et unique héritière de sa maison, fut mariée en 1760, à N. de Narbonne-Pelet : de gueules au lion d'or, armé et lampassé de gueules. (*La Ch.*).

NAU, seign. de Lestang, en Anjou, descendent de Jean Nau, maréchal des logis de la maison du roi, annobli dans le 16.e siècle, maint. 1667. Claire Nau, abbesse d'Etival, 1627-1660. Louis André Nau, seign. de la Crochinière, à la Bruère, assista à l'assemblée de la Noblesse d'Anjou, 1789 ; la dame Victoire Nau, veuve de Granthomme, s'y fit représenter : Nau de Lestang se fit représenter à celle du Maine : de gueules, à la gerbe d'or, soutenue de deux lionceaux affrontés de même. (*Courc.*). NAU, en Bretagne : d'azur au lion d'argent couronné d'or, lampassé et armé de gueules, tenant une épée d'argent.

NAVARRE, royaume, divisé par les Pyrénées, en haute et basse Navarre, appartenant, l'une à l'Espagne, l'autre à la France. Antoine de Bourbon, duc de Beaumont, devint Roi de Navarre, par son mariage, 1548, avec Jeanne d'Albret, fille unique de Henri, Roi de Navare. Henri de Bourbon leur fils monté sur le trône de France, réunit la Navarre, avec ses autres biens, au domaine de la Couronne. Ce prince et ses successeurs joignirent au titre de Roi de France, celui de Roi de Navarre. De gueules aux doubles chaînes d'or mises en croix, sautoir et orle.

NEAU, propriétaire dans le Bas-Maine : burellé d'argent et de gueules de dix pièces.

NÉGRIER, famille du Maine. François-Charles et François-Charles-Gabriel assistèrent à l'assemblée de la Noblesse du Maine, 1789 ; la demoiselle Anne Négrier s'y fit représenter.

NEPVEU, seign. de Bellefille, à Athenay, de la Fauvelière à Maigné, de la Manouillère à Pruillé-le-Gaudin, de Neuvillette, de Rouillon, etc, famille alliée aux principales maisons de la province, et dont le chef Pierre Nepvou, sénéchal de Sablé, vivait en 1360. Jacques-Nicolas, seign. de Bellefille, et Jacques, seign. de Rouillon, officier de cavalerie, assistèrent à l'assemblée de la Noblesse du Maine, 1789 : d'azur à trois besans d'or, chargés chacun d'une croix de sable, 2 et 1. (*Le Paige*).

NEUFCHEZES. Honoré de Neufchèzes, chevalier, sieur de Baudiment, seign. du château fort des Salles, du chef de sa femme Marie-Renée Hodon, rend, 1606, hommage de cette terre située à Mayet, au baron de Château-du-Loir ; François, chevalier de Malte, commandeur de Guéliant et de l'Epine, rend, en 1656, le même hommage pour l'Epine : de gueules à neufs molettes d'argent, 3, 3, 3, l'écu en bannière. (*Trés. hér.*).

NEUVILLE de VILLEROY ; marquis de Neuville, par érection, de 1666. Sous Louis XIV, le maréchal de Villeroy était seign. du Bois-au-Parc et de la paroisse de Commer : d'azur au chevron d'or accompagné de trois croix ancrées de même. (*Trés. hér.*)

NEUVILLETTE, ancienne famille, ainsi nommée d'une paroisse de la Charnie, dans le diocèse du Mans : Nicolase de Neuvillette, abbesse du Pré, 1334-1345.

NEVERS, comtes de. Hervé IV, de Donzi, comte de Nevers, du chef de sa femme Mahaud de Courtenay, fut seigneur du Perche-Gouet, vers la fin du 12.e siècle : d'azur semé de billettes d'or, au lion de même. (*Hist. de Courtenay*).

NEVERS, duc de, Mancini Mazarini, seign. de Mayenne, après la mort du cardinal Mazarin ; écartelé aux 1.er et 4 d'azur à la hache d'armes d'argent, dans un faisceau d'armes d'or, lié d'argent, posé en pal et une fasce de gueules sur le tout, chargée de trois étoiles d'or qui est Mazarini ; aux 2.e et 3.e d'azur à deux poissons d'argent posés en pal, qui est Mancini. (*Simpl.* V, 426).

NEVEU, François de, assista à l'assemblée de la Noblesse du Maine, 1789. Est-il de la même famille que les Nepveu ?

NICOLAI, maison illustre, dont le chef vivait en 1239, compte un maréchal de France, plusieurs généraux, et depuis 1506, une suite de premiers présidents de la Chambre des comptes de Paris. Antoine-Chrétien, chevalier de Malte, rend, en 1738, hommage au baron de Château-du-Loir, pour Mondan et la Varenne, terres situées à Guécélard. (*Noms féod.*). Le marquis de Nicolaï est devenu propriétaire de la terre de Montfort-le-Rotrou, par son mariage avec Mademoiselle de Murat, fille du marquis de Montfort : d'azur à la levrette courante d'argent, ayant un collier de gueules bordé d'or et l'anneau de même. (*Courc.*).

NICOLAIS, seign. du Rocher et de Mesangé, terres dont il fit l'acquisition vers le milieu du 18.e siècle. (*Le Paige*). D'azur au chevron d'or accompagné en chef de deux roses d'argent tigées et feuillées de sinople, et en pointe d'une ancre d'argent. (*Hist. d'Evron*).

NICOLAS (SAINT), à Craon, chapitre fondé par les seigneurs du lieu : d'azur à un S.-Nicolas d'or. (*Arm. Ms.*).

NICOLAS (SAINT), à Montmirail, chapitre fondé par les seign. du Perche-Gouet : de sinople à deux chevrons d'or. (*Arm. Ms.*).

NICOLE, éc., sieur d'Ancinnes, du Plessis, Longny, Maupertuis, du Hamel, génér. d'Alençon, élect. de Bernai : d'azur à la fasce d'argent accompagnée de trois roses d'or, deux en chef, une en pointe. (*Nob. de N.*).

NOAILLES, maison illustre du Limousin, dont la filiation remonte à Hugues, seign de Noailles, chevalier qui vivait en 1248. Il en est sorti un cardinal, archevêque de Paris, plusieurs évêques, deux maréchaux de France, des ducs et pairs, des grands d'Espagne, des chevaliers du St-

Esprit et de la Toison d'or. Elle était alliée à la maison de Tessé : de gueules à la bande d'or.

NOLLET, éc., sieur de Malnoue, la Londe et Launay, seign. de Saint-Christophe, général. d'Alençon, élect. d'Argentan : d'argent au chevron de gueules accompagné de trois merlettes de sable, deux en chef, une en pointe. (*Nob. de N.*).

NORMANDIE, province considérable de France qui limite au nord celle du Maine, et qui s'avançait même jusques sur l'ancien diocèse du Mans. Plusieurs de ses ducs furent aussi comtes du Maine, dans le 12.ᵉ siècle : de gueules à deux léopards d'or.

NOTRE-DAME (Chapitre de), à Sillé-le-Guillaume, fondé par les seign. de cette ville avant 1250., il portait :

O.

OFFICIALITE, tribunal dont les clercs du diocèse étaient justiciables.

DOMFRONT : d'azur à une croix d'or, cantonnée de quatre fleurs de lis de même. (*Arm. Ms.*).

LE MANS : armes, les mêmes que celles de l'évêque siégeant.

OGIER, seign. de Meurcé, de Sillé-le-Philippe. Géraud-Rosalie, seign. de Meurcé, et Jean-Louis, seign. de Passay et de Sillé-le-Philippe, assistèrent à l'assemblée de la Noblesse du Maine, 1789 : d'argent à trois trèfles de sable. (*Dub.*).

OILLIAMSON, d', originaires d'Ecosse, marquis de Saint-Germain, seign. de Boisblondet, terre située à la Baroche-sous-Lucé : d'azur à l'aigle éployée d'argent, becquée et membrée d'or, posée sur un baril d'or, cerclé d'argent. (*Courc.*).

OIZÉ, prieuré conventuel de Bénédictins, dépendant de l'abbaye de Vézelai, au diocèse d'Autun. La conventualité avait été supprimée ; armes :

ORATORIENS, établis en 1624, au collége du Mans. Toutes les maisons de l'Oratoire avaient les armes de l'ordre : d'azur aux noms de Jésus et de Maria posés l'un sur l'autre en lettres d'or, et entourés d'une couronne d'épine de même.

ORENGE, d', seign. de la Feuillée et de la Courbe, assista aux états du Maine, en 1508.

ORLÉANS, ducs d', seign. de Domfront, d'Avrillé, la Baroche-sous-Lucé, Saint-Denis-de-Villenette, l'Epinay, Marcilly, Saint-Mars-de-Graine, Saint-Roch-de-la-Brasse et autres lieux du Passais : d'azur à trois fleurs de lis d'or, au lambel de trois pendants de gueules en chef.

ORLÉANS, comtes de Dunois. Les comtes de Dunois, ducs de Longueville, ont pour auteur Jean d'Orléans, comte de Dunois et de Longueville, grand chambellan de France, fils naturel de Louis de France, duc d'Orléans. Marie d'Orléans donna le Dunois à son cousin Louis-Henri de Bourbon, fils naturel du comte de Soissons. François d'Orléans, comte de Dunois, lieutenant-général de Touraine, Anjou, Maine et Poitou, 1474-1479. Louis-Henri de Bourbon, comte de Soissons, fut seign. de Bonnétable ; sa fille, Louise-Léontine-Jacqueline porta cette terre dans la maison d'Albert : d'azur à trois fleurs de lis d'or, au lambel de trois pendants de gueules en chef, à la barre d'argent. (*La Ch.*).

ORMES, des, à Mayenne et Ernée : d'argent à trois ormes arrachés de sinople, 2, 1. (*Armor. de la M.*).

ORVAUX, d', seign. du Maurier, à la Fontaine-Saint-Martin, en 1687. Louis d'Orvaux assista à l'assemblée de la Noblesse du Maine, 1789. d'Orvault : de sable à la bande d'argent accostée de deux cotices d'or. (*Trés. hér.*, 82).

OSSEBERT, Etienne, écuyer, sieur des Marais, à Coulombiers, taxé au rôle de l'arrière-ban, 1675. Osber, seign. de la Maillardière : d'argent à la croix de gueules cantonnée de 4 lions de sable armés et lampassés de gueules. (*Dub.*). Osbert, seign. de Roupeville : d'argent à l'aigle éployée de sable, à la croix de gueules brochant sur le tout, accostée en pointe de deux lions affrontés de sable. (*Dub.*).

OSTOIRE, de l', était sénéchal du Maine, 1191.

OUSTILLÉ, très-ancienne et illustre famille du Maine, plusieurs fois citée dans les actes du 12.ᵉ siècle. Agnès, fille de Durand d'Outillé, règle en 1301, avec Béatrix, comtesse de Dreux, dame de Château-du-Loir, leurs droits respectifs sur la paroisse d'Outillé. (*Le Paige*). Maison éteinte.

OUVRARD, Pierre, sieur de la Saudrais, prévôt de la maréchaussée, à Laval, taxé au rôle de l'arrière-ban, 1675.

OUVROUIN, anciens seign. de la châtellenie de Poligné et de Forcé. Jeanne Ouvrouin, dame de Poligné, fonda, en 1421, à Laval, le chapitre de Saint-Michel du Cimetière-Dieu.

OZOUVILLE, d', éc., sieur du Parc, Bellefontaine, général. de Caen, élect., de Valongne : de gueules à une lame d'épée mise au pal, la pointe en haut accostée de six losanges d'argent, trois à dextre, trois à sénestre également en pal. (*Nob de Norm*.). La branche établie dans le Maine : de gueules au pal fiché d'argent, accosté de six losanges de de même, posés en pal. (*Arm. de la M.*). M. d'Ozouville a recueilli les armoiries d'un certain nombre de familles de la Mayenne.

P.

PAGET, Jacques, intendant de Tours, 1647-1648 : fascé d'argent et de sinople de six pièces, au chef parti d'or et de gueules à trois macles de l'un en l'autre. (M. *Lambron*).

PAILLARD, seign. de Chenay. Pierre fit l'acquisition de cette terre en 1697. Charles-Toussaint assista à l'assemblée de la Noblesse du Maine, 1789. PAILLARD, seign. de Hardivilliers, généralité de Rouen, maint., 1667 : d'argent à la croix de sable, frettée d'or. (*Nob. de N.*). Une autre famille porte : d'argent à l'étoile de six rais de sable, au chef de gueules, chargé de trois roses d'or. (*Trés. hér.*).

PALLU, de la, famille de l'élection d'Argentan, en Normandie. Le sieur de la Pallu, écuyer, sieur de Lantonnière, à Degré, taxé au rôle de l'arrière-ban, 1675 : d'azur à trois fasces de sable anchées supérieurement d'argent de cinq pièces. (*Nob. de N.*).

PALU, de la, marquis de Bouligneux, famille de la Bresse : de gueules à la croix d'hermines de cinq mouchetures. De la PALU, seign. de Villaines et de Grandchamp, assista aux états du Maine, 1508. Ce gentilhomme était-il de la famille ci-dessus? N'appartenait-il point à la famille de la Pallu ou même à une autre?

PANNART, PENNART, seign. de la Croix de Pierre, Saint-Paul-le-Gautier, Chantepie en Tubeuf, Courberie, du Horp, de Loufougère et de Lamboul, dans le 17.e siècle: d'argent à deux bandes de gueules. (*Arm. de la M.*).

PANTIN DE LANDEMONT, seign. de Vaux en Yvré-l'Evêque, ancienne famille établie en Bretagne. Un de ses membres, bienfaiteur de l'abbaye de St-Nicolas d'Angers, partit pour la Terre-Sainte; un autre fut chevalier de l'ordre du Croissant. Louis-Alexandre Pantin de Landemont, et Philippe-Louis, son fils, assistèrent à l'assemblée de la Noblesse du Maine, 1789: d'argent à la croix de sable cantonnée de quatre molettes de gueules.

PAPEILLON, PAPILLON, seign. de Beillé, dans le 15.e siècle: de gueules à trois papillons d'argent, miraillés de sable, 2 et 1. (*La Ch.*).

PAPIN: d'azur à la croix fichée d'argent, le pied en haut, accompagnée de trois croisettes de même. (*Arm. de la M.*).

PARENT DE CURBY. PARENT: d'argent à trois sangliers de sable. (*Trés.hér.*). Plusieurs familles de ce nom.

PARIS DE MONTBRUN, seign. de la Merrerie en Courgenard.

PARTHENAY-L'ARCHEVÈQUE, seign. de Montfort-le-Rotrou et de Bonnétable, par le mariage de Jean l'Archevêque, seign. de Parthenay, avec Jeanne de Montfort, héritière de sa maison, vers la fin du 13.e siècle. Les seign. de Parthenay prirent le surnom de l'Archevêque, parce qu'ils étaient issus d'un archevêque de Bordeaux, Josselin, mort en 1086: burellé d'argent et d'azur de dix pièces à la bande brochante de gueules. (*La Ch.*).

PAS DE LOUP, propriétaire de la terre de Rosay, située à Roussé-Fontaine.

PASQUIER, baron de Coulans, seign. de Chaufour, famille dans la magistrature. Etienne Pasquier, baron de

Coulans, conseiller de grand'chambre au parlement de Paris, fut membre de l'assemblée de la Noblesse du Maine, 1789 : de gueules au chevron d'or, accompagné en chef de deux croissants montants d'argent, et en pointe d'une tête de licorne aussi d'argent. (*Dub.*).

PASSAVANT, Guillaume de, évêque du Mans, 1142-1186, originaire de Saintonge : de gueules, écartelé d'argent, à la fasce d'azur. (*Trés. hér.*). On lui donne aussi : de gueules, écartelé de fasce, enté d'argent et d'azur de six pièces.

PATIENCE, monastère à Laval. V. SAINTE-CLAIRE.

PATRAS, près de la Suze. Renée de Patras, épouse de Henri-Robert de Faison, chevalier, sire de Contest, à la Suze, taxée au rôle de l'arrière-ban, 1675.

PATRY, famille de l'élection de Bayeux, dont le chef vivait en 1229 : de gueules à trois quintefeuilles d'argent. (*Arm. de la M.*).

PECAN, Pierre de Pecan, écuyer, sieur des Pommerais. Sa fille demeurant à la Carelle, fut taxée au rôle de l'arrière-ban, 1689.

PEIGNÉ, famille alliée à celle de Courceriers : de sable à une épée d'argent, la pointe en bas, accompagnée de trois fers de cheval de même, 2 et 1. (Le P., 248, art. Courceriers.)

PELISSE, la, abbaye de Bénédictins, fondée en 1189, sur la paroisse de Cherreau, par Bernard, seigneur de la Ferté-sur-Huisne. Armes :

PELLERIN, Marc-Antoine-François le, chevalier, seign. de Gauville, devint, en 1740, propriétaire du marquisat de la Chartre, par le don que lui fit de cette terre Catherine de Courtoux, sa tante, veuve de Anne-Nicolas Robert, marquis de la Chartre. (*Noms féodaux*). De gueules au chef d'hermines.

PEPIN DE SÉVIGNÉ : d'azur au chevron componné d'argent et de gueules, accompagné de trois pommes de pin d'argent. (*Arm. de la M.*).

PERCHE, (Guillaume Talvas, comte du) : d'argent à trois chevrons de gueules. (*Simpl.*, III, 291). PONTHIEU

(Guill. III, comte de), fils aîné de Guill. II, dit Talvas: d'or à trois bandes d'azur. (*Simp.*, III, 300).

PERDRIEL, éc. seig. de Boislandry, général. d'Alençon: d'argent à trois perdrix d'azur, 2 et 1. (*Nob. de N.*).

PERICAUD, abbé de Perseigne, 1783-1790.

PERIER DUMOURIEZ, ancienne famille originaire de Provence, dont une branche établie dans le Maine a donné un évêque de Bayeux. Ce prélat fut long-temps vicaire-général du diocèse du Mans, auquel il rendit beaucoup de services : d'azur à une bande d'or accompagnée au côté sénestre d'une tête de lion arrachée d'or, lampassée de gueules, couronnée d'argent, l'écu bordé et dentelé de gueules. (*Dub.*).

PEROT, Christophe, seign. de Vernie et de Pescoux en Contilly, fut sénéchal du Maine dans le 16.e siècle, 1518 ou 1520-1572. Une note manuscrite dit que son père exerça la même charge. S'il en est ainsi, il faudrait reporter à celui-ci une partie des 54 années attribuées au fils. Ses armes seraient-elles celles de PEROT ? d'azur à deux croissants adossés, l'un montant, l'autre renversé d'argent, au chef d'or chargé de trois aiglettes de sable. (*Trés. hér.*).

PERRAI-NEUF, abbaye de Prémontrés, fondée, paroisse de Précigné, en 1189, par Robert III, de Sablé, et Pierre de Brion. L'Armorial manuscrit de la bibliothèque royale donne pour armes à l'abbaye : d'azur à une crosse d'or et un chef d'argent chargé de trois poires de gueules ; à la communauté des religieux de cette abbaye : de gueules à un pairlé d'or, accompagné de trois croix d'argent.

PERRAULT, famille du bailliage de Châlons-sur-Saosne remonte à Colin Perrault, seigneur de plusieurs lieux dans l'évêché de Rennes, et qui vivait en 1330. Le président Perrault, baron de Montmirail, la Basoche-Gouet, seign. de Melleray, Saint-Ulphace, etc., 1658 : d'azur à la croix à double traverse d'or, élevée sur trois annelets de même, parti d'azur à trois bandes d'or

PERRAULT ou PERRAULD, autre famille. Charles écuyer, sieur de la Sablonnière, à Mamers, porté au rôle de l'arrière-ban, 1689 : de sable à trois têtes de chèvres arrachées d'argent, cornées d'or.

PERRIGNE, la, abbaye de religieuses de l'ordre de Saint-Augustin, fondée, paroisse Saint-Corneille, par la famille des Usages, vers la fin du 13.ᵉ siècle : d'azur à onze billettes d'argent, posées, 4, 3, 4. (*Arm. ms.*). Ce sont les armoiries de l'abbesse, Madame de Beaumanoir.

PERROCHEL, de, seign. de St-Aubin-de-Locquenay, Saint-Germain de la Coudre, Moitron, Colombiers, Toiré, Grandchamp. Trois membres de cette famille assistèrent à l'assemblée de la Noblesse du Maine, en 1789, Madame veuve de Perrochel de Grandchamp s'y fit représenter: d'azur à deux croissants en chef et une étoile en pointe, le tout d'or. (*Sceau*).

PERROT, Charles, conseiller au parlement de Paris, seign. de Champmarin en Aubigné, 1665. (*Noms féod.*). D'azur à deux croissants adossés, l'un montant l'autre renversé d'argent, au chef d'or chargé de trois aiglettes de sable. (*Trés. hérald.* 315).

PERSEIGNE, abbaye de Cisterciens, fondée dans la paroisse de Neufchâtel, en 1145, par Guillaume III, comte de Bellême, de Ponthieu et d'Alençon : de gueules à deux crosses d'or passées en sautoir. (*Arm. ms.*).

PESCHARD, famille de Bretagne, alliée aux maisons de Craon, Rohan et autres. Jean, écuyer, sieur des Ruaudières, à Cormenon, taxé au rôle de l'arrière-ban, 1675.

PETIT DE GOURNAY, Achille le, abbé d'Evron, 1635-1657. Plusieurs familles de ce nom : 1° d'azur semé de quintefeuilles d'or au franc quartier d'hermines, écartelé d'argent à trois lézards de sinople ; 2° d'azur à la fasce d'argent, accompagnée en chef d'un léopard d'or ; 3° de gueules au lion d'or, au chef d'azur chargé de trois roses d'or.

PETIT-HOSTEL, du. Le sieur du Petit-Hostel, à Saint-Cyr de Sargé, taxé au rôle de l'arrière-ban, 1675.

PETIT-JEAN, de. Jacques, sieur de la Roussardière, à Courdemanche, porté au rôle de l'arrière-ban, 1689 : Eléonore-Maximilien-Charles de Petit-Jean, fut membre de l'assemblée de la Noblesse du Maine : d'argent au bourdon d'azur en pal. (*Trés. hér.*). Cette famille est éteinte et fondue en celles de Vanssay de Coudereau, et de Morand, de la Flèche.

PEZAS : cette famille semble appartenir à la province du Maine ; son nom est cité dans plusieurs titres anciens. Mathieu de Pezas, doyen de l'église du Mans, présida un chapitre général tenu par les chanoines, en 1346.

PEZÉ, anciens seign. de la paroisse de ce nom. Anne de Pezé, héritière de sa maison, porta cette terre en 1480 dans la famille de Courtarvel, par son mariage avec N. de Courtalvert : d'argent à huit losanges de sable posés 5 et 3. Pezé, nommé gouverneur du Mans en 1567, n'exerça pas les fonctions de cette charge. Madame de Pezé de Courtarvel fut abbesse d'Etival, 1714-1726.

PHELIPPES, Louis, écuyer, sieur du Port, lieutenant à Saint-Calais, taxé au rôle de l'arrière-ban, 1675 : d'azur à une gerbe de blé d'or, au chef d'argent chargé de trois molettes de sable. (*Trés. hér.*).

PHILLEMIN, famille du Vendômois. N. de Phillemin se fit représenter à l'assemblée de la Noblesse du Maine, 1789.

PIAU : d'azur à trois billettes couchées d'argent, 2 et 1. (*Arm. de la M.*).

PICHER, Louise de Picher, veuve de Turbilly, à Tuffé inscrite au rôle de l'arrière-ban, 1689.

PICOT, famille de Bretagne. Henri-Antoine-Samuel Picot de Pontaubray, fut membre de l'assemblée de la Noblesse du Maine, 1789 ; il y représenta aussi un gentilhomme portant les mêmes nom et surnom. Ces deux personnes appartenaient-elles à la famille de Bretagne ? qui porte, écartelé aux 1 et 4 d'azur à trois haches d'argent ; aux 2 et 3 d'argent à trois léopards de gueules. (*Dub.*).

PICOT DE VAHAIS : d'or au chevron d'azur, accompagné de trois falots de gueules, au chef de gueules. (*Arm. de la M.*).

PICQUOT, sieur de Maigny, élection de Falaise : coupé, tiercé : 1° d'azur à deux losanges vidés d'or ; 2° de gueules endanché inférieurement ; 3° d'or au losange vidé d'azur. (*Nob. de N.*).

PIDOLL, maison d'Allemagne. Michel-Joseph de Pidoll, évêque du Mans, 1802-1819 : de gueules, à la barre d'or chargée de trois roses de gueules, accompagnée en chef d'une lune en croissant d'argent, en pointe, d'une toupie cordée de même. (*Sceau*).

PIERRE (Chapitre de SAINT), à Saint-Calais. Il portait:

PIERRE DE LA COUR (SAINT), église royale et collégiale, au Mans, fondée vers 969, par Hugues I, comte du Maine : d'azur à deux clés d'argent adossées, passées en sautoir et surmontées d'une fleur de lis d'or.

PIERRE, de, seign. de Fougeray, à Pommerieux, assista à l'assemblée de la Noblesse d'Anjou, 1789. Plusieurs familles de ce nom : d'azur à trois bandes d'argent? (*La Ch.*).

PIERREFITTE, famille de l'élection de Falaise, maint., 1666 : François Pierrefitte de Dangeul, porté au rôle de l'arrière-ban, 1689 : d'argent a cinq cotices d'azur, à la bordure de gueules. (*Nob. de N.*).

PIERRES, des. Le Nobiliaire de Normandie mentionne plusieurs familles de ce nom : 1° d'argent au chevron de gueules, accompagné de trois lions de même, 2 en chef affrontés, et un en pointe ; 2° d'azur au chevron d'or, accompagné de trois roses de même, 2 en chef, 1 en pointe. La veuve Félix des Pierres, écuyer, sieur des Matras, à la Chapelle-Vicomtesse, fut taxée au rôle de l'arrière-ban, 1675.

PIERRES, de, famille de Normandie de l'élection de Lizieux. Pierre-Jean-René de Pierres assista à l'assemblée de la Noblesse du Maine, 1789 : d'azur à deux clés d'argent posées en sautoir, cantonnées de quatre losanges d'or. (*Nob. de N.*). Des Pierres et de Pierres forment-ils deux familles distinctes ?

PIHORAIE, de la. Cette famille tire son nom d'une terre située à Saint-Ellier, paroisse du Passais : de sable, au lion d'or. (*Le Paige*, art. Fougerolles, 349).

PILLE, de. Julien de Pille, officier du gobelet du roi, à Mondoubleau, taxé au rôle de l'arrière-ban, 1675. De PILLE : de gueules au chevron d'or, accompagné en chef de deux croissants d'argent et en pointe d'un globe cintré d'or. (*La Ch.*).

PILLOIS. Daniel de Pillois, écuyer, sieur de Montigné,

à Tassé, taxé au rôle de l'arrière-ban, 1675. Gilles, écuyer, sieur de Montigny, âgé de 95 ans, à Cheville, et Jacques, sieur de la Gentillerie, à Juillé, portés sur celui de 1689.

PILMIL, seign. de Pilmil, ancienne famille du Maine, éteinte depuis long-temps. Vincent de Pilmil fut archevêque de Tours, 1257-1270.

PIN, du. Louis du Pin, écuyer, sieur de la Motte, à Saint-Mars-sur-la-Futaye, taxé au rôle de l'arrière-ban, 1675. Du Pin, en Saintonges : d'hermines au chef de gueules, chargé de trois coquilles d'or. (*Trés. hér.*).

PINARD. Claude, secrétaire d'état, fait hommage au seigneur de Château du-Loir, 1586, pour Mondan et Varenne, appartenant à Françoise de la Marche sa femme. (*Noms féodaux*). De gueules à trois pommes de pin d'or, surmontées d'un lion léopardé d'argent en chef. (*Trés. hér.*).

PINARD. Gabriel Pinard, l'aîné, docteur en médecine, contrôleur des guerres, à Sillé-le-Guillaume, taxé au rôle de l'arrière-ban, 1675.

PINASSE, éc., sieur de l'Englescherie, généralité d'Alençon, élection de Domfront : fascé d'argent et de gueules de six pièces. (*Nob. de N.*).

PINCÉ, Madelaine, dame de Coudray en Anjou, épouse de Nicolas Camus, seign. de Torcy, 1611 : d'argent à trois merlettes de sable. *Trés. hér.*).

PINCELOUP, seign. de Courgains, 18.ᵉ siècle.

PINEAU DE VIENNAI, baron de Lucé, seign. de Pruillé-l'Eguillier, Vilaines, co-seigneur de Saint-Vincent-du-Lorouer, seign. du Val, Saint-Longis, Neufchâtel, Vezot, du Haut-Bois, et de Saint-Aubin des Grois. Cette famille a donné plusieurs conseillers au parlement de Paris, un maître des requêtes, Jacques Pineau, intendant de la généralité de Tours, 1743-1745. Le seign. de Lucé et la dame Pineau de Viennai se firent représenter à l'assemblée de la Noblesse du Maine, 1789 : d'argent à trois pommes de pin de sinople.

PINON D'AVORT, maître des requêtes, seigneur de Saint-Georges-sur-Erve. Pinon de Quincy, seigneur de Foltorte, se fit représenter à l'assemblée de la Noblesse du

Maine, 1789 : d'azur au chevron d'or accompagné de trois pommes de pin de même, 2 et 1. Devise : *Virtutis bellicæ præmium.*

PIOGER, ancienne famille de Bretagne, dont l'origine remonte au 13.ᵉ siècle; elle est alliée à celle de Gilbert de Solérac : d'argent à trois écrevisses de gueules, 2 et 1. (*La Ch.; Sceau*).

PITARD, seign. de Jumilly, Saint-Bomer en Passais, et du fief de Boudé, en Saint-Gilles des Marais, vers la fin du 17.ᵉ siècle et dans la première moitié du 18.ᵉ (*Le Paige*). D'azur à l'épervier essoré d'or, tenant entre ses griffes une perdrix de même. (*Nob. de N.*).

PLACEAU. Le sieur Placeau, officier du roi, à Saint-Cyr-de-Sargé, taxé au rôle de l'arrière-ban, 1675.

PLANCHE (Pierre de la), écuyer, seign. de Besonnais et de Saint-Bié; et Louis, sieur des Hayes, à Martigné-sous-Mayenne portés au rôle de l'arrière-ban, 1689 : coupé d'azur sur sable à une bande ondée d'argent brochant sur le tout, accompagnée en chef d'un soleil d'or, et en pointe d'un besan de même. (*Arm. de la gén. de Tours*, p. 246).

PLANCHE, de la, seign. de Ruillé-d'Anjou et du Plessis-Bourré. Le seign. de Ruillé et du Plessis-Bourré assista à l'assemblée de la Noblesse d'Anjou, 1789 : d'argent à cinq burelles ondées de sable. (*Arm. de la M.*).

PLANTAGENET, Geoffroy, comte d'Anjou et du Maine, tige de la maison royale d'Angleterre de ce nom. Il mourut le 7 septembre et fut enterré dans l'église cathédrale du Mans : de gueules à trois léopards d'or l'un sur l'autre.

PLESSE, de la, seign. de la Houssemagne, terre située près d'Ambrières, de Bernecour, etc., famille de l'élection de Conches, généralité d'Alençon : d'argent au chevron de gueules accompagné de trois roses de même. (*Nob. de N.*)

PLESSIS, du, seign. de Jarzé, au Maine : écartelé aux 1 et 4 de gueules au rencontre de cerf d'argent surmonté de deux croissants de même l'un sur l'autre; aux 2 et 3 d'argent à une bande de fusées de gueules à la bordure de sable chargée de huit besans d'or, qui est des Roches. (*Dub.*).

PLESSIS, du, seign. de Magny-le-Désert, généralité

d'Alençon, élection de Falaise, maint. 1667 : d'azur à trois merlettes d'or, 2 et 1. (*Nob. de N.*).

PLESSIS, du, seign. du Chevain. Une autre famille de l'élection de Mortagne porte : d'argent au chevron de sable, accompagné de trois étoiles de gueules, 2 en chef, 1 en pointe. (*Nob. de N.*). Le seigneur du Chevain appartient-il à celle-ci ?

PLESSIS D'ARGENTRÉ, du, famille de Bretagne : de sable à dix billettes d'or posées, 4, 3, 2 et 1. (*La Ch.*). De gueules à dix billettes d'argent, 4, 3, 2, 1. (*Arm. de la M.*).

PLESSIS CHATILLON, du, marquis de Châtillon-sur-Colmont, par érection de 1620, seign. du Plessis, de Grez-en-Bouère, de Nonant, etc. Marie-Félicité du Plessis-Châtillon, épousa, en 1760, le comte de Narbonne-Pelet, et lui apporta la terre de Châtillon : écartelé aux 1 et 4 d'argent à trois quintefeuilles de gueules, au 2 d'or à trois fers de lance de sable, 2 et 1 ; au 3 contre écartelé d'azur, à la croix alesée d'argent, aux 2 et 3 burelé d'argent et d'azur de dix pièces, au lion de gueules couronné et lampassé d'or qui est Saint-Gelais. (*Dub.*).

PLESSIS-LIANCOURT, du, seign. de la châtellenie, de Montfort-le-Rotrou, au commencement du 17.e siècle. Jeanne du Plessis épousa François VII, duc de la Roche-Foucault, pair et grand veneur de France ; ils vendirent Montfort à Louis-Anne de Bresseau : écartelé aux 1 et 4 d'argent, à la croix engrêlée de gueules qui est du Plessis, aux 2 et 3 d'argent à la fasce coticée d'or et de gueules qui est Pons. (*La Ch.*).

PLESSIS-RICHELIEU, du : d'argent à la croix de gueules, chargée en cœur d'un écusson d'argent à trois chevrons de gueules. (*Courc.*).

PLUMARD, secrétaire du roi, seigneur de Dangeul, par acquisition de cette terre dans le 18.e siècle. Louis-Joseph Plumard, maître d'hôtel de la Reine et maître de la Chambre des comptes de Paris, a publié vers le milieu du 18.e siècle quelques ouvrages d'économie : d'or à trois fasces d'azur à la bande d'argent brochant sur le tout.

POIGNANT, Pierre, rend hommage au comte du Mans, 1498, pour la haute justice d'Assé : d'argent au chevron de sable accompagné de trois macles de même, au chef d'or chargé d'un lion léopardé de gueules. (*Trés. hér.*).

POILLÉ, ancienne maison à laquelle s'est alliée celle de la Hautonnière : elle possédait, au 15.e siècle, la seigneurie de Saint-Pierre-du-Lorouer : d'argent parti d'azur au lion passant de gueules armé, lampassé et couronné d'or brochant sur le tout. (*Roi d'arm.*). La veuve du sieur de Poillé, à Saint-Célerin, fut taxée au rôle de l'arrière-ban, 1690. Appartient-elle à la maison ci-dessus ?

POILVILLAIN, seign. de Montchauveau en Ceaulcé, de Cresnais, Misoir, Moutrabais, de l'élection de Domfront, maint., 1666 : parti d'or et d'azur. (*Nob. de N.*).

POISSON DE GASTINES, seign. de Gastines et de Brunesac. Le seigneur de Gastines et de Brunesac, à Chemazé fut membre de l'assemblée de la Noblesse d'Anjou, 1789. Plusieurs familles Poisson : 1° de gueules au dauphin d'or, accompagné de trois coquilles de même, 2 en chef un en pointe ; 2° d'azur à la fasce d'or accompagnée d'une aigle d'argent, fondant sur un dauphin de même couronné d'or. (*Nob. de N.*).

POISSON DES ORMEAUX, seigneur des Ecotais, terre située dans la paroisse de Grazé : de gueules à deux bars ou barbeaux adossés d'or.

POITEVIN, Balthazar, précepteur de Louis, de Bourbon, comte de Soissons, fut abbé de la Couture, première moitié du 17.e siècle. POICTEVIN, sieur de Launay, de l'élection de Valognes : de gueules au croissant d'argent, accompagné de trois grappes de raisin de même. (*La Ch.*).

POITIERS, seign. du comté de Belin, 18.e siècle. Eléonore de Poitiers, dame de Belin, épousa Maximilien Bleikard, comte d'Hamstat, baron du Saint-Empire ; elle vendit le comté de Belin, à Marin Rottier de Madrelle : d'azur à six besans d'or, 3, 2, 1, au chef d'or. (*Trés. hér.*).

POMMEREUIL, chevalier, seigneur de Moulins, généralité d'Alençon, élection de Conches. D'azur au chevron d'or, accompagné de trois molettes de même, deux en chef, une pointe. (*Nob. de N.*).

PONCE, seign. de Poncé, étaient au nombre des quatre

premiers barons du Vendômois ; ils figuraient dans les actes les plus solennels des comtes de Vendôme.

PONCET DE LA RIVIÈRE. Mathias Poncet de la Rivière, doyen de l'église du Mans, succéda à Louis-Antoine d'Yzarn de Villefort, 21 octobre 1740, se démit le 23 juin 1742 ; il monta sur le siége épiscopal de Troyes et mourut en 1758 : d'azur à la gerbe d'or chargée de deux tourterelles de même et surmontée d'une étoile aussi d'or.

PONS, de, ancienne maison de Saintonge, connue dès le 12.e siècle. Vers la fin du 16.e, elle hérita en partie de la terre de Montfort-le-Rotrou : d'argent à la fasce coticée d'or et de gueules de dix pièces. (*La Ch.*).

PONSAC : de Ponsac était abbé de la Pelisse en 1727.

PONTAVICE, de, seign. de Roufigny, famille de Normandie, élection d'Avranches. Un de ses membres possédait, vers la fin du 16.e siècle, la terre et seigneurie de Corbuon, située en Vilaines-sous-Lucé ; Charles, sieur de Saint-Sauveur, à la Dorée, porté au rôle de l'arrière-ban, 1689 : d'argent au pont de trois arches de gueules, maçonnées de sable. (*Nob. de N.*).

PONTFARCY, de. Les demoiselles Anne-Camille et Louise-Emilie de Pontfarcy, se firent représenter à l'assemblée de la Noblesse du Maine, 1789. V. FARCY.

PONT DE GENNES, prieuré fondé en 1202, par Anne de la Porte, dame du Pont de Gennes, et soumis par la fondatrice à l'abbesse de Saint-Avit, était devenu commendataire. Ses armes :

PONTHAULT, éc., sieur de la Motte, généralité d'Alençon, élection de Domfront : gironné d'argent et de sable. (*Nob. de N.*).

PONTHIEU, Guillaume II, comte de, fils de Guillaume de Talvas, seign. du Sonnois : d'or à trois bandes d'azur. (*Simp.* III, 300).

PONTOISE. Louis-César de Pontoise, écuyer, sieur de Gommer, à la Borderie, paroisse de Chenu, porté au rôle de l'arrière-ban, 1689.

PONTROUAUD : d'azur à la croix d'argent anilée d'or. (*Nob. de la May.*).

PORTAIL, ancienne famille de robe. Antoine, abbé de Perseigne, 1566-1567. Antoine Portail, procureur du roi au présidial du Mans en 1595, mort en 1627, était frère puîné de Paul, nommé conseiller au parlement de Paris en 1585. Jean-Louis, président à Mortier, devint seign. de Bouillé, Torcé en Charnie et Viviers, par son mariage, 1732, avec Marthe-Antoinette Aubery de Vastan, fille unique du marquis de Vastan, prévôt des marchands de la ville de Paris, etc. Pierre Portail, ecuyer, sieur d'Apremont, à la Chapelle Vicomtesse, taxé au rôle de l'arrière-ban, 1675 : d'or à la fasce d'azur chargée de trois têtes de léopards d'argent. (*La Ch.*).

PORTE, de la, famille alliée à celle de du Bois, seign. de Courceriers : d'argent à un croissant d'azur, coupé de gueules à une tête de lion couronnée d'or. (*Le Paige*, I, 248). Herbert de la Porte était seign. de Mimbré en 1235. Anne de la Porte fonde, 1202, le prieuré du Pont de Gennes en faveur de l'abbaye de Saint-Avit. Herbert possédait les terre et seigneurie de Saint-Germain de la Coudre, au commencement du 14.ᵉ siècle. La veuve et les héritiers d'André de la Porte, écuyer, sieur du lieu, à la Carelle, furent taxés au rôle de l'arrière-ban, 1675. Tous ces personnages sont-ils de la même famille ? appartiennent-ils à celle dont les armes sont ci-dessus ?

PORTE, de la, seign. du Plessis-Buret et de Sainte-Jame-le-Robert ; René de la Porte, juge ordinaire et maire perpétuel de la ville de Laval, acquit cette terre en 1706 ; son fils, écuyer, fut officier en cour. Plusieurs familles de ce nom.

PORTE DE RYANTS, de la, l'une des plus illustres et des plus anciennes maisons du Berry. Guy-François, marquis de Ryants, baron de Villeray, au Perche, épousa, 1746, Henriette-Bibiane Colbert de Croisy, et devint ainsi propriétaire des terres de Sablé et de Boisdauphin. Il joint à son nom celui de Ryants, en vertu d'une substitution faite en sa faveur, par le marquis de Ryants, mort au mois d'avril 1745 : écartelé aux 1 et 4 d'or à une bande d'azur qui est de la Porte ; aux 2 et 3 d'azur semé de trèfles d'or à deux bars adossés de même ; supports deux licornes, qui est de Ryants. (*La Ch.*).

PORTEBISE, de, seign. de Marollette, famille de Touraine, qui fait remonter sa filiation à Jean de Portebise, écuyer, seign. du Bois, vivant en 1446. Jacques de Portebise, écuyer, sieur de la Chaize, terre située à Beauvoir où il demeure, taxé au rôle de l'arrière-ban, 1689 : de gueules à cinq besans d'or, posés en sautoir. (*La Ch.*).

PORT-RINGEART, prieuré du, de l'ordre de Saint-Augustin, congrégation de France (Génovefains), à Entrames, fondé en 1223, par Thibault de Mathefelon. L'Armorial manuscrit de la bibliothèque royale de Paris, donne pour armes au prieuré : de sinople à une rivière d'or, au chef d'argent chargé d'une crosse de sable ; et à la communauté du prieuré : d'azur à un calice d'argent, accompagné de deux burettes de même.

POTIER, seign. de Gesvres, Tresmes, puis barons de Gesvres, comtes de Tresmes en Brie, marquis, et enfin ducs de Gesvres. Cette maison illustre a donné des gouverneurs de province, des chevaliers des ordres du roi, des cardinaux, des pairs de France. René comte de Tresmes, gouverneur des comtés du Maine, Perche et Laval, 1627-1651, eut pour successeur Léon, marquis de Gesvres, son fils, 1651-1670 : d'azur à deux mains dextres à paume d'or ; au franc quartier échiqueté d'argent et d'azur. (*La Ch.*). Léon Potier de Gesvres, fils de Léon, duc de Gesvres, pair de France, devint archevêque de Bourges, 1694, commandeur de l'ordre du Saint-Esprit et cardinal, 1719 ; écartelé au 1 d'argent, au lion de gueules, couronné d'or, armé et lampassé de même, la queue nouée, fourchée, passée en sautoir (Luxembourg) ; au 2 d'azur à trois fleurs de lis d'or, au bâton de gueules péri en bande (Bourbon) ; au 3.e d'or, à la bande de gueules chargée de trois alérions d'argent posés aussi en bande (Lorraine) ; au 4.e de gueules à la croix d'argent (Savoie) ; sur le tout d'azur à deux mains dextres à paume d'or, au franc quartier échiqueté d'argent et d'azur (Potier). (*Etat de la France*, 1727). Etienne-René Potier de Gesvres, évêque de Beauvais, 1728, cardinal, 1756 : d'azur à deux mains dextres à paume d'or, au franc quartier échiqueté d'argent et d'azur. Cette maison possédait les seigneuries de Gesvres, Couptrain, Saint-Léonard-des-Bois, dans le Maine.

POTIER DU FOUGERAY, seign. de la Motte en Saint-Mars-d'Egraines. Plusieurs familles du nom de Potier :

1° de gueules au chevron d'or, accompagné de deux lions affrontés de même en chef et d'une rose d'argent en pointe : 2° de gueules à l'aigle éployée d'argent ; 3° de gueules à la fasce d'argent, accompagnée de trois croissants de même, 2 en chef, 1 en pointe. (*Nob. de N.*).

POTIER DE RAYNAUT : d'azur à la fasce d'or, accompagnée en chef de trois étoiles d'argent et en pointe d'un croissant de même. (*Arm. de la M.*).

POUANCÉ : de gueules à deux léopards d'or. (*Arm. de la M.*).

POUEZ : d'argent à deux vols de gueules, au chef de gueules chargé de trois quintefeuilles d'or. (*Arm. de la M.*).

POULAIN DE MARTENÉ, seign. d'Ozée et de Saint-Paterne. Thomas René, seign. de Saint-Paterne, membre de l'assemblée de la Noblesse du Maine, 1789; il y représenta Louis-René, seign. de Brustel et des Cailloux : d'argent à deux lions léopardés de gueules l'un sur l'autre. (*Nob. de N.*).

POULARD DU BOIL, François, ancien chevau-léger, seign. du Boil, de Cellé, de Champ en Montmirail et Melleray, assista à l'assemblée de la Noblesse d'Orléans, 1789 : de gueules à l'épi d'or, et au chef d'azur, chargé d'un croissant d'argent. (*Sceau*).

POULE : Pierre de Poule, abbé de Lonlay, 1620-16...

POULLARD, seign. de Poulay, de Montreuil-le-Henri. Ne faut-il point lire *Poulard ?* et ce gentilhomme serait-il de la famille de POULARD DU BOIL ?

POUSSIN, anciens seigneurs de Juigné, paroisse du Maine.

POUYVET DE LA BLINIÈRE, seign. de Montourtier, Bourgon, Chenecute, terre située à Grazé. Julienne Pouyvet, veuve du sieur de la Droulinière, à Douillet, taxée au rôle de l'arrière-ban, 1675. Louis, conseiller honoraire au grand conseil, seign. de Bourgon, Bois-au-Parc, Pré-en-Pail, Couptrain, Neuvillette, etc., mourut en son château de Bourgon, 1748. René-Nicolas François, membre de l'assemblée de la Noblesse du Maine, 1789; il y représenta deux gentils hommes de son nom.

PRASLIN, le duc de, seign. de Marcillé-la-Ville, Hardanges, la Chapelle au Riboul, la Brisolière à Loufougères, de Ham. V. CHOISEUL.

PRÉ, le, abbaye de religieuses Bénédictines au Mans, rétablie dans la première moitié du 11.e siècle par une femme pieuse nommée Lézeline : d'azur à un Saint-Julien évêque, vêtu pontificalement, posé à sénestre et donnant sa bénédiction sur un vase à dextre d'une femme à genoux et les mains jointes, le tout d'or sur une terrasse de même. (*Armor. Ms.*).

PRÉAUX, de, seign. d'Astillé, Quelaines, Houssay, Nuillé-sur-Vicoin. Cette famille, dont le chef vivait en 1232, tire son nom d'une terre située dans la Touraine, près de Châtillon sur Indre. Gilles de Préaux était, vers le milieu du 15.e siècle, seigneur du Haut-Bois et de Brette. Madame de Préaux fut, au 18.e siècle, nommée abbesse de la Virginité; Joseph assista à l'assemblée de la Noblesse du Maine, 1789; il y représenta un gentilhomme de son nom : de gueules au lion d'argent, armé, lampassé et couronné d'or, au chef d'argent; supports, deux anges; cimier, un ange tenant une rose. (*La Ch.*).

PRÉCINX, PRESSING, le comte de Précinx, était seign. de Saint-Hilaire des Landes, la comtesse de Pressing, dame de Brée.

PREGENT, René, aide d'échansonnerie de la maison du duc d'Orléans, à Saint-Calais, taxé au rôle de l'arrière-ban, 1675.

PRÉMONTRÉS, Ordre des, établis en France en 1120; il possédait les abbayes de Vaas, Saint-Georges-du-Bois et du Perray-Neuf. Semé de France, autrement d'azur semé de fleurs de lis d'or à deux crosses d'argent passées en sautoir, par concession du roi Saint-Louis. (*La Ch.*).

PRÉS, Olivier des, seign. de la châtellenie de Ballon, en 1405. René des Prés en Ceton, appellé aux Etats du Perche, 1558. Nous ignorons si ces deux gentilshommes sont de la même famille. Le Nobiliaire de Normandie figure les armoiries de trois maisons, du nom des Prés : 1.º d'azur à la bande d'argent chargée de trois tourteaux de sable ; 2.º d'azur au chevron d'or, accompagné de trois têtes de léopards, 2 en chef, 1 en pointe; 3.º d'azur à la bande d'or accostée au quartier sénestre d'une fleur de lis de même.

PRESSIGNY, en Anjou : coupé, la partie du chef encore coupée en deux, la première pallée et contrepallée d'or et d'azur, au deux gironné de huit pièces de même ; la seconde fascée et contrefascée de même, la partie de la pointe aussi de même, sur le tout un écusson d'argent en cœur. (*La Ch.*).

PRESTRE, le, seign. de la Chapelle-Rainsouin, paroisse à laquelle ils firent donner le nom de Bourg-le-Prestre, vers la fin du 17.ᶜ siècle. LE PRESTRE, de Bretagne : de gueules à trois écussons d'hermines 2 et 1, à la bordure engrêlée d'or autour du grand écusson. (*La Ch.*). LE PRESTRE, de Normandie : d'azur au chevron d'or, accompagné de trois oiseaux ou perdrix de même, 2 en chef, 1 en pointe. (*Nob. de N.*).

PRÉVOST, le, de l'élection d'Argentan, maint., 1667 : Henri le Prévost, sieur de la Blosserie, et Françoise, veuve Bernard Briçonnet, marquis d'Ossouville, portés au rôle de l'arrière-ban, 1689 : d'azur au lion d'argent, tenant entre ses pattes une hache d'armes de même, posée en pal. (*Nob. de N.*). Ce Nobiliaire donne encore les armoiries de onze autres familles le Prévost.

PREZ, des, seigneur de Vaujois en Nuillé-le-Vendin, de Boisjosselin en la Basoche sous Lucé, et de Bois-Hamelin, en Saint-Ouen-le-Brisoul, 16.ᵉ siècle; de Prez, seign. de Moulins, 15ᵉ siècle. Plusieurs familles de ce nom ; des PREZ, de Bretagne : d'argent à huit losanges de gueules, 4 en chef 4 en pointe, et un croissant de sable montant en abîme. (*La Ch.*).

PRIEUR, famille de Normandie, de l'élection de Falaise, maint., 1667. Prieur de Chantelou, fils aîné de Louis et de Renée Chapelain, à Vallon, taxé au rôle de l'arrière-ban, 1675 : d'azur à la clé de sable, tortillée d'un serpent d'or. (*Nob. de N. ; La Ch.*).

PRIEURÉS SIMPLES. Ces établissements reçurent ou adoptèrent les armoiries de leurs fondateurs ; mais, lorsque les moines eurent cessé d'y résider, on négligea, et même on finit par oublier ces armes. Les traitants en donnèrent de nouvelles, dont plusieurs sont parlantes, en ce qu'elles représentent pour ainsi dire l'origine du nom des lieux, où les prieurés furent établis. Tels sont, l'arbre de sinople renversé, pour Auvers, la montagne d'argent, pour Clermont et Montaudin ; le loup d'argent, pour Louvigné ; le Dauphin d'argent, pour Marçon, etc. Quelques-unes aussi appartiennent aux titulaires de l'époque. Les prieurés, inscrits sur les armoriaux, forment à peine le quart de ceux que possédait le diocèse.

Cet article comprend aussi les Prieurés-Cures.

Les armoiries des Evêques, des Doyens de l'Eglise du Mans, des Chapitres, des Communautés religieuses et d'une portion des Prieurés sont figurées dans le Supplément à l'Essai sur la Statistique de la Sarthe, 1837.

ALBAYETTE, paroisse de la Dorée, établissement fondé dans le 10.e siècle en faveur de l'abbaye de Saint-Michel du Mont : d'azur à la croix d'argent, accompagnée de quatre anneaux d'or.

SAINT ANDRÉ, à la Flèche, prieuré fondé par Henri II, roi d'Angleterrre, comte d'Anjou et du Maine, 1151-1189, et dépendant de l'abbaye de Saint-Mesmin, près d'Orléans : d'or au sautoir de sable, chargé de quatre clous d'argent, un à chaque extrémité.

AUVERS-LE-HAMON, fondé vers 1050, par Guy d'Avoise : de sable, à l'arbre renversé de sinople.

AZÉ, près de Châteaugontier, prieuré dépendant de l'abbaye de Saint-Nicolas d'Angers : d'azur à un bâton pastoral d'or.

BALLÉE, prieuré fondé pour deux moines, en faveur de l'abbaye de Marmoutier : d'azur à une boule d'or, et un chef d'argent chargé de deux étoiles et d'un croissant au milieu de gueules.

BAZOUGERS, fondé en 1065, par Hamelin d'Antenaise, et donné à l'abbaye de Saint-Vincent du Mans : de gueules à sept besans d'or, posés 3, 3 et 1.

BEAUMONNT-LA-CHARTRE, dépendant de l'abbaye de Saint-Julien de Tours : de sinople à la montagne d'or.

Brulon, fondé, 1068, par Geoffroy de Brûlon, en faveur de l'abbaye de la Couture : de gueules à une salamandre d'or, et un chef d'argent, chargé d'une crosse de sable.

Cellé, dans le Bas-Vendomois, dépendait de l'abbaye de Saint-Lomer de Blois, et jouissait du titre de baronnie : tiercé en bande de sable, de vair et d'hermines.

Champs, Notre-Dame des, à la Flèche, prieuré dépendant de l'abbaye de Saint-Serge d'Angers : d'azur à une fasce d'or, chargée de trois arbres de sinople.

La Chapelle-Vicomtesse, dans le diocèse de Blois et le ressort de Château-du-Loir : d'azur à une église d'argent.

La Chartre, fondé par l'évêque Hildébert, 1097-1125, en faveur de l'abbaye de Vendôme : d'azur à un navire d'or, accompagné en chef de deux crosses de même.

Chateau-Sénéchal, prieuré soumis à l'abbé de la Couture : d'argent à une perle de gueules, accompagnée de trois roses de même.

Chemazé, prieuré-cure dépendant de l'abbaye de la Roe, de l'ordre de Saint-Augustin : d'argent à un cœur de gueules, enflammé de même.

Chemeré-le-Roi, pieuré, fondé en faveur de l'abbaye d'Evron : d'argent à une mitre de sinople.

Choue, du diocèse de Blois et du ressort de Château-du-Loir : d'or à une aigle de gueules.

Clermont, prieuré dépendant de l'abbaye de la Couture : de gueules à une montagne d'argent en pointe et un soleil d'or en chef.

Cohémon, prieuré fondé sur la paroisse de Vouvray-sur-Loir, vers 1040, par Aremburge et soumis à l'abbesse du Ronceray d'Angers : de gueules à trois aigles d'argent, becquées et onglées d'azur.

Créans, prieuré dépendant de l'abbaye du Mont-Saint-Michel : d'or à une croix de sable, accompagnée de quatre coquilles de gueules.

Le Creux, à Bazouges, près la Flèche, prieuré établi en faveur de l'abbaye de Saint-Serge d'Angers : d'argent à trois cruches de sable posées 2 et 1.

Saint-Cyr de Sargé, prieuré établi en faveur de l'abbaye de Saint-Denis en France : de gueules à un croissant d'argent.

Saint-Ellier, près Landivy, dépendant de l'abbaye de Saint-Calais : d'azur à une croix haussée d'or.

Ernée, établi dans le 10.ᵉ siècle par Aubert, seign. de Mayenne, et donné à l'abbaye de Saint-Jouin de Marne : d'azur à un bâton pastoral d'or en pal.

Fercé, dépendant de Saint-Lomer de Blois : d'or à une force de sable couronnée de gueules.

Fontenai, soumis à l'abbaye de la Couture : de gueules à une fontaine d'argent et une bordure d'or.

Fromentières, dépendant de Saint-Serge : d'argent à une fourmi de sable.

Gesnes, soumis à l'abbé d'Evron : de sable à une croix alaisée d'or, entourée d'un chapelet de même.

Gesnes, près Châteaugontier, dépendant de St-Nicolas d'Angers : d'azur à un chevron d'or accompagné en chef de deux croissants d'argent, et en pointe d'une rencontre de bœuf de même.

Saint-Georges-du-Bois, office de prieur de cette abbaye : tiercé en bande, de sable, de vair et d'argent.

Saint-Georges du Ménil, sur la Mayenne, au sud de Châteaugontier, prieuré dépendant de l'abbaye de Vendôme : d'azur à un Saint-Georges d'argent.

Saint-Jean-de-la-Motte, fondé vers 1036, par Suavis et donné à l'abbaye de Saint-Mesmin, près d'Orléans : d'argent à trois moutons de sable, posés 2 et 1.

Joué-en-Charnie, prieuré-cure dépendant de l'abbaye de la Couture : d'argent à un lion de sinople et un chef d'azur chargé de deux étoiles d'or.

Juigné, prieuré dépendant de l'abbaye de la Couture : d'argent à une croix de Lorraine de sable.

Juvigny-Montanadais, établissement soumis à l'abbaye de la Couture : d'argent à un cep de vigne de sinople.

Lincé, à Montourtier, établissement fondé par les seign.

de Bourgon pour un moine, et dépendant du prieuré conventuel de Fontaine-Géhard : de gueules à trois lances d'or posées en fasce, au chef d'argent chargé d'une croix d'azur.

Lorétière, à Parcé, et dépendant de la maison des Génovéfains de Châteaux-l'Hermitage : de gueules à trois couronnes de laurier d'or, posées 2 et 1.

Loué, fondé en 1218, par Raoul, vicomte de Beaumont, en faveur de l'abbaye de la Couture : de gueules à un soleil d'église ou Saint-Sacrement d'or, ayant l'hostie d'argent.

Louvigné, près de Laval, établissement créé en faveur de l'abbaye de Marmoutier : de sable à un loup d'argent.

Luceau, prieuré-cure, dépendant de l'abbaye des Augustins de Vaas : d'argent à trois soleils de gueules, posés 2 et 1.

Mantillé, fondé pour deux moines et soumis à l'abbé de Marmoutier : d'azur à un bâton prioral d'or accosté des deux lettres M et M.

Marcon, prieuré de Saint-Lezin, établi en faveur de l'abbaye de Saint-Julien de Tours : d'azur à un dauphin d'argent.

Saint-Mars-sur-la-Futaye, fondé en 922, par Aubert seign. de Mayenne, en faveur de l'abbaye de Saint-Jouin de Marne. Jean, moine de Saint-Mars, dressa le Catalogue des cent huit gentilshommes qui se croisèrent en 1158, avec Geoffroy de Mayenne, et dont il ne revint que trente-cinq au mois de novembre 1162 : d'azur à un saint d'or rayonnant de gloire.

Mayenne (le couvent des religieux bénédictins de), probablement le prieuré, fondé vers le milieu du 12.e siècle, par Juhel II, seign. de cette ville, et réuni au monastère de la Fontaine-Géhard : d'argent à un moine habillé de sable en pied, le visage de front et de carnation.

Mondoubleau, fondé en faveur de l'abbaye de Saint-Vincent du Mans : d'azur au rais d'escarboucle pommelé et fleurdelisé d'or.

Montaudin, dépendant de Fontaine-Géhard : de gueules

à une montagne d'argent, et un chef d'or chargé de trois étoiles de sinople.

Neau, prieuré soumis à l'abbaye d'Evron : d'azur à une croix d'or.

Notre-Dame-sur-l'Eeau, à Domfront dans le Passais, prieuré fondé en faveur de l'abbaye de Lonlay : d'azur à une chapelle d'argent.

Parenay, fondé en 1180, par Guillaume de Paronnay, en faveur de l'abbaye de Saint-Nicolas d'Angers : de gueules à trois perdrix d'or, 2 et 1.

Placé, fondé pour deux moines de l'abbaye de Saint-Florent : d'azur à une crosse d'or.

Poillé, établissement soumis à l'abbé de la Couture : d'argent à une queue de cheval de sable, et un chef d'azur chargé d'une croix d'or.

Rouaudière, la, prieuré-cure dépendant de l'abbaye de la Roe de l'ordre de Saint-Augustin : de gueules à un bâton prioral d'or, accosté de deux roues de même.

Sablé, prieuré donné en 1067, à l'abbaye de Marmoutier, par Robert-le-Bourguignon et Avoise sa femme : de sable à une aigle à deux têtes d'argent, becquée, membrée et couronnée de gueules.

Souday, fondé, 1070, par Achard, seign. du lieu, en faveur de l'abbaye de Saint-Vincent : de sinople à un sautoir d'or.

Saint-Thomas, à la Flèche, donné en 1110, à l'abbaye de Saint-Aubin d'Angers, par Hélie de la Flèche, comte du Maine : de gueules à une croix d'argent, accompagnée de quatre croissants de même.

Thorigné-en-Charnie, dépendant de l'abbaye d'Evron : d'argent à trois tours de gueules posées en fasce.

Vaucé, St-Jean l'Huillier, prieuré dépendant de l'abbaye de Beaulieu, ordre de Saint-Augustin au Mans : de gueules à un bâton prioral d'argent accosté des deux lettres S et M de même.

Véron, dépendant de l'abbaye de Saint-Serge d'Angers : de gueules à trois vers à soie d'argent, 2 et 1.

Villiers-Charlemagne, fondé en faveur de l'abbaye de Marmoutier : d'azur à trois coquilles d'argent, 2 et 1.

Saint-Vincent (les religieux du prieuré de), sont les mêmes que ceux de l'abbaye de ce nom : d'azur à une crosse d'or, entourée d'un chapelet de même.

PRIMAUDIERE, prieuré de la, de l'ordre de Grandmont, fondé en Anjou, 1207, par Geoffroy de Château-Briant et Guillaume de la Guerche, réuni à celui de Montguion, à Placé : d'azur à une Notre-Dame d'or. (*Arm. ms.*).

PRINCEY, écuyer, sieur des Bouillons, de l'élection de Domfront, maint., 1667 : d'azur à trois roses d'or, 2 et 1. (*Nob. de N.*).

PRUDHOMME DE LA BOUSSINIÈRE, président de l'élection, au Mans, seign. de Monceaux, à St-Christophe en Champagne, des Touches en Brains.

PUISAYE, éc., sieur de Beaufossé, la Mesnière, Goisbrie, de la généralité d'Alençon, de l'élection de Mortagne, maint., 1666 : d'azur à deux lions léopardés d'or l'un sur l'autre. (*Nob. de N.*).

PUJOLS, famille originaire de Beaucaire, remonte au milieu du 15.ᵉ siècle. N. de Pujols, vicaire-général de Blois, fut abbé de Saint-Georges-du-Bois, 1764-1790 : d'argent au lion de sable, armé, lampassé et couronné de gueules. (*La Ch.*).

PUY DU FOU, du, seigneur de Pescheseul et d'Avoise, dans le 17.ᵉ siècle. Le marquis du Puy du Fou établit, en 1632, le couvent des religieuses de la Visitation, à la Flèche : de gueules à trois macles d'argent. (*Hist. de Montmor.*, 643).

PUY DE SAINT-REMY, du, Renée-Anselme du Puy de Saint-Rémi, dame de Coudreuse, terre située en Chantenay, vers la fin du 17ᵉ siècle.

Q.

QUARRÉ D'ALIGNY, en Bourgogne. V. ALIGNY.

QUARREL, ancienne et illustre famille du Sonnois qui a donné son surnom à plusieurs paroisses de ce pays. Richard Quarrel, fils d'Anquetil, seigneur de Lignières, Vilaines, etc., eut part avec les fils de Tancrède de Hauteville, à la conquête de l'Italie. (*Odolant Desnos*).

QUATRE BARBES, seign. de la Rongère, en 1293, ont possédé les terres et seigneuries de Houssai, de Villiers-Charlemagne. Un membre de cette famille a fait les Généalogies des familles de l'Anjou, manuscrit; Hyacinthe-René, seign. d'Argenton et de Châtelain, et Marie-Anne, veuve de Méliant, dame de Cens et de la Beutallerie, figurent parmi les membres de l'assemblée de la Noblesse d'Anjou : 1789 : de sable à la bande d'argent, accostée de deux cotices de même. (*Le Paige; Courc.*).

QUENTIN, de : de sable au chevron d'argent, accompagné de trois macles du même, 2 en chef, 1 en pointe. (*Arm. de la M.*).

QUERHOENT, seign. de Montoire, Lunay, Marcé, Montrouveau, Ste-Oustrille, Saint-Quentin, les Roches-L'Evêque, Savigny-sur-Braye, Tréhet, Villavard, etc. V. KERKOENT.

QUILLET DE FONTAINE se fit représenter à l'assemblée de la Noblesse du Maine, 1789.

R.

RABAUD, Nicole de, abbesse d'Etival, 1350-13... Gilles de Rabaud était, en 1550, seigneur de Villeneuve, terre située à Chaillant. RABOT, en Dauphiné : d'argent à quatre flammes ou pals flamboyants de gueules issants de la pointe de l'écu ; au chef d'azur chargé d'un léopard d'or. (*Trés. hér.*).

RABEAU, François, abbé de Saint-Calais, 1588-1599.

RABINARD. François Rabinard, ci-devant garde de la reine-mère, à Ruaudin, taxé au rôle de l'arrière-ban, 1675, Robert, à Changé, porté sur celui de 1689 : de gueules à la croix fleurdelisée d'or. (*Arm. de la M.*).

RABODANGES, ancienne famille de l'élection de Falaise. Marie-Anne Charlotte de Rabodanges, abbesse d'Etival, 1726, démissionnaire, 17.. : d'or à la croix ancrée de gueules, écartelé de gueules à trois coquilles d'or. (*Nob. de N.*).

RACAPÉ, famille d'Anjou. Henri-François fit ériger en marquisat les terres du Ménil, de Magnane, Brezé, Bressant et Taigné, par lettres d'avril 1701, registrées au parlement, 6 mai 1707, à la chambre des comptes, le 10 mai suivant : de sable à six rocs d'échiquier à l'antique d'argent, posés 3, 2 et 1. (*Armor.*).

RADRAY, Guillaume de, seign. du lieu, à Assé-le-Boisne, se croisa, en 1097. Parti emmanché d'argent et de sable de huit pièces, brisé d'un lambel de gueules, comme puîné de la maison d'Assé. (*Le Paige*, I, 35).

RADULPHE, famille de Normandie. Jean-Radulphe, écuyer, seign. de la Chapelle, à Désertines, porté au rôle de l'arrière-ban, 1689 : d'azur à la fasce d'argent accompagnée de trois étoiles d'or, 2 en chef, 1 en pointe. (*Nob. de N.*).

RAFFIN, François de Raffin, seign. d'Azai-le-Rideau, sénéchal d'Agenois, devint seign. de Ballon, par son mariage avec Nicole Leroy, 16.ᵉ siècle : d'azur à la fasce d'argent, surmontée de trois étoiles d'or rangées en fasce. (*La Ch.*).

RAGNI. V. la MAGDELEINE DE RAGNY.

RAINSÉ, Nicolas de Rainsé, abbé de Saint-Calais, 1533.

RAIS, seigneur de Melleray, sur la Mayenne, et de Boisjosselin, terre située en la Baroche-sous-Lucé, vers le milieu du 15.ᵉ siècle.

RALLIÉ, du : d'argent à trois bandes de gueules. (*Arm. de la M.*).

RANCHER, seign. de Nogent-sur-Loir, 18.ᵉ siècle. Antoine de Rancher, sieur de Verneil, à Dissay sous-Courcillon, porté sur le rôle de l'arrière-ban, 1689. Jean de Rancher, baron de Nogent, fut membre de l'assemblée de la Noblesse du Maine : d'azur au sautoir d'or, cantonné de quatre annelets de même. (*Dub.*)

RASILLY, famille de Touraine, alliée à celle de Froulay. Elle possède la terre de Cheronne, située à Tuffé : de gueules à trois fleurs de lis d'or, 2 et 1. (*La Ch.*).

RASSAN, seign. de Challes, 1690. Rassan fut taxé au rôle de l'arrière-ban, 1690.

RAVÉ, François, garde du corps du roi, à Pré-en-Pail, taxé ou rôle de l'arrière-ban, 1675.

RAVETON, seign. de Chauvigny, de la généralité d'Alençon, élection de Verneuil, maison alliée à celles de la Ferrière et de la Hautonnière : d'azur à la fasce d'argent surmontée d'un léopard d'or. (*Nob. de N.*).

RAVOT D'OMBREVAL, Nicolas-Jean-Baptiste, intendant de la généralité de Tours, 1725-1726, puis lieutenant général de police de la ville de Paris et enfin conseiller d'honneur en la cour des aides : d'azur au pal d'or, chargé d'un losange de gueules ; le pal accoté en chef de deux molettes d'or. (*La Ch.*).

REBOULEAU, Gilles, officier de feu Madame, à Bessé, taxé au rôle de l'arrière-ban, 1675.

RÉCALDE, de, ancienne famille originaire du Béarn, dont une branche s'est établie dans l'élection de Falaise. N. de Récalde se fit représenter à l'assemblée de la Noblesse du Maine, 1789 : coupé d'azur et d'argent, le premier chargé de trois léopards lionnés mal ordonnés d'or, le second, chargé d'un pal d'azur, surchargé de deux vergettes d'or.

REFUGE, du, maison originaire de Bretagne : d'argent à deux fasces de gueules, à deux serpents d'azur en pal, affrontés et lampassés de gueules brochant sur le tout. (*La Ch.*).

REGNARD DE LA BRAINIÈRE, seign. de Fontenay en Javron, famille éteinte. Plusieurs familles de ce nom : d'azur au chevron d'or, surmonté d'une étoile d'or et accompagné de trois croissants d'argent ? (*Trés. hér.*).

REGNAULT DE L'ETENVERIE : de gueules au chevron d'argent. (*Arm. de la M.*).

REGNIER, RENIER. François du Renier fit, en 1570, hommage au seign. de Mayenne pour l'Ecluse. François du Regnier, sieur de Chezelles, à Ségrie, fut porté sur le rôle de l'arrière-ban, 1689.

REGNOUST, François Regnoust, seign. de Pouvray, fut convoqué aux états du Perche, en 1558.

REMOND, famille de Normandie, maint., 1667. La comtesse de Remond, dame de Brée : de sable semé d'étoiles d'or au lion de même, brochant sur le tout. (*Nob. de N.*).

RENARD DE LORME. La veuve Renard de Lorme, vivant, pâtissier du roi, à Saint-Martin de Sargé, taxée au rôle de l'arrière-ban, 1675.

RENAULT, anciens seign. du Mont, paroisse nommée depuis Montrenault.

RENEAULME, marquis de Torigné, seign. de Nuillé-le-Jalais : d'argent à trois merlettes de sable, écartelé de sable à la roue d'argent, sur le tout d'argent à la croix patée de sable, et à la bordure engrelée de même. (*Sceau*).

RENOUARD, de, seign. de Dissay-sous-Courcillon.

RENOUARD VILLAYER. Jean-Jacques de Renouard, seign. de Villayer, intendant de la généralité de Tours, 1641-1642 : d'argent à une quintefeuille de gueules. (*M. Lambron*).

RENUSSON D'HAUTEVILLE, seign. du Mesnil, du Feu et de Mortrie, terres situées à Savigné-l'Evêque, et relevant de la Châtellenie de Montfort. Le propriétaire de Mortrie, vassal du seign. de Montfort, avait le droit de présenter à son suzerain, un bailli pour exercer la juridiction de Montfort, et les deux sergents pour Torcé et Sceaux; de percevoir aussi le tiers des amendes prononcées par le juge ci-dessus. Le sieur de Renusson, nouvel acquéreur de la terre de Mortrie, renonce à ces prérogatives par acte du 3 septembre 1740, pour engager le marquis de Montfort à ne pas exercer le retrait. Philippe de Renusson, savant jurisconsulte, mourut en 1699. René-Pierre de Renusson d'Hauteville, seign. de Mortrie, etc., se fit représenter à l'assemblée de la Noblesse du Maine, 1789, par François-Joseph Augustin, son fils, membre de l'assemblée : d'or à l'arbre arraché de sinople, supporté par deux lions affrontés de gueules et mouvant d'un croissant de même. (*Sceau*).

REVEILLERE, de la. La dame de la Reveillère, épouse du sieur de Vaumorin, à Saint-Hilaire des Landes, portée sur le rôle de l'arrière-ban, 1675.

REVERDY, René de, sieur de Vauvert, et Charles-Angélique à St.-Fraimbault, portés au rôle de l'arrière-ban, 1689.

RIANTS, propriétaire des terres de Sablé et de Boisdauphin. 18ᵉ siècle, la baronnie de Villeray à Condeau, passa à Gui-François de la Porte, à la charge de prendre le nom et les armes de Riants. D'or à la bande d'azur.

RIBEYRE, Antoine de, seign. d'Ompne, intendant de la généralité de Tours, 1672-1674 : d'azur à la fasce ondée d'argent accompagnée de trois cannes de même, becquées et membrées de gueules. (*M. Lambron*).

RIBOUL, seign. d'Assé-le-Riboul, Tennie, etc. Cette ancienne famille a fondé l'abbaye de Champagne, les prieurés de Saint-Pavin-des-Champs, Neuville-Lalais et de Tennie. Aubri le Riboul et deux de ses parents accompagnèrent Geoffroy de Bouillon à la Terre-Sainte ; en 1158, Foulques Riboul se croisa avec Geoffroy de Mayenne : parti emmanché d'argent et de sable de huit pièces.

RICHARD, seign. de Beauchamps, des Gringuenières, à la Chapelle-d'Aligné, assista à l'assemblée de la Noblesse d'Anjou, 1789.

RICHARD DE FONDVILLE, receveur des tailles et gabelles, au Mans, se fit représenter à l'assemblée de la Noblesse du Mans, 1789. RICHARD, en Bourgogne : d'azur à la fasce d'or, accompagnée en chef de trois besans de même.

RICHELIEU, baron de la Ferté-Bernard, par acquisition de 1641. Armand-Jean du Plessis de Richelieu, baron de la Ferté-Bernard, premier ministre du roi Louis XIII, cardinal en 1622, commandeur de l'ordre du Saint-Esprit, 13 mai 1633, abbé de St-Vincent du Mans, 1634-1635, né 1585, à Paris, où il mourut, 4 décembre 1642 : d'argent à trois chevrons de gueules. La terre de la Ferté a été vendue en détail, 1838.

RICHER, Jacques, seign. de la baronnie du Breil : de gueules à une bourse d'argent couronnée d'or. (*Arm. ms. de la généralité de Tours*). RICHER, Jacques, à Laval, porté au rôle de l'arrière-ban, 1689 : Est-il de la même famille ?

RICHER DE BEAUCHAMP, seign. de Beauchamp en Vilaines-la-Gonais, de St-Martin-des-Monts : de gueules au chevron d'or, accompagné de trois bleuets tigés et feuillés d'or. (*M. de Saint-Paul*).

RICHER, seign. de Monthéard, Montreuil-sur-Sarthe, Neuville, Saint-Jean-d'Assé. Roland, sieur de Neuville, et Simon, sieur de Gaignier et de la Valle, conseiller correcteur à la chambre des comptes, à Paris, l'un et l'autre demeurant à Domfront-en-Champagne, portés sur le rôle de l'arrière-ban, 1689. Richer de Bois-Maucler, Richer de Monthéard, Richer de Montauban, Richer de la Bausserie et deux autres gentilshommes de même nom assistèrent ou se firent représenter à l'assemblée de la Noblesse du Maine, 1789. Le monument élevé dans la maison de charité de Vimarcé, fondée par M. de Montauban, lui donne pour armes : d'argent à la bande vivrée de gueules, accompagnée de six merlettes de même. Ce sont les mêmes que celles de Clinchamp.

RIDOUET, seign. de Sancé, etc., en Anjou, famille dont l'auteur vivait au commencement du 15.ᵉ siècle : de sable à trois triangles d'or en fasce, accompagnés de trois molettes d'éperon du même. (*Courc.*).

RIE. V. RYE.

RIEUX, famille établie dans les généralités de Caen et d'Alençon. Denis et René, l'un et l'autre à Roullée, inscrits au rôle de l'arrière-ban, 1689 : d'azur au chevron d'or, accompagné de trois croissants d'argent. (*La Ch.*).

RIGAULT DE BEAUVAIS (Madame de Bois-Guyon, veuve) se fit représenter à l'assemblée de la Noblesse du Maine, 1789. V. BOISGUYON.

RILLE, anciens seign. du Breil, en Parigné-l'Evêque.

RIOUX. Rioux, écuyer sieur de Combes, inscrit au rôle de l'arrière-ban, 1689. RIOULT, de l'élection d'argentan, maintenu, 1667 : d'argent à l'aigle à deux têtes éployée de sable. (*Nob. de N.*).

RIVAU, du, seign. de Commer, de Vivoin en Sainte-James-le-Robert, de Saint-Michel de Chavaigne, 17.ᵉ siècle, famille d'Anjou, établie dans le Maine : de gueules à la fasce fuselée d'argent. (*La Ch.*).

RIVAULT, seign. de la Renaudière, de Saint-Julienen-Champagne, de Chardonneux en Saint-Bié; de la Sauvagère, de Champfleuri et du Mets, en Chemiré-le-Gaudin, de Fleurance en Saint-Léger; famille orignaire de Bretagne : d'argent à la fasce d'azur surmontée d'une fleur de lis de gueules. (*Le P.* I, 446).

RIVIÈRE, de la, seign. de Saint-Calais et de Mondoubleau, maison illustre connue dès le 12.ᵉ siècle. Elle tire son nom d'une ancienne baronnie du Nivernais, a donné un grand maitre et réformateur général des Eaux et Forêts de France, des gouverneurs de province, des chevaliers des ordres du roi. Bureau, sire de la Rivière, premier Chambellan des Rois Charles V et Charles VI, fut enterré, 1400, à Saint-Denis, aux pieds de Charles V, comme ce monarque l'avait ordonné de son vivant. Charles, son fils, comte de Dampmartin, du chef de sa femme Blanche de Trie, vendit conjointement avec elle les châtellenies de Saint-Calais et de Mondoubleau; il mourut en 1429 : de sable à la bande d'argent. (*La Ch.*). Plusieurs autres maisons du nom de la Rivière.

RIVIERE, de la, seign. de la Roche de Vaux, Requeil, du Bois de Maquillé, Flacé, Corbéon, Etival, la Groirie en Trangé, maison illustre et ancienne. Louise-Marie Madelaine de la Rivière fut mariée le 23 avril 1704, à Joseph de Mailly, seign. de la Faigne, de Douvres et de Pontvallain : d'azur à cinq têtes de poissons d'argent posées en sautoir. (*Hist. de Mailly*).

ROBERT DE COURTOUX, seign. de la Chartre. V. COURTOUX.

ROBERTET, à Paris : d'azur à la bande d'or chargée d'un demi-vol de sable, accompagnée de trois étoiles d'or, 2 en chef, 1 en pointe. (*La Ch*).

ROBIEN, ancienne maison de Bretagne. Louise-Josephe de Robien, dame d'Avessé, au bourg d'Yré, se fit représenter à l'assemblée de la Noblesse d'Anjou, 1789 : d'azur à dix billettes d'argent, 4, 3, 2, 1. (*La Ch.*).

ROBILLARD, seign. de Saint-Ouen-le-Brisoul, famille de l'élection de Falaise, maint., 1667. François Robillard, sieur de la Revaichère, garde de la feue reine-mère, à Ruaudin, taxé au rôle de l'arrière-ban, 1675 : d'azur à trois porcs épics d'argent, les deux du chef affrontés supportant une fleur de lis d'or, celui de la pointe passant. (*Nob. de N.*).

ROCHAMBEAU. V. VIMEUR DE ROCHAMBEAU.

LA ROCHE, famille de Bretagne, dont une branche s'est établie dans le Maine : d'or à la fasce d'azur. (*Arm. de la M.*).

ROCHE-BARATON, de la. V. BARATON.

ROCHE-BOUSSEAU, FESQUES de la, seign. des Essarts, de Sougé-sur-Loir, paroisse du Bas-Vendomois, de la Flotte et de Lavenay : d'or à l'aigle éployée de gueules au vol abaissé. (*Courc.*).

ROCHE BRESLAY, la veuve du sieur de la, seign. de Soulitré, taxée au rôle de l'arrière-ban, 1690. La Roche-Breslay, nom d'une terre seigneuriale située dans la paroisse de Soulitré.

ROCHECHOUART, ancienne et illustre famille du Poitou. Rochechouart, marquis de Bonnivet, devint seign. de Belin, par son mariage avec Éléonore de Faudoas, 17.e siècle. Éléonore de Rochechouart, marquis de Bonnivet et dame de Belin, épousa Louis-Jacques de Mégrigny, 17.e siècle : fascé, enté ou nébulé d'argent et de gueules de six pièces. (*La Ch.*).

ROCHE DE FONTENILLE, de la. Pierre-Paul-Louis de la Roche de Fontenille assista à l'assemblée de la Noblesse du Maine, 1789 : d'azur à trois rocs d'échiquier d'or. La Chesnaye lui donne encore : écartelé au 1 d'or à trois fasces de gueules, au 2 d'or, à 2 lions léopardés, de gueules, à la bordure de sinople, chargée de huit besans d'or ; au 3 palé d'or et de gueules ; au 4 écartelé d'or à un tourteau de gueules, et d'azur à un loup ravissant d'or ; sur le tout d'azur à trois rocs d'échiquier d'or.

ROCHEFORT. Plusieurs familles de ce nom. L'une de Bourgogne : d'azur semé de billettes d'or au chef d'argent chargé d'un lion passant de gueules. (*La Ch.*). Guillaume de Rochefort, doyen de l'église du Mans, vivait en 1350. Ne connaissant pas sa patrie, on ne peut donner ses armes.

LA ROCHEFOUCAULT, ducs et pairs de la Rochefoucault, par érection de 1622, l'une des plus anciennes et des plus illustres maisons du royaume. Elle tire son nom d'une petite ville de l'Angoumois, et se divise en une infinité de branches. Elle a possédé les terres et seigneuries de Pirmil et de Noyen. Burelé d'argent et d'azur à trois chevrons de gueules sur le tout. (*La Ch.*).

ROCHE-GUYARD, de la. Messire Jean, sieur de Pois et de la Huberdière, à Jupille, taxé au rôle de l'arrière-ban, 1675.

ROCHE-LAMBERT, de la, seign. de Chemeré-le-Roi, Saint-Pierre d'Erve, Sauge. Le seign. de la Roche-Lambert se fit représenter à l'assemblée de la Noblesse du Maine, 1789. La ROCHE-LAMBERT, famille ancienne de l'Auvergne : d'argent au chevron d'azur surmonté d'une fasce ou trangle de gueules. La ROCHE-LAMBERT, originaire du Dauphiné : d'azur à une croix d'argent. (*La Ch.*).

ROCHEMORE, de, ancienne famille du Languedoc, dont un membre eut vers le quart du 19e siècle, le commandement de la subdivision de la Sarthe : d'azur à trois rocs d'echiquier d'argent. (*La Ch.*).

ROCHE-PICHÉ, de la, anciens seigneurs de Semur. La ROCHE-PICHELLE : d'azur au chevron d'argent accompagné de trois phiolles de même. Cette famille ne doit pas être la même que celle portée en tête de cet article.

ROCHE-TALBOT (de la Jaille de la) : d'argent à la bande fuselée de gueules. (*Hist. de Sablé*, 202).

ROCHER, du, famille de Bretagne. Jean du Rocher, écuyer, sieur de la Rouasbleue, demeurant à Charné, taxé au rôle de l'arrière-ban, 1689 : d'azur à la bande d'argent, accostée de deux molettes de même à six rais, écartelé d'argent à trois fleurs de lis de gueules. (*La Ch.*).

ROCHE-TULON. V. THIBAULT DE LA ROCHE-TULON.

ROCHES, Guillaume des, seign. de Sablé, Château-du-Loir, Mayet, premier sénéchal héréditaire d'Anjou, Maine et Touraine, 1204-1222, fonda, en 1219, dans la paroisse de Bannes, près de Château-du-Loir, en faveur des religieuses de l'Ordre de Cîteaux, l'abbaye de Bonlieu, où il fut inhumé, 1222 : d'argent à une bande fuselée de gueules. Ce sont aussi les armes de la Jaille de la Roche-Talbot. (*Ménage*, 202). En 1212, Guillaume des Roches scellait de cire jaune à une bande losangée de quatre pièces, au lambel de cinq pendants. (*Hist. de Sablé*, 202). Les ROCHES, en Anjou : d'argent à la bande fuselée de gueules, à la bordure de sable bésantée d'or. (*Simpl.*, V, 11).

ROE, la, abbaye de l'ordre de Saint-Augustin, congrégation de France (Génovéfains), fondée en 1096, dans l'Anjou, par Renault de Craon, seign. de cette ville et du Craonnais. Armes :

ROGER, Robert, seign. de Colière, devint, 1526, seign. du Bois-Hamelin, terre située en Saint-Ouen-le-Brisoul. En 1530, sa fille porta le Bois-Hamelin à Jean des Prés. (*Le P.*, 392). Plusieurs familles de ce nom ; ROGER de l'élection de Valognes : d'argent à un lion passant de sinople, coupé d'azur, à trois roses d'argent, 2 et 1. (*La Ch.*).

ROGER DE CAMPAGNOLE, seign. de la Réauté, Kerdeozer, Pommerieux. Roger de Campagnole, seign. de la Réauté, Brissarthe, Pommerieux fut membre de l'assemblée de la Noblesse d'Anjou, 1789 : d'argent à deux léopards lionnés de sable, au chef de sable, chargé de trois roses d'argent. (*Courc.*).

ROGIER, famille de Bretagne. Pierre Rogier du Crevy, fut évêque du Mans, 1712-1723 : d'hermines au huchet de sable, virolé d'argent et lié de gueules. (*Sceau*).

ROHAN, ancienne et illustre maison de Bretagne. Pierre de Rohan, seign. de Gié, maréchal de France, était baron de Château-du-Loir, en 1508. Pierre de Rohan, prince de Guémené, gouverneur des comtés du Maine, Perche et Laval, 1620-1622. Alexandre, fut nommé son remplaçant, pour trois mois. Cette maison a possédé les terres du Resné et de Lignières-la-Doucelle : de gueules à trois macles d'or, posées 3, 3, 3.

ROHARD, famille de l'élection de Mortagne, maintenue, 1667. Louis-René Rohard de Saint-Lubin, à Nogent-le-Bernard, porté sur le rôle de l'arrière-ban, 1689 : d'argent à deux fasces de gueules accompagnées d'une étoile en chef, de deux roses en cœur, le tout de gueules, et en pointe d'une épée de sable, la pointe en haut, accostée de deux mouchetures d'hermines. (*Nob. de N.*).

ROLLAND, Guillaume, évêque du Mans, 1255-1258 :

d'azur au huchet d'argent virolé de sable, lié de gueules. Ce sont les armes de Jean Roland, évêque d'Amiens, qui vivait un siècle plus tard. Quelques personnes le croyant de la même famille que Guillaume, ont attribué à celui-ci les mêmes armes.

RONGERE. Henri de la Rongère, seign de St-Sulpice, se croisa en 1158, avec Geoffroy de Mayenne. La Rongère, terre en Saint-Sulpice. La Rongère, autre terre au nord est de la Croisille.

RONNAY, seign. de Beaulandais, du Menil-Roulet, et de Durcet, terres situées à Magny-le-Désert; très-ancienne famille de Normandie : coupé de gueules et d'argent, à trois losanges, deux en chef et un en pointe de l'un en l'autre; supports : deux lions; devise : ILLUMINAT VIRTUS.

RONSARD, seign. de la Poissonnière, terre située dans la paroisse de Couture-sur-le-Loir. Pierre de Ronsard poëte, curé d'Evaillé, mourut à Tours, dans son prieuré. Jean, abbé régulier de Saint-Calais, 1480-1517; Charles, abbé de Beaulieu, 1575-1578; Charles, doyen de l'église du Mans, 1564-1566 : de gueules à trois rosses (poissons) : d'argent posées en fasce, 2 et 1.

ROQUE, de la. Plusieurs familles de ce nom en Normandie et ailleurs. La dame de la Roque, veuve de Jacques de Biard, écuyer, à la maison de l'Hommois, à Joué-en-Charnie, portée au rôle de l'arrière-ban, 1689. N. de la Roque se fit représenter à l'assemblée de la Noblesse du Maine, 1789. La Roque, de l'élection de Domfront : de gueules à la tour d'argent, écartelé d'azur à trois bandes d'or. (La Ch.).

ROQUELAURE, maison originaire d'Armagnac, a donné deux maréchaux de France, deux ducs et pairs, etc. Henri de Daillon, grand maître de l'artillerie de France, mort sans enfants, 1685, transmit le comté du Lude à son neveu, Antoine-Gaston-Jean-Baptiste de Roquelaure, marquis de Biran, maréchal de France, fils de Charlotte-Marie de Daillon : d'azur à trois rocs d'argent, qui est Roquelaure; écartelé d'argent à deux vaches passantes de gueules, accornées et clarinées d'azur, au chef d'azur chargé de trois étoiles d'or, et sur le tout, d'azur au lion d'or, qui est du Bouzet-Roque-Epine. (La Ch.).

ROSNIVINEN, seign. des Seilleries, à Ceton : d'or à une hure de sable, arrachée de gueules et défendue d'argent. (*Chronique de Vitré*).

ROSSIGNOL, d'argent à six rossignols de gueules, posés 2, 1, 2, 1. (*Arm. de la M.*).

ROSTAING, famille originaire du Forez. Tristan de Rostaing, grand maître et général réformateur des eaux et forêts de France, chevalier des ordres du roi, était seign. baron de la Guierche, en 1568. Cette maison s'est éteinte en 1679 : d'azur à la roue d'or surmontée d'une fasce en trangle aussi d'or. (*La Ch.*).

ROTROU DU PERCHE. Guillaume du Perche, évêque, comte de Châlons : d'argent à deux chevrons de gueules. (*Simpl., II*, 313).

ROTTIER DE MADRELLE, seign. de Belin, 1789. Le seign. de Belin se fit représenter à l'assemblée de la Noblesse du Maine, 1789 : d'azur à trois flèches d'argent posées deux en sautoir, la 3e en fasce, écartelé d'azur à trois gerbes d'or, qui est Maridort.

ROUCI, seign. de la Suze, vers la fin du 13e siècle, très-ancienne famille de Champagne : d'or au lion d'azur. (*La Ch.*).

ROUGÉ, cette maison, connue dès le commencement du 12.e siècle, tire son nom d'une paroisse de l'évêché de Nantes. Charles, à Nogent-sur-Loir, inscrit au rôle de l'arrière-ban, 1689. Est-il de la maison ci-dessus ? de gueules à la croix patée d'argent. (*La Ch.*).

ROUILLÉ DE PREAUX, le, seign. de Préaux. Cette famille du bailliage d'Alençon remonte, à Jean le Rouillé, écuyer qui vivait en 1396. Guillaume le Rouillé, avocat, a commenté la Coutume du Maine. C'est à ce titre que nous parlons de cette famille : d'argent à un chevron d'azur, accompagné de trois coquilles de sable, 2 et 1. (*La Ch.*).

ROUILLERE, de la, ancienne famille propriétaire de la terre de la Rouillère, située à Ceaulcé.

ROUILLET DE BEAUCHAMP, seign. de Beauchamp en Villaine-la-Gonais, et de Saint-Michel de Chavaigne, anciens baillis de la Ferté-Bernard : d'azur au chevron d'or, accompagné en chef de deux étoiles et en pointe d'un soleil aussi d'or mouvant d'un nuage d'argent, le tout surmonté de deux burelles d'or. L'inscription suivante, placée au-dessus de la porte d'une maison, bâtie au fond d'une cour, rue Bourgneuf, en fasce de la halle, à la Ferté-Bernard, présente le même écusson. *Antiqua contentus eram ; sed flamma coegit unam de multis œdificare domum. Reginaldus Rouillet Reginaldo filio hujus urbis juridico posuit anno Domini 1627, et ab urbe crematâ tertio.*

ROUMILLY, de, seign. de Mausson et de Landivy, au 17.e siècle. Pierre, écuyer, seign. de Roumilly, à Landivy, porté au rôle de l'arrière-ban, 1689 : ROUMILLY la Chesnelaye : d'azur à deux léopards d'or. (*Trés. hér.*). Le seigneur de Landivy est-il de cette famille ?

ROUSSEAU. Deux maisons de ce nom. ROUSSEAU de Chamoy, d'ancienne chevalerie, origin. du comté de Tonnerre, a formé plusieurs branches répandues en Berri, Poitou, Blesois, etc., et remonte à Girard Rousseau, vivant vers 1200 : d'azur à trois bandes d'or ; couronne de marquis ; supports : deux chamois. ROUSSEAU de Rimogne et d'Hiraumont fit aveu en 1466, pour son fief de Bornes en Anjou, transplanté ensuite dans le Blesois et les Ardennes : taillé d'azur et d'or. (*Courc*). Rousseau de Frand et Rousseau de la Jarossais, se firent représenter à l'assemblée de la Noblesse du Maine, 1789. Appartiennent-ils à la première famille ?

ROUSSEAU, Guillaume-Charles, né à Mareil-en-Champagne, département de la Sarthe, 29 nov. 1772, maréchal de camp, chevalier de l'ordre royal militaire de St-Louis, chevalier de l'ordre de la Couronne de Fer et commandeur de celui de la Légion d'honneur, baron de l'empire : d'argent au lion de gueules tenant de la dextre une épée haute de sable et appuyant la sénestre sur un cor de chasse de même, le tout surmonté d'un comble d'azur à deux cloches d'or, franc quartier des barons de l'armée, brochant au neuvième de l'écu ; et pour livrées : blanc, noir, rouge et bleue. (*Communiqué*).

ROUSSELET DE CHATEAU-RENAUD, marquis de Château-Renaud, par érection de 1620, prend son surnom d'une terre située en Touraine. Cette famille a donné un maréchal de France, chevalier des ordres du roi, deux abbesses à l'abbaye de Sainte-Geneviève de Monsor, faubourg d'Alençon ; Louise Rousselet de Château-Renaud, 1694-1707, et Therése-Henriette-Perrine, 1707-1731 : d'or à un arbre de sinople, fruité d'or. (*La Ch.*).

ROUSSELOT. La veuve de René Rousselot, officier de la duchesse d'Orléans, à Sougé-sur-Loir, taxée au rôle de l'arrière-ban, 1675. ROUSSELOT DE CHEVRY, seign. de Chevry, de Vaux-sur-Lunain, dans le bailliage de Melun : d'argent au chevron d'azur, accompagné de trois coquerelles de sinople. (*Courc.*).

ROUSSIERE, la, seign. de la Chesnaye en Voivres. N. de la Roussière se fit représenter à l'assemblée de la Noblesse du Maine, 1789 : de sable à trois bandes d'argent. (*Arm. de la M.*).

ROUVERAY, au Maine : de gueules à six annelets d'or, au bâton d'azur mis en bande. (*Trés. hér.*).

ROUVILLE, ancienne maison de Normandie qui a d'abord porté le nom de Gougeul. Jean, dit Gougeul I, hérita de Pierre de Gougeul, évêque du Mans, mort en avril 1326. (*La Chesnaye*). Doit porter comme Gougeul. ROUVILLE, en Picardie : d'azur à deux goujons, adossés d'argent, semé de billettes d'or. (*La Ch.*).

ROUVRAYE, de la, famille d'Anjou. Le huguenot René de la Rouvraye, écuyer, seigneur de Bressant, dans la paroisse du Mesnil en Anjou, se fit remarquer par ses cruautés contre les catholiques et surtout contre les prêtres ; il fut décapité le 10 novembre 1572, à Angers, en punition de ses crimes : d'argent à trois têtes de cheval percées de sable. (*Le Paige I*, 107).

ROUVROI SAINT-SIMON, ancienne et illustre maison. Marie-Magdeleine de Rouvroi de Saint-Simon, née le 7 août 1699, nommée abesse du Pré en 1730, gouvernait encore ce monastère en 1790 : de sable à la croix d'argent, chargée de cinq coquilles de gueules, écartelé de Vermandois, qui est, échiqueté d'or et d'azur, chargé de trois fleurs de lis d'or. (*La Ch.*).

ROUX, écuyer, sieur des Chapelles, élection de Carenran : de gueules, au chevron d'or, accompagné de trois roses d'argent, 2 et 1. (*La Ch.*). René des CHAPELLES, doyen de l'église du Mans, 1637-1648, appartient-il a cette famille ?

ROUXEL DE MEDAVY, évêque de Séez : d'argent à trois coqs de gueules, 2 et 1, membrés, crêtés et becqués d'or. (*Rech. hist sur la ville de Séez*, 200).

ROUXELIN d'Arcis, famille originaire de Normandie. Deux membres de cette famille furent lieutenants-généraux de police à la sénéchaussée du Maine ; l'un, en 1721 ; l'autre, en 1741. Madame veuve Rouxelin d'Arcis se fit représenter à l'assemblée de la Noblesse du Maine, 1789.

ROVENCESTRE, ancienne famille qui tire son nom d'une terre située à Juvigny-sous-Audaine, paroisse du Passais. Richard de Rovencestre comparut à Tours, en 1272, et marcha à l'armée pour l'évêque de Bayeux. La terre de Rovencestre passa dans la famille d'Endeline. Nicolas d'Endeline, lieutenant du bailli d'Alençon à Domfront, dans une sentence rendue à Domfront, en 1572, ne prit que le nom de Rovencestre, négligeant celui de sa famille. (*Le Paige*). ROVENCESTRE : d'or au chef de gueules chargé de deux aiglettes d'argent. (*Trés. hér.*).

ROY, le, à Mayenne : d'azur au chevron d'or, accompagné en chef de deux étoiles d'argent, et en pointe d'une fleur de lis d'or. (*La Ch.*).

ROY DE CHAVIGNY, le, seign. de Chavigny en Saint-Marceau, ancienne maison du Maine, a donné un grand aumônier de France, François Leroy de Chavigny, mort 18 octobre 1414. Nicolas, seign. de la Baussonnière, vivait au commencement du 14.ᵉ siècle. Gui, seign. de Chillou, vice-amiral, en 1484, épousa, avant 1524, Radegonde de Maridort, veuve de Jehanot d'Inverses, seign. de Ballon, terre que Nicolle, leur fille, porta dans la famille de Raffin. Louis se trouva à la bataille de Pavie, et vivait encore en 1554. François, comte de Clinchamp, lieutenant-général des provinces du Maine, etc., et gouverneur de la ville du Mans, 1560-1566, chevalier des ordres du roi, 1578, mourut âgé de quatre-vingt sept ans, au mois de février 1606, dans son chateau de Chavigny : écartelé aux 1 et 4 d'argent à la bande de gueules, qui est le Roy ; aux 2 et 3 échiqueté d'or et d'azur à la bordure de gueules, qui est Dreux. (*La Ch.*).

ROY DE RISLAY, le. Un grand nombre de familles du nom LEROY. Catherine Leroy de Rislay, abbesse de Bonlieu, en 1623, passa, en 1624, à l'abbaye de la Virginité. Elle quitta ce monastère pour aller fonder à Argenteuil un prieuré de l'Ordre de Cîteaux.

ROYERS, des, marquis de la Brisolière, seign. de Sept Forges, Boulay, Juvigny, Rovencestre, Chauvigny, Ste-Jamme-le-Robert, le Housseau, etc. Cette famille de l'élection de Domfront, remonte à Fabien Leroyer, seign. de la Brisolière, mort en 1487. Vers le commencement du 17e siècle, Charles II Le Royer obtint la permission de changer son nom en celui de des Royers : d'or à la fleur de lis de gueules, surmontée de deux merlettes affrontées de sable. (*La Ch.; Nob. de N.*).

RUE, sieur du Bus, élection de Falaise.

RUZÉ D'EFFIAT, marquis de Fontenailles, seigneur d'Ecommoy. Benoit-Gabriel-Armand, marquis de Fontenailles, fut membre de l'assemblée de la Noblesse du Maine, 1789 : de gueules au chevron fascé en ondes d'argent et d'azur, accompagné de trois lionceaux d'or. (*La Ch.*).

RYE, ancienne et illustre maison de Bourgogne. François de Rye, archevêque de Césarée, abbé de Perseigne, perdit son abbaye en 1657 : d'azur à l'aigle d'or. (*La Ch.*).

S.

SABLÉ, seign. de Sablé, maison illustre et puissante, dont le chef, Salomon vivait à la fin du 10.e siècle. Ses biens entrèrent dans la maison de des Roches, sénéchal héréditaire d'Anjou, Maine et Touraine, par le mariage de cet officier avec Marguerite, fille de Robert IV et de Marguerite de Mayenne, vers la fin du 13.e siècle : de sable à l'aigle éployée d'or. (*Ménage*).

SABLÉ, prieuré de Benédictins, fondé par Hubert I, vicomte de Beaumont, seign. de Sablé, donné à l'abbaye de

Marmoutier en 1067, par Robert le Bourguignon et Avoise, sa femme. N'avait plus de moines. Armes :

SAGE, le. François, sieur de Launay, commissaire d'artillerie à Torcé-en-Charnie, taxé au rôle de l'arrière-ban, 1675.

SAGEON, Claude, écuyer, sieur de la Hustière, à Joué-en-Charnie, taxé au rôle de l'arrière-ban, 1675.

SAINT-AIGNAN, duc de. V. BEAUVILLIERS.

SAINT-AUBIN : d'argent à la bande fuselée de gueules, accostée de six tourteaux de même en orle, 3 en chef, 3 en pointe. (*Arm. de la M.*).

SAINT-BOMER, de, famille du Passais, généralité d'Alençon, éteinte dans le 15.e ou vers le commencement du 16.e siècle. (*Le Paige*, I, 109).

SAINT-DENIS, barons de Hertré, seign. de la Touche, Piacé, la Roche, Ancines, descendent des anciens seign. de Saint-Denis-sur-Sarton, connus dès le 11.e siècle. René de Saint-Denis, baron de Hertré, Châtelain de la Tournerie, gouverneur d'Alençon, devint, 1594, seign. engagiste de la baronnie de Sonnois : de sable fretté d'argent, au chef d'argent, chargé d'un léopard de gueules. (*Nob. de N.*).

SAINT-DIDIER, d'azur au lion d'argent, à la bordure de gueules, chargé de huit fleurs de lis d'or. (*Arm. de la M.*).

SAINT-FRANÇOIS, de, seign. du Ronceray, terre située dans la paroisse de Marigné. Bernardin de Saint-François, prieur de Bersay, abbé de Fontaine-Daniel, conseiller au parlement de Paris, maître des requêtes, évêque de Bayeux, 1573. René de Saint-François, d'abord grand archidiacre de l'église du Mans, puis doyen, 1560, par permutation du grand archiédiaconé avec Bernardin : d'azur au sautoir d'argent, à la bordure de gueules. (*Le Corv.*, 850).

SAINT GELAIS, seign. de Lansac, de Ballon, au 18.e siècle : d'azur à la croix alesée d'argent ; écartelé, fuzelé d'argent et d'azur, au lion de gueules lampassé et couronné d'or. (*La Ch.*).

SAINT-GILLES, de, se fit représenter à l'assemblée de la Noblesse du Maine, 1789. SAINT-GILLES, en Bretagne: de gueules, semé de fleurs de lis d'argent. (*Trés. hér.*). ST.-GILLES: d'azur à l'aigle éployée d'or, becquée et membrée de gueules. (*La Ch.*).

SAINT-HILAIRE, famille de Bourgogne. Antoine, seign. de St-Hilaire, l'un des cent gentilshommes de la maison du Roi, et François, écuyer, sieur du Plessis, gentilhomme ordinaire de la chambre du Roi, firent hommage au Comte du Maine pour la terre seigneuriale de Coudereau, l'un en 1572, l'autre en 1606 : d'or à trois fers de lance renversés de sable, 2 et 1. (*La Ch.*).

SAINT-LUBIN, de. Messire de Saint-Lubin, écuyer, à Nogent-le-Bernard, taxé au rôle de l'arrière-ban, 1675.

SAINT-MARS, seign. de Saint-Mars, la Mousse, Saint-Georges-du-Rosai et Maugasteau, vers le commencement du 16.e siècle.

SAINT-PAUL, SAINT-POL, comtes de. V. LUXEMBOURG.

SAINT-PER DU COULAY, le sieur de, écuyer, à St.-Christophe du Luat, taxé au rôle de l'arrière-ban, 1675. SAINT-PAIR, en Bretagne : d'argent à trois losanges de gueules, 2, 1, au chef de gueules, chargé d'un lion léopardé d'or. (*La Ch.*). SAINT-PERN, en Bretagne : d'azur à dix billettes d'argent, posées 4, 3, 2, 1. (*La Ch.*).

SAINT-PIERRE. V. CASTEL DE St.-PIERRE.

SAINT-REMI, seign. de la Motte-Fouqué, de Contest, de la Motte en Madré, maint., 1667. Ambroise était seign. de Contest, en 1518. Marie-Madeleine de Saint-Remi, marquise de Courtomer, dame de la Motte-Fouqué, Mongoubert, de la Châtellenie de Pescoux, etc., morte en 1636, au château de la Motte-Fouqué : de sable au chevron d'argent, accompagné de trois fleurs de lis d'or. (*Nob. de N.*).

SAINT-SIMON, marquis de Courtomer, seign. des Aulneaux, maison de la généralité d'Alençon, maint., 1667. Antoine-Léon, marquis de Courtomer, seign. des Aulneaux, de St-Aubin-des-Grois et de Contilly, se fit représenter à l'assemblée de la noblesse du Maine, 1789, et assista à celle du baillage d'Alençon : de sinople à trois lions d'argent, 2 et 1. (*Nob. de N.*).

SAINT-SIMON (Mme de), abbesse du Pré. V. ROUVROI-SAINT-SIMON.

SAINT-SIMON : losangé d'or et de gueules, au chef d'or. (*Trés. hér.*)

SAINT-VRIN, de ; Veuve de St-Vrin, lieutenant des gardes du duc d'Orléans, à Lamnay, taxée au rôle de l'arrière ban, 1675. SAINT-VRAIN : d'argent au chef de gueules chargé de trois écussons d'or. (*Trés. hér.*).

SAINTRÉ, Jehan de, sénéchal d'Anjou et du Maine, 1360-1368. Le duc d'Anjou lui donna en 1362 la terre et châtellenie de St.-Laurent-des-Mortiers. (*Noms féod.*).

SALLAINES, de, tire son nom d'une terre seigneuriale, située dans la paroisse de Crissé. Charles-Ancelme, ancien officier de cavalerie assista à l'assemblée de la Noblesse, 1789. Il est mort au Mans en 18..., à l'âge de cent deux ans, c'est le dernier de son nom.

SALLET, de, sieur du Repas, généralité d'Alençon, élection de Falaise, maintenu dans sa noblesse, 1667. François de Sallet, à Nogent-le-Bernard et Sallet de Hauteclair, son fils, assistèrent à l'assemblée de la Noblesse du Maine, 1789 : d'argent à deux roses de gueules en chef, un cœur de même en pointe. (*Nob. de N.*; *Sceau*).

SALLET, de : d'argent à trois annelets de sable, à la bordure de gueules. (*Arm. de la M.*).

SALMON DU CHASTELIER, seign. du Chastelier, terre située à Savigné-sur-Braye, de Ste-Cerotte, du Vau, etc., ancienne famille du Vendomois : d'azur à un chevron d'or, accompagné de trois têtes de lion de même, arrachées et languées de gueules, posées, 2 et 1. (*La Ch.*).

SAMAY DE LA GOUTE, ancienne famille du Maine dont un membre assista aux Etats de cette province en 1614 : d'argent à trois tourteaux de sable, 2, 1. (*Trés. hér.*).

SAMSON, seign. de Martigny en Poillé, de la Groirie en Trangé, de Lorchère, etc. Paul-François de Samson de Martigny, seign. de Lorchère, lieutenant général du

Sénéchal du Maine, 1711-1726, en cette qualité, Maire perpétuel de la ville du Mans, fut remplacé dans ses fonctions par Alexandre-Paul-Louis-François, seign. de Lorchère son fils, 1726-1764. Paul-Louis-François, seign. de la Groirie, assista à l'assemblée de la Noblesse du Maine 1789 ; il y représenta Samson de Marcé : écartelé d'or et de gueules, à un lion aussi écartelé de l'un à l'autre (*Armor. Ms.*).

SARCÉ, de, seign. de Sarcé, d'Issé et de Bossé, terres situées dans le Maine. Véronique de Sarcé, veuve de René de Lahaye, écuyer, sieur de la Vacherie, taxée au rôle de l'arrière-ban du Maine, 1675. Louis-Pierre-Antoine assista à l'assemblée de la Noblesse du Maine, 1789; un autre gentilhomme du nom de Sarcé s'y fit représenter. Pierre-Victoire, seign. de Sarcé, d'Issé et de Bossé, à Aubigné, fut membre de celle d'Anjou : de gueules fretté d'argent (*Trés. hér.* ; *Sceau*).

SAVALETTE DE MAGNANVILLE, Charles-Pierre, intendant de la généralité de Tours, 1745-1756 : d'azur au sphinx d'argent, accompagné en chef d'une étoile d'or. (*M. Lambron*).

SAVARY, de, famille originaire de Touraine, connue dès le 12e siècle. Un gentilhomme de ce nom se fit représenter à l'assemblée de la noblesse du Maine, 1789 : écartelé d'argent et de sable. (*La Ch.*).

SAVEUSE, Henri de, seign. de Cordonnoy et autres lieux, gentilhomme ordinaire de la chambre, acquit la terre et châtellenie de Thorigné, dont il fit hommage au Mans en 1642. Jeanne de Saveuse, veuve du comte de Lamark, renouvella cet hommage en 1681 : de gueules à la bande d'or, accompagnée de six billettes de même. (*Noms féod.* ; *Trés. her.*).

SAVOIE, maison souveraine. Louise de Savoie, mère de François I, roi de France, fut comtesse du Maine, depuis 1515 jusqu'à sa mort arrivée le 29 septembre 1531 : de gueules à la croix d'argent. (*La Ch.*).

SAVOISY, ancienne maison originaire de Bourgogne, a donné un archevêque de Sens, Henry de Savoisy, mort en 1421. Pierre fût évêque du Mans, 1385, passa à l'évêché de Beauvais, dont il prit possession le 19 mai 1399 : de gueules à trois chevrons d'or, à la bordure engrêlée d'azur. (*Simp.*, VIII, 548).

SAVONNIÈRES, de, maison originaire d'Anjou, connue dès l'an 1100 parmi les premières de cette province, et distinguée dans l'Ordre de Malte dès les premiers tems. Timoléon-Madelaine-François, seign. d'Entre-Deux-Bois et de Savigné-sous-le-Lude, assista à l'assemblée de la Noblesse du Maine, 1789, et à celle d'Anjou ; Jean, seign. de la Maison-Rouge, se trouva seulement à cette dernière : de gueules à la croix patée d'or. (*Sceau ; la Ch.*).

SCARRON. Le poëte Scarron ayant pendant quelques années possédé une des prébendes de l'Eglise cathédrale du Mans, doit trouver ici sa place : d'azur à la bande bretessée d'or. (*Dub. ; La Ch.*).

SCEPEAUX, maison ainsi nommée de la terre de Scepeaux, d'Espeaux, de Speaux, en latin de *Cepellis*, située dans la paroisse d'Astillé, au comté de Laval, a donné un maréchal de France ; elle a possédé les seigneuries de Scepeaux, de l'Ile d'Athée en Craonnais, de Fontenailles, de l'Eperonnière en Livré, du Coudray, de Moulinvieu, de Houssay, etc. Sylvestre de Scepeaux et Robert, son fils aîné vivaient en 1222 : écartelé, aux 1 et 4 vairé d'argent et de gueules (Scepeaux), aux 2 et 3 fascé d'argent et de gueules de dix pièces, au lion d'argent brochant sur le tout (Estouteville), et sur le tout d'or à six écussons de gueules, 3, 2 et 1 qui est Mathefelon. (*La Ch.*).

SCHOMBERG, maréchal de France, marquis d'Epinay, seign. de Durtal, etc. : d'argent au lion coupé de gueules et de sinople,

SEGRAIS, de. Louis, éc., à Ecorpain, taxé au rôle de l'arrière-ban 1675.

SEGUIER, maison originaire de Bourbonnais, a donné un chancelier de France, des présidents à mortier, deux avocats généraux au parlement de Paris, des maîtres de requêtes et des ambassadeurs. Dominique, évêque de Meaux, doyen de l'église du Mans, 1621-1623 : d'azur au chevron d'or, accompagné en chef de deux étoiles de même, et en pointe d'un mouton passant d'argent. (*La Ch.*).

SEMALLÉ, éc., sieur de Bellaire, généralité d'Alençon, élection de Mortagne. Jean-René de Semalé, seign. de Gastines, assista à l'assemblée de la Noblesse du Maine, 1789 : d'argent à la bande alaisée de sable surmontée d'un oiseau de même. (*Nob. de N.*).

SÉNÉCHAL, le. Guyon, seign. du Bois-Bérenger, assista aux états du Maine, 1508 : de sable à cinq fasces d'argent en bande, accostées de six besans d'argent, trois de chaque côté. (*La Ch.*).

SÉNÉCHAL, le, seign. de Kercado : d'azur à neuf macles d'or, 3, 3, 3. (*Dub.*).

SERVIEN, marquis de Sablé, seign. de Boisdauphin, etc. Cette ancienne et illustre famille, orig. du Dauphiné, a donné Abel Servien, sénéchal d'Anjou, célèbre ministre d'état, mort en 1659; Louis-François, après son père, sénéchal de la même province, mort en juin, 1710 : d'azur à trois bandes d'or, au chef cousu d'azur, chargé d'un lion issant d'or. (*La Ch.*).

SERVIN, comte de la Grève, par érection du mois d'août 1653, famille de robe, a donné au parlement de Paris un avocat célèbre. Le comté de la Grève était situé dans la paroisse de St-Bomer, au Perche, près des sources de la Braye : d'argent à l'aigle éployée de sable. (*Courc.*).

SESMAISONS, de Bretagne : de gueules à trois maisons d'or, 2 et 1. (*La Ch.*).

SÉVIGNÉ, famille de Bretagne, a donné plusieurs conseillers au parlement de Rennes : de sable, écartelé d'argent. (*La Ch.*).

SEVIN de Quincy, Alexandre-Jean, chev., seign. de Gomer, conseiller au parlement de Paris, fait hommage en 1682, de la châtellenie de la Tournerie, des terres et seign. de Louze, Roullée et St.-Remi-du-Plain : d'azur à la gerbe d'or liée de même. (*La Ch.* 6.).

SIBILLE, famille alliée à celle de Dubois : d'azur à la bande d'or, chargée de trois quintefeuilles de gueules. *Le P., Dict.*, I, 248).

SIGONEAU : d'azur à trois merlettes d'argent d'or. (*Arm. de la M.*).

SILLEUR, le, au Maine, famille originaire de Bretagne, forme trois branches : 1re éteinte. 2e est celle de Silleur du Val et de Pissot, à la Chapelle-Moche. la 3e de Silleur de Sougé, proche Fresnay, 17e et 18e siècles : d'azur à la bande d'or accostée de deux molettes d'or et de trois coquilles d'argent ; supports deux lions. (*La Ch.* VI).

SIMIANE, maison de Provence, remonte au xie siècle ; elle a donné plusieurs évêques et des chevaliers de l'ordre du Saint-Esprit. Joseph-Ignace de Simiane, fut abbé d'Evron, 1748-1768 : d'azur semé de tours et de fleurs de lis d'or. (*La Ch.*).

SOISSONS. V. BOURBON-SOISSONS.

SOLÉRAC. V. GILBERT de SOLÉRAC.

SOLESME, prieuré conventuel de Benédictins, dependant de l'abbaye de la Couture, fondé en 1010, par Geoffroy de Sablé, fils de Hubert Ier, vicomte du Maine : de sable à une crosse d'argent, accompagnée de deux étoiles de même. (*Arm. Ms.*). Depuis quelques années il s'est établi dans ce prieuré une communauté de religieux bénédictins, à laquelle le Saint-Père a conféré le titre d'abbaye.

SORBELLONIO, Jean-Antoine, né à Milan en 1519, abbé de Fontaine-Daniel, cardinal de Saint-Georges en 1560, mort doyen du Sacré Collège, le 15 des calendes d'avril 1591 : coupé d'argent à l'arbre de sinople, accosté de deux griffons affrontés de gueules ; bandé d'argent et de gueules de six pièces. (*Hist. Pont. Roman*, III, 889).

SORHOETTE, famille alliée à celle de du Bois : d'or à un chêne de sinople et un sanglier de sable passant au-dessous, au chef d'argent chargé d'une aigle à deux têtes de sable, couronnées à l'impériale d'or. (*Le P.*, I, 248 ; art. Courceriers).

SOURDILLE : d'azur au chevron d'or, accompagné de trois étoiles ou molettes de même, celle de la pointe soutenue d'un croissant d'or. (*Arm. de la M.*).

SOURDIS d'Escoubleau. Voir ESCOUBLEAU.

SOUVIN. Cette famille, en 1406, possédait la châtellenie de Daon, située au S. de Château-Gontier, en Anjou : d'hermines à la croix patée de gueules. (*Tres. hér.*).

SOUVRÉ, ancienne maison éteinte du Perche, a donné un maréchal de France, un grand prieur de France, etc. Antoine épousa vers le commencement du 16ᵉ siècle, Françoise de Berziau, fille de Jacques, seign. de Courtenvaux et de Bessé; Gilles, leur petit fils, marquis de Courtenvaux, chevalier des ordres du Roi, gouverneur de Touraine, maître de la garde robe, gentilhomme de la chambre du Roi, enfin maréchal de France, 1615, mourut en 1626. Gilles, fils du maréchal, évêque de Comminge, puis d'Auxerre, abbé de St-Calais, 1614, mort 19 septembre 1631. Charles lui succéda dans cette abbaye, renonça à l'état ecclésiastique, mourut le 3 mai 1646, ne laissant qu'une fille posthume, Anne de Souvré, marquise de Courtenvaux; elle épousa le 19 mars 1662, François-Michel le Tellier, marquis de Louvois, ministre et secrétaire d'état, chancelier et commandeur des ordres du Roi. Souvré portait d'azur à cinq cotices d'or. (*La Ch.*).

SUFFOLC, famille d'Angleterre. Henri VI, Roi d'Angleterre, maître d'une partie de la France, donne en 1425, le gouvernement de la ville du Mans, au comte de Suffolc: de sable à la croix d'or. (*Trés. hér.*).

SURGÈRES, ancienne baronnie en Poitou. Jacques de Surgères était seign. châtelain de Ballon, en 1469 : de gueules fretté de vair. (*Trés. hér.*).

T.

TAFFOREAU (Jean de), 17.ᵉ abbé de l'Epau : d'azur à une fleur de lis d'or, écartelé d'argent, à un lion de sable. L'abbaye de l'Epau avait adopté ces armes. (*Le Paige, Dict.*, II, 596).

TAFFU, seign. de Coudereau, famille originaire de Toulouse, éteinte et fondue en celles de Vanssay et de Morand. Les demoiselles Anne et N., sa sœur, filles et uniques héritières de Taffu de Coudereau, lieutenant-colonel au régiment de Piémont, et de demoiselle de Petit-Jean de Linière, dernière du nom, furent mariées, l'une à N. de Vanssay, officier de cavalerie, l'autre, à N. de, dont la fille unique épousa N. de Morand, de la Flèche : d'argent au chevron de gueules, accompagné de trois trèfles de même.

TAHUREAU, anc. famille du Maine. Pierre François, seign. de la Chevalerie, et René-Anne, sieur de la Fresnaye, son frère, furent maintenus dans leur noblesse depuis 1467, par ordonnance de 1668. Jacques Tahureau, lieutenant-général du sénéchal du Maine, assista aux états de cette province, 1508; il fut depuis juge des Grands-Jours; juge du Maine, 1527. Jacques, son fils, vice-président des Grands-Jours, lieutenant-général, 1631-1647. Pierre, écuyer, seign. de la Chevalerie et de Chesnay, lieutenant particulier au même siége, 1697-1744; deux membres de cette famille se firent représenter à l'assemblée de la Noblesse, 1789 : d'argent à trois hures de sanglier de sable, 2 et 1. (*La Ch.*).

TAILLE, de la, famille dont l'origine remonte au 13.ᵉ siècle. Elle forme plusieurs branches : de sable au lion d'or, couronné, armé de même, lampassé de gueules. (*La Ch.*).

TAILLEUX, de. La veuve de Tailleux, écuyer, sieur du Breil, à Beauchesne, taxée au rôle de l'arrière-ban, 1675.

TALBOT, ancienne maison d'Angleterre, qui tire son origine des Talbot, barons de Cleuville, au pays de Caux. Jean Talbot fut chargé de remplacer dans son absence, Suffolc, nommé en 1425 gouverneur de la ville du Mans. En 1448, Henri VI, roi d'Angleterre, lui donna le bâton de maréchal de France : de gueules au lion d'or, à la bordure engrêlée de même. (*La Ch.*).

TALHOUET, comtes du Lude; les seign. de ce nom sont une branche cadette de la maison de Lentivi, origin. de Bretagne : d'argent à trois pommes de pin de gueules, posées 2 et 1, les queues en bas. (*La Ch.*).

TANLAI, Jean de, occupa le siége épiscopal du Mans pendant seize ans, 1279-1295 : d'argent au lion de gueules. (*Le Corvaisier*).

TANQUEREL, à Mayenne. Louis-René fut membre de l'assemblée de la Noblesse, 1789; il y représenta la dame de Tanquerel : d'argent à trois arbres arrachés de sinople,

2 et 1 , au chef de gueules chargé d'un croissant d'argent, accosté de deux étoiles d'or. (*Arm. de la M.*).

TASCHER , seign. de Marcilly, Bois-Guillaume, généralité d'Alençon , maint. , 1667 : de sinople treillissé d'argent, chargé de trois burelles de même , au chef d'argent chargé de deux soleils de gueules. (*Nob. de N*). Tascher de la Pagerie, origin. du Dunois ; Charles-François et Philbert-Louis Alexandre, membres de l'assemblée de la Noblesse du Maine , 1789 ; celui-ci , maire de la ville du Mans , 19.e siècle : d'argent à trois bandes de gueules chargées chacune de trois flanchis (petits sautoirs) d'argent. Une branche , en possesion de la pairie , a fait quelques changements à ces armoiries ; elle porte , d'argent à trois fasces d'azur , chargées chacune de trois flanchis d'argent, et accompagnées en chef de deux soleils d'or. (*Courc.*).

TELLIER , le , marquis de Louvois. Michel le Tellier , grand trésorier des ordres du roi, octobre 1652, chancelier de France, 29 octobre 1677 , fut père de François-Michel, qui épousa, au mois de mars 1662 , Anne de Souvré , marquise de Courtenvaux , dame de Bessé , etc. ; François-Michel fut secrétaire d'état, surintendant des postes, grand trésorier commandeur des ordres , surintendant des bâtiments, arts et manufactures de France ; il mourut le 16 juillet 1691. Une demoiselle le Tellier a porté la terre de Courtenvaux dans la maison de Montesquiou : d'azur à trois lézards d'argent posés en pal , au chef cousu de gueules , chargé de trois étoiles d'or. (*La Ch.*).

TEMPLE (Ordre du), ou des TEMPLIERS , fondé à Jérusalem en 1119; supprimé en France en 1311 ; ses biens donnés aux chevaliers de St-Jean de Jérusalem. Plusieurs maisons de cet ordre existaient dans le diocèse : d'argent à la croix recroisetée de gueules , semblable à la croix dite de Lorraine.

TERRES , de , un gentilhomme de ce nom se fit représenter à l'assemblée de la Noblesse du Maine, 1789.

TERTRE-ACHART, du, fut membre des états du Maine, 1614. Du Tertre de Malloy , de l'élection de Bernay , maint., 1667 : de gueules au chevron écoté et brisé d'argent, accompagné de trois colombes d'or. (*Nob. de N.*).

TERTRE, du, seign. du Tertre de Mée, de Sancé, de la Gastenellière, etc., famille d'Anjou, maint. dans sa Noblesse depuis l'an 1424. Du Tertre de Sancé a formé une branche puisnée. Geneviève-Marguerite du Tertre, dame du Tertre du Mée, se fit représenter à l'assemblée de la Noblesse d'Anjou, 1789 : d'argent au lion de sable, langué, onglé et couronné de gueules. (*La Ch.*).

TERVES DE LUCÉ, Charles-Louis Armand de, seign. de la Chartre, à Morannes, fut membre de l'assemblée de la Noblesse d'Anjou, 1789.

TESSÉ, ancienne famille éteinte : de sable à la fasce d'argent, frettée de sable, accompagnée de trois molettes d'argent, 2, 1. (*Gén. de Martigné*).

TESSÉ LA FERRIÈRE, anc. famille : d'or à six fers à cheval d'azur, 3, 2 et 1. (*Trés. hér.*).

TESSIER, Nicolas, ancien garde du roi, à Champfleur, taxé au rôle de l'arrière-ban, 1675. TESSIER, élection d'Alençon : d'argent à deux merlettes de sable en chef et une rose de gueules en pointe. (*La Ch.*).

TESTART, seign. de la Guette, de Sancy. Jacques-Bertrand assista à l'assemblée de la Noblesse du Maine, 1789 : d'or au chevron de gueules accompagné de trois merlettes de sable. (*Dubuis*.). TESTART : d'or à la fasce d'azur accompagnée d'une rose de gueules en chef. (*Trés. hér.*).

TESTU, marquis de Balincourt, par érection de 1712, barons de Bouloire, seign. de la Châtellenie de Launai, en Anjou. Cette famille remonte à Jean, secrétaire du roi, maison et couronne de France, 1566. Elle a donné un maréchal de France : d'or à trois léopards de sable, l'un sur l'autre, le second contrepassant.

TEXIER, comtes de Hautefeuille, seign. de Saint-Agel, etc. Cette famille a donné Etienne, chevalier de Malte, précepteur de Villedieu, grand prieur d'Aquitaine, ambassadeur extraordinaire de la Religion auprès du roi de France, abbé de Tyronneau, 1669; du Mont St-Michel, 14 août 1670; mort 4 mars 1703. (*Gall. Chr.*). Jacques, écuyer, sieur de Claires, à Saint-Martin de Sargé, taxé au rôle de l'arrière-ban, 1675; Germain, comte de Hautefeuille, porté sur celui de 1689. François Texier, deux fois abbé triennal de Saint-Vincent, 1723-1729, commença en 1725 le bâtiment situé à l'ouest : de gueules à la levrette courante d'argent accolée et bouclée d'or, surmontée d'un croissant de même. (*Trés. hér.*).

THÉBAUDIN DE BORDIGNÉ, seign. de Bordigné, de la Roche-Tabary en Bernay, de la Rozelle en la Quinte, etc. Cette famille possède la terre de Bordigné depuis plus de trois siècles ; elle a occupé des places distinguées, tant au présidial du Mans que dans les cours supérieures à Paris. René-Joseph Thebaudin de la Rozelle, nommé lieutenant particulier au présidial du Mans, en 1745, exerça en même temps les fonctions de lieutenant-général, depuis la mort de M. de Lorchère, 1764, jusqu'au mois de mai 1786. M. Thebaudin de Bordigné nous a fourni sur plusieurs familles des renseignements qui nous ont été fort utiles : d'azur au chevron d'or accompagné de trois rencontres de cerfs de même, les yeux et les ouvertures des naseaux de gueules posées 2 en chef, 1 en pointe.

THEVALE, ancienne famille du Maine. Le seign. de Thévale assista aux états du Maine, en 1508. Deux membres de cette famille furent doyens de l'église du Mans, Henri, vers l'an 1312, jusqu'à 131.. ; Aymart, vers la moitié du 16.ᵉ siècle, il mourut en 1554 : d'or à trois annelets de sable, 2 et 1.

THIBAULT, Nicolas, abbé de Saint-Calais, 1560-1568. Plusieurs familles de ce nom. THIBAULT DE GUERCHI, en Berry : de gueules à trois tours d'or crénelées de même, posées 2 et 1. (*La Ch.*).

THIBAULT DE BEAURAY, Jeanne, veuve Louis de Clinchamp, au Mans, citée pour l'arrière-ban, 1689. Ne faut-il point lire de Beaurains. THIBAULT DE BEAURAINS, en Nivernais : de gueules à trois tours d'or crenelées de même et posées 2 et 1. (*La Ch.*).

THIBAULT DE LA ROCHE-TULON. Thibauld de Noblet des Prés, famille de Beaujolais, seign. de Roulon. Philibert-Joseph Thibault de Noblet, au nom de Henriette Bregite de Martel, rend hommage de la Châtellenie de Thorigné-en-Charnie, 1708. Thibault de la Roche-Tulon se fit représenter à l'assemblée de la Noblesse du Maine,

1789 : d'argent à un chevron d'azur et un chef de même qui est Thibault ; écartelé d'azur à un sautoir d'or, alaisé qui est de Noblet des Prés. (*La Ch. VI*).

THIBERGEAU, seign. de la Motte, de Flée, de Mangé et de Verneil. Gillot fait hommage du fief de la Villate, 1394. Louis rend le même hommage pour les seigneuries de la Motte Thibergeau, de Thoiré-sur-Dinan et autres lieux, 1655, 1670. Mery de Thibergeau assista à l'assemblée des états du Maine, 1508 : d'or à quatre fasces de gueules, les deux premières ondées. (*Trés. hér.*).

THIERRY : d'azur à trois têtes de levrettes d'argent, colletées et bouclées de gueules. (*Nob. de la M.*).

THIERSAULT, Guillaume, abbé de Tyronneau, vers le milieu du 17.e siècle, eut pour successeur Augustin Thiersault : d'azur au tiercelet d'autour au vol éployé d'or, couronné de même, la tête contournée, portant au bec trois épis de blé et perché sur un bâton noueux de même. (*Trés. hér.*).

THIESLIN, Claude, écuyer, sieur de Courfoux, à Auvers-le-Hamon, taxé au rôle de l'arrière-ban, 1675 ; Charles, sieur de la Courbe, et Jacques, sieur de Villiers, portés sur celui de 1689. THIEULIN, en Normandie, élection d'Argentan : d'azur à six gerbes d'or, posées, 3, 2 et 1. (*La Ch.*).

THIROUX, famille originaire de Bourgogne. Deux gentilshommes de ce nom, l'un, seign. de Châteloger ; l'autre, seign. de Medavy, se firent représenter à l'assemblée de la Noblesse du Maine, 1789 : d'argent à la fasce d'azur, chargée de trois bandes d'or, accompagnée en chef d'une croisette ancrée de gueules et en pointe de trois têtes de lions de même, posées 2 et 1. (*La Ch.*).

THOUARS, vicomtes de Thouars, petite ville du Poitou, ont donné Aimeri de Thouars, sénéchal d'Anjou, Maine et Touraine, 1199. Isabeau de Thouars, fille et unique héritière de sa maison, fut mariée au seign. d'Amboise : Marie d'Amboise, unique héritière, épousa Louis, sire de la Tremoille. Les anciens vicomtes portaient : d'or semé de fleurs de lis d'azur, au franc canton de gueules. (*La Ch.*).

THUGAL (Chapitre de SAINT), à Laval, fondé en

1170, par Gui V de Laval et Emme sa femme, sœur de Henri II, roi d'Angleterre : d'or à une croix potencée d'azur, cantonnée de quatre mouchetures d'hermines de sable. (*Arm. Ms.*).

THIANGES et de TIANGE. Veuve Jonatas de Tiange, éc., sieur de Saint-Georges, à Beauchesne, taxée au rôle de l'arrière-ban, 1675 : d'or à trois roses de gueules, 2 et 1. (*Trés. hér.*).

TIERCELIN, seign. de Brosse, de Saveuse, famille de Normandie. Louis Tiercelin, lieutenant-général du sénéchal du Maine, 1499-1506, vice-président des Grands-Jours de l'Anjou, du Maine et de l'Angoumois, devint conseiller au parlement et président aux requêtes du palais. Jacques, propriétaire de la terre et seigneurie de Burçay, à Marigné, 1574 : d'argent à deux tierces d'azur passées en sautoir, cantonnées de quatre merlettes de sable. (*Dub.; Nob. de N.*).

TILLET, famille de l'Angoumois. Séraphin du Tillet fut abbé de Beaulieu, 1578. Charlotte du Tillet, demoiselle, fit hommage de la Châtellenie de Lassay, 1600 et 1630 : d'or à une croix de gueules, patée et alaisée. (*La Ch.*).

TILLEUL, du : de sable à la bande d'argent, au chien passant de gueules brochant sur le tout. (*Arm. de la M.*).

TILLIERE. V. LE VENEUR.

TILLY, de, très-ancienne et illustre maison, connue dès le 11.e siècle. Elle forme plusieurs branches. René Louis de Tilly assista à l'assemblée de la Noblesse du Maine, 1789 : d'or à la fleur de lis de gueules, supports : deux lions couronne de comte et marquis.

TONNELIER DE BRETEUIL, le, famille originaire de Beauvais, a donné des conseillers d'état, des membres du parlement de Paris, un ministre secrétaire d'état, un préfet du département de la Sarthe : d'azur à l'épervier d'or, le vol étendu, longé et grilleté aussi d'or. (*La Ch.*).

TORCI. V. COLBERT.

TOUCHE ET TOUSCHE, de la, Jacques, écuyer. seign. de la Touche, à Chaillant, et demoiselle de la Touche, à Cheveigné, taxés au rôle de l'arrière-ban, 1675 : de gueules à trois besans d'or. 2 et 1. (*Arm de la M.*).

TOUR, de la, seign. de Gouvernet, du Pin, marquis de la Charce, par érection de 1619, anc. et illustre maison du Dauphiné, a possédé les seigneuries du Hamel en Ceton, des Loges, etc. Jean, seign. du Pin et du Hamel, assista aux états du Perche, 1558. Philippe-Antoine-Charles-Gabriel-Victor de la Tour du Pin, marquis de Charce, fut gouverneur de la province du Maine, 1749-1766 : d'azur à la tour d'argent, maçonnée de sable, au chef cousu de gueules, chargé de trois casques d'or, posés en profil. Le gouverneur écartelait de Dauphiné, qui est d'or au dauphin d'azur. (*La Ch.*).

TOUR, de la, maison illustre, divisée en deux branches ; l'aînée, dont il est sorti 4 cardinaux et 2 maréchaux de France, a possédé près de cent ans le comté d'Auvergne ; la cadette a joui du comté de Turenne pendant trois cents ans, et lui a réuni le duché de Bouillon. Henri de la Tour d'Auvergne, duc de Bouillon, vicomte de Turenne, maréchal de France, gouverneur d'Anjou, Maine et Touraine, 1576-1584, mourut 25 mars 1623 : écartelé aux 1 et 4 d'azur, semé de France, à la tour d'argent, au 2 de Boulogne, d'or à trois tourteaux de gueules, au 3 de Turenne, coticé de dix pièces d'or et de gueules ; sur le tout parti d'Auvergne, qui est d'or au gonfanon de gueules, frangé de sinople ; l'autre parti, de gueules, à la fasce d'argent. (*La Ch.*).

TOUR-LANDRY, de la, anc. maison d'Anjou, éteinte et fondue en celle de Maillé, barons d'Entrames. La Tour-Landry : d'or à la fasce crénelée de gueules, maçonnée de sable. (*La Ch.*).

TOURAINE, province de france, l'une des trois qui composaient la généralité de Tours : semé de france, à la bordure componée d'argent et de gueules.

TOURNELY, Madame veuve Tournely se fit représenter à l'assemblée de la Noblesse du Maine, 1789.

TOURNON, illustre maison du Vivarais, dont le plus ancien personnage connu vivait en 1130. Elle a donné des chevaliers bannerets, des conseillers d'état, des lieutenants-généraux de provinces, des ambassadeurs, un cardinal archevêque de Lyon, ministre d'état, l'un des plus grands hommes de son temps, François de Tournon, abbé de

Saint-Germain-des-Prés, de Perseigne, etc. Il fonda à Tournon, pour les Jésuites, un collège, le premier que ces pères aient eu en France. Il mourut, 22 avril 1562, à l'âge de 73 ans : parti au 1 d'azur, semé de fleurs de lis d'or ; au 2 de gueules au lion d'or. (*Courc.*).

TOURS, ville capitale de la Touraine, métropole de la troisième Lyonnaise, siége de l'intendance de la généralité de Tours, composée des provinces de Touraine, d'Anjou et du Maine : de sable à trois tours couvertes d'argent, pavillonnée de gueules, girouettées de même, au chef d'azur à trois fleurs de lis d'or. (*La Ch.*).

TRAGIN, Marie Emmanuel de, assista à l'assemblée de la Noblesse du Maine, 1789.

TRAITES FORAINES, juridiction établie pour juger les affaires de douanes et de contrebande.

DOMFRONT : d'azur à trois fleurs de lis d'or, 2 et 1, et une tour de même posée en cœur. (*Arm. Ms.*).

LAVAL. Armes :

TRÉANNA, en Bretagne. Allain de Tréanna, grand archidiacre, représenta avec le doyen et le chantre, le Chapitre de l'église du Mans, aux états du Maine, 1508 : d'argent à une macle d'azur. (*Trés. hér.*).

TREFFORT (Grollier, marquis de), ancienne famille du Lyonnais. Madelaine de Treffort, veuve de Paul Gautier, secrétaire du prince de Condé, comme tutrice de leurs enfants, rend hommage, en 1691, des terres et seigneuries de Coulans et Louplande : d'azur à trois besans d'or surmontés chacun d'un étoile de même. (*Courc.*).

TREIL DE BELIN, du, assista aux états du Maine, 1614.

TREILLE, la, famille du Rouergue. Jean de la Treille, bailli des exemptions des ressorts de Touraine, d'Anjou et du Maine, 1370-1375. De Treille : de sinople au cep de vigne d'argent, fruité de gueules, accolant un échalas d'argent. (*Courc.*).

TREMAULT DE BELLATOUR, seign. de Ste-Cerotte, se fit représenter à l'assemblée de la Noblesse du Maine 1789.

TREMBLAI, du, assista aux états du Maine, 1614.

TREMBLEY, Robin, seign. de la Tremblaye et de Pallouall, en Touraine. Le sieur de la **Tremblaye** assista aux états du Maine, 1614 : de gueules à deux clés d'argent passées en sautoir, accompagnées d'une coquille d'argent posée en chef et de trois coquilles d'or, placées une dans chaque flanc, et la 3.ᵉ à la pointe de l'écu. (*Courc.*).

TRÉMIGON, de, famille de Bretagne. Achille de Trémigon, seign. de Saint-Poix, en Craonnais, assista à l'assemblée de la Noblesse d'Anjou, 1789 : d'argent à trois écussons de gueules, 2 et 1, chacun chargé de trois fusées d'or en fasce. (*La Ch.*).

TREMOILLE, de la, grande et illustre maison de chevalerie du Poitou. Elle jouissait en France du rang de princes étrangers ; elle avait pour son chef la dignité de premier duc à la cour, et de quatrième pair au parlement ; et, pour son fils aîné, le titre de prince de Tarente. Son auteur, Pierre I.ᵉʳ, vivait en 1040. Elle a produit des chevaliers bannerets qui se signalèrent dans les premières croisades, des sénéchaux, gouverneurs de provinces, des chevaliers des ordres du roi, un chevalier de la toison d'or et plusieurs autres grands dignitaires, Louis III, prince de Talmont, baron de Craon, lieutenant-général au gouvernement d'Orléans, Touraine, Anjou et Maine, 1567. Jean-Bretagne-Charles-Godefroy, duc de la Tremoille, comte de Laval, se fit représenter à l'assemblée de la Noblesse du Maine, 1789 : d'or au chevron de gueules, accompagné de trois aiglettes d'azur, becquées et membrées de gueules, elle porte aussi : écartelée aux 1 et 4 d'azur à trois fleurs de lis d'or qui est de France, au 2 de Sicile, au 3 de Laval, au 4 de Bourbon Montpensier ; sur le tout d'or au chevron de gueules, accompagné de trois aiglettes d'azur, becquées et membrées du second émail, qui est de la Tremoille. (*Courc., Dict. II, 401*).

TRESMES, de : V. POTIER, ducs de Gesvres.

TRESSAN, de. Cette anc. maison tire son nom d'une terre située dans l'ancien diocèse de Beziers. Louis de la Vergne de Montenard de Tressan, évêque du Mans, 1671-1712. Louis de la Vergne de Tressan, archevêque de Rouen, 1723, abbé de l'Epau, 1699, mort en 1733. François de la Vergne, marquis de Tressan, capitaine de cavalerie, épousa, 1704, Louise Madelaine de Brulard, fille du marquis de

Broussin, dont il eut Louis-Elisabeth, comte de Tressan, lieutenant-général des armées du roi, commandant en Toulois, membre de l'académie royale des sciences et des lettres de Berlin, né au Mans, 6 octobre 1705, mort 31 octobre 1783 : écartelé au 1 de vair, au chef de gueules, chargé d'un lion issant d'or (Montenard) ; au 2 d'or, à la croix de gueules, cantonnée de seize alérions d'azur (Laval-Montmorency) ; au 3 de sable semé de billettes d'argent au griffon de même, et un bâton de gueules mis en bande, brochant sur le tout ; au 4 d'argent, au chef de gueules. Sur le tout, d'argent au chef de gueules, chargé de trois coquilles d'argent. (Tressan). (*Ancien sceau*).

TRETON DE VAUJUAS, seign. de Launay-Villiers. Jacques-François-René Treton de Vaujuas, seign. de Vaujuas, à Marcillé-la-Ville, fut membre de l'assemblée de la Noblesse du Maine, 1789 ; il y représenta aussi Madame de Treton : d'or à la rose de gueules, cantonnée de quatre étoiles de même. (*Arm. de la M.*).

TREVES, de. Ce gentilhomme se fit représenter à l'assemblée de la Noblesse du Maine, 1789.

TRIBOUILLART, sire de Periers, chevalier, fait au comte du Maine, hommage de la terre de Torcé, 1387.

TRIE, maison illustre et ancienne, qui possédait les seigneuries de Saint-Calais et de Mondoubleau, dans le 15.ᶜ siècle. Elle a donné deux maréchaux de France et d'autres hauts fonctionnaires : d'or à la bande d'azur. (*La Ch.*).

TRIPIER, Innocent Tripier, seign. de Montenard, fut lieutenant-général de Touraine, Anjou, Maine, Laval, Perche, Vendomois, Blaisois, Amboise et Loudunois, 1566. Pierre-Armand et Gabriel-Pierre Tripier de Lozé, assistèrent à l'assemblée de la Noblesse du Maine, 1789. N. Tripier de la Fresnaye s'y fit représenter.

TRIVULCE, ancienne maison du Milanais qui a donné deux maréchaux de France, dont l'un, Jean-Jacques, lieutenant-général des armées du roi en Lombardie, reçut de Louis XI, en 1496, la baronnie de Château-du-Loir, comme récompense de ses services : pallé d'or et de sinople de six pièces. (*La Ch.*).

TRONCHAY, du, seign. de Baladé en Aron. Baptiste,

seign. de Baladé, conseiller au présidial du Mans, laissa entre autres enfants, Georges du Tronchay, savant et très-versé dans la numismatique, et dont le cabinet de médailles était alors, suivant la Croix du Maine, estimé plus de vingt mille francs. Plusieurs membres de cette famille occupèrent des charges au parlement de Paris; du Tronchay, lieutenant particulier au Mans, assista aux états du Maine, 1614.

TROTTIER, Marie, veuve de Pierre Ribault, fait, en 1665, hommage de la terre d'Eporcé, située à la Quinte.

TROUILLART, anc. famille de magistrature. Pierre, juge ordinaire du Maine, 1526; Jean, conseiller au présidial du Mans, 1557; Pierre, 1595; Pierre, sieur de Monchenou, conseiller au même siége, 1627; Pierre, sieur de Montferré, auteur de l'Histoire des comtes du Maine. Honneur Trouillart, veuve Bellenger, fait hommage, 1508, de terres situées à Roizé : de sable à trois roses d'or, 2 et 1. (*Armes peintes au bas d'un portrait*).

TROYE, de, assista aux états du Maine, 1614 : d'azur au chevron échiqueté d'or et de gueules, accompagné en chef de deux étoiles d'or, et en pointe d'un cerf couché de même. (*La Ch.*).

TUBOEUF, Charles, intendant de la généralité de Tours, 1674-1680 : d'argent à trois hirondelles de sable au vol abaissé. (*M. Lambron*).

TUCÉ, barons de Milesse, seign. de Tucé, maison connue dès le 11.e siècle. Odon de Tucé signa, en 1050, l'acte par lequel Hugues II, comte du Maine, approuve la fondation du prieuré d'Avoise. Un de ses successeurs fut assassiné dans les bois de Milesse, 1071-1095. Herbert exerçait, en 1214, les fonctions de sénéchal de la province, sous la reine Bérengère. Jean, moine de la Couture, fut abbé de ce monastère, 1469-1485; Catherine, abbesse d'Etival, 1434-1440. Un autre membre de cette famille fut député par la Noblesse aux états généraux tenus à Tours, en 1408. Le sire de Tucé était gouverneur du Mans, lorsque cette ville fut prise par les Anglais, 1423. Beaudoin, baron de Milesse, seign. de Tucé, et Jacques, seign. de Bouer, assistèrent aux états du Maine, 1508. Jeanne, fille et unique héritière de Beaudoin, baron de Milesse, seign. de Tucé, épousa, le 9 juillet 1525, François de Beaumanoir. Il existe encore, au Mans, une branche puînée de cette ancienne maison : de sable à trois jumelles d'argent. (*Nob. de N.*) : à quatre jumelles d'argent. (*Trés. hér.*; *Roy d'armes*). Le nobiliaire doit être suivi.

TUFFÉ ; prieuré conventuel dépendant de l'abbaye de Saint-Vincent, fondé vers 1015, par Hugues de Mondoubleau, réuni en 1769, à cette abbaye : d'azur à une fleur de lis d'or soutenue d'un croissant d'argent, et un chef de gueules chargé d'un agneau paschal, passant d'argent avec la croix et la banderolle de même. (*Arm. ms.*).

TUFFIN, vicomte de la Roirie, en Bretagne. Madame veuve Tuffin de la Rouërie se fit représenter à l'assemblée de la Noblesse du Maine, 1789 : d'argent à la bande de sable, chargée de trois croissants d'argent. (*Courc.*).

TURGOT, ancienne et illustre maison de Normandie, a donné des membres aux parlements de Rouen et de Paris, des maîtres des requêtes, des intendants, etc. Charles Turgot, était au commencement du 17.ᵉ siècle, prieur de Saint-Victor, au Mans, chanoine et scholastique de l'église de Coutances, conseiller clerc au parlement de Rouen, promoteur-général de l'assemblée du clergé tenue à Paris, en 1600. Il fut enterré dans la chapelle de son prieuré. En 182., on trouva son corps renfermé dans un cercueil de plomb et très-bien conservé; il fut mis dans un autre en bois et enterré dans l'église du Pré. Jacques-Etienne, intendant de Tours, 1704-1717 : d'hermines, treillissé de dix pièces de gueules.

TURIN, de, seign. de Glaye, ancienne famille. Marie-Charles-François-Philibert et Charles-François-Philibert de Turin, assistèrent à l'assemblée de la Noblesse du Maine, 1789 : d'azur au taureau passant d'or, sommé d'une étoile de même, à trois fleurs de lis d'or en chef. (*La Ch.*).

TURPIN. Plusieurs familles de ce nom. TURPIN DE CRISSÉ : losangé d'or et de gueules; TURPIN D'ASSIGNI, TREMERICOURT : de gueules à la fasce d'or surmontée de trois pommes de pin de même. TURPIN, en Normandie : de gueules à la fasce d'or accompagnée de trois pommes de pin de même, la pointe en haut. Gui et Lancelot, chevaliers, rendent hommage de la terre et seigneurie de Thorigné, près Connerré ;

l'un, en 1396; l'autre, en 1404 et 1405. Charles Turpin, aumônier du duc d'Orléans, fut abbé de Perseigne, 1657-1673. Les seigneurs de Thorigné semblent appartenir à la maison de Turpin de Crissé.

TYRONNEAU, abbaye de Cisterciens, paroisse de Saint-Aignan, sur les bords de l'Orne, fondée en 1149, par Patry de Chourse et Guiburge, sa femme. Ses armes devaient être celles du fondateur, c'est-à-dire : d'argent à cinq burelles de gueules.

U.

URSULINES, ou les Religieuses de Sainte-Ursule, comptaient trois couvents :

CHATEAU-GONTIER, d'argent à un lis de gueules, tigé et feuillé de sinople. (*Arm. ms.*).

LAVAL, maison établie en 1616. Armes :

LE MANS, établissement formé en 1621 : d'azur à un lis au naturel entre des épines. (*Arm. ms.*).

V.

VAAS, abbaye de religieux Prémontrés, bâtie dans la paroisse de Vaas, sur le Loir : d'argent à une fasce de gueules, chargée d'un calice d'or. (*Arm ms.*).

VABRE DE CASTELNAU, famille du Languedoc : d'azur au chevron d'or accompagné de trois roses d'argent, 2 en chef, 1 en pointe. (*La Ch.*). Un gentilhomme, du nom de Vabres, assista aux états du Maine, 1614. Appartenait-il à la famille ci-dessus ?

VACHER, le, seign. de la Chaise et de Saint-Germain-d'Arcé, anc. famille d'Anjou, dont un membre, Bernard le Vacher, alla, vers l'an 1120, à la conquête de la Terre-Sainte et fut gouverneur du royaume de Jérusalem : d'or à trois têtes de vaches de gueules posés de front, 2 et 1. (*La Ch.*).

VACHERETTE, Jeanne, veuve de Hubert Boucher, éc.,

dame du Pouvéau et de Vauderolle, dans la mouvance de Château-du-Loir, fait hommage de ces terres, 1409. (*Noms féod.*).

VAHAIS, Vahaie, de, seigneur de Vaulogé en Fercé, etc. Jean de Vahais, chef de la famille, vivait à Charné, vers 1460. Jacques, Jean, Philbert et René de Vahais appellés à l'arrière-ban, 1689 : d'azur à un soleil d'or de douze rayons. (*Armorial*).

VAILLANT, le. Jean, écuyer, sieur de la Vauville, aux Loges, taxé au rôle de l'arrière-ban, 1675 ; Claude le Vaillant, écuyer, sieur de la Vauville, demeurant aux Loges, porté sur celui de 1689. Plusieurs familles de ce nom. Le Vaillant, en Touraine : d'azur à la fasce fuselée d'argent de quatre pièces et deux demies. (*La Ch.*).

VAIRIE. Charles de la Hautonnière, seign. de la Pihoraie, épousa, en 1515, Marie de la Vairie. Les armes de la Vairie sont : d'azur à six macles d'argent, posées 3, 2 et 1. (*Le P.*, I, 350). De la Vairie, élection de Bayeux : d'azur à trois losanges d'argent, 2 et 1. (*La Ch.*).

VAL, du. Madelaine, veuve de Cordouan, écuyer, sieur de Moire, à Colombiers, près Beaumont, taxée au rôle de l'arrière-ban, 1675. Plusieurs familles de ce nom : 1.º d'argent à la bande de gueules ; 2.º d'azur à la bande d'argent ; 3.º.... (*La Ch.*).

VALLEAUX, de, ou VALLAUX. Abraham-Ambroise-Balthazard assista à l'assemblée de la Noblesse du Maine, 1789 : d'or à trois bandes de gueules. (*Arm. de la M.*).

VALLÉE, de, seign. du Chevain, etc. René, seign. du Chevain, épousa, dans le 16.ᵉ siècle, Perrine du Bois de Courceriers. Christophe, seign. de Fyé, vicomte de Champfleur, seign. de Groustel et autres lieux, en Sonnois, fait hommage des terres du Chevain et du Petit-Bois, 1658. *Noms féod.*). De gueules au chevron parti d'or et d'argent, accompagné de trois molettes d'or remplies d'argent, 2 en chef, 1 en pointe. (*Le P.*, I, 245, 247).

VALLÉE. Pierre de Vallée, baron de Pescheray, seign. de Pacé et de Saint-Hilaire, châtelain du Coudray et du Breil, capitaine de la ville de Chartres, fils de Jean, seign. de Pacé et de Marie le Voyer, épousa, vers la fin du 16.ᵉ siècle, Louise de Montmorency, fille de Pierre et de Jacqueline d'Avaugour. François de Vallée, seigneur de Passay, assista aux états d'Anjou, en 1508 : d'azur au lion d'argent, armé de sable et lampassé de gueules. (*Hist. de Montmorency*, 302, 304).

VALLÉE-FOSSEZ, la : de gueules à trois boucles ou fermaux d'argent, 2 et 1. (*La Ch.*).

VALLIÈRE, de la. Le sieur de la Vallière, à Epuisé, taxé au rôle de l'arrière-ban, 1675 : d'azur à un chevron d'or accompagné de trois aiglons de sable, 2 et 1. (*La Ch.*).

VALLOIS. Deux gentilshommes de ce nom sont inscrits sur le rôle de l'arrière-ban, 1689. Mathurin-Maurice fut membre de l'assemblée de la Noblesse, 1789; un autre de de Vallois s'y fit représenter. Le Nobiliaire de Normandie figure quatre écussons appartenant à différentes familles : 1.º d'azur au chevron d'hermines, accompagné de trois têtes de lions arrachées d'or ; 2.º d'azur au chevron d'or, accompagné de trois croissants d'argent, au chef d'or chargé de trois roses de gueules ; 3.º de gueules au chevron d'argent, accompagné en chef à dextre d'une rose, à senestre d'un croissant, en pointe, d'un lion, le tout d'or, au chef de gueules chargé de trois croisettes patées d'or ; 4.º d'azur au chevron d'or accompagné en chef de deux molettes d'or, en pointe d'un croissant d'argent.

VALOIS, comté, situé dans l'Isle de France. Philippe de Valois, comte d'Anjou et du Maine, puis roi de France, sous le nom de Philippe VI, fonda, en 1319, avec Jeanne de Bourgogne, sa femme, le Chapitre du Gué-de-Maulny, près de leur château, sur les bords de l'Huisne. Jean de de Valois, leur fils, comte d'Anjou et du Maine, en 1332, naquit dans ce château ; il succéda à la couronne, fut prisonnier à la bataille de Poitiers et mourut à Londres, 8 avril 1364 : d'azur semé de fleurs de lis d'or, à la bordure de gueules.

VALORY, de, seign. de Montaudin, maison de Florence, alliée aux meilleures de Toscane. Gabriel s'attacha au service de Louis de France, duc d'Anjou, roi de Naples, et se fixa en France. Charles-Marie, seign. de Montaudin, fut membre de l'assemblée de la Noblesse du Maine, 1789: écartelé aux 1 et 4 de sable à l'aigle éployée d'or; aux 2 et 3 d'or, au laurier de sinople, au chef de gueules. (*Dub.* — *La Ch.*).

VANEMBRAS, seign. de Coulonge, élection de Falaise, maint., 1666 : d'argent au chevron de gueules, accompagné de trois feuilles de chêne de sinople, 2 et 1. (*Nob. de N.*).

VANNOISE, le Breton de, seign. de Calabrière, Vieux-Bellesme, Rossay, Cissay, Vannoise, etc., famille du Perche dont le chef vivait en 1350, et maint. 1666. Pierre fut député par la noblesse du bailliage du Perche aux Etats-Généraux, 1614 : d'argent à trois roses de gueules, 2 et 1. (*Nobil. de Norm.*).

VANSSAI, seign. de la Barre-Conflans, Rocheux, Bretel, Coulouasné en Cherancé, de la Barre, près de Lunay. Cette famille, dont le chef vivait au 14.e siècle, a donné plusieurs chevaliers de l'ordre du roi, gentilshommes ordinaires de sa chambre, Françoise de Vanssai, abbesse de la Virginité, 1600-1614 ; Claude de Vanssai, sa nièce, la remplaça, 1614-1624 ; devint par mutation, abbesse de Bonlieu, et mourut, 1633. Le seign. de Rocheux, membre des états du Maine, fut député par la Noblesse aux états généraux de 1614. Jacques, seign. de la Barre-Conflans, taxé au rôle de l'arrière-ban, 1675. Charles, chevalier de Saint-Louis, seign. des Hunaudières, d'Ecossé et de Chêne-de-Cœur ; Charles-Pierre, son fils, seign. de Coudereau, assistèrent à l'assemblée de la Noblesse du Maine, 1789, et N. de Vanssai, seign. de la Barre et de Parpacé, à celle d'Anjou : d'azur à trois besans d'argent, chargés chacun d'une moucheture d'hermines et posés 2 et 1. (*La Ch.*).

VARENNE L'ENFANT, Châtellenie à Epineu-le-Seguin, a donné son nom à une ancienne famille : d'azur à la bande d'argent coticée d'or. (*Généal. de Martigné*).

VASSÉ, V. GROGNET.

VASSE, seign. de Courteuvre, à Lassay : d'azur à la fasce d'or, chargée d'une aigle éployée de sable, accompagnée de trois étoiles d'argent, deux en chef, une en pointe. (*Le Paige, II, p.* 579).

VAUBOREL, de, sieur de Romilly et de la Chaslerie. Gui, écuyer, sieur de Vauborel, à Saint-Pierre-des-Landes, taxé au rôle de l'arrière-ban, 1675 : d'azur à une tour d'argent. (*Armorial*).

VAUCELLES DE RAVIGNY, de, seign. de Champfrémont, Ravigny, Cigné et la Pôté, maint., 1698. Emmanuel, fils aîné du sieur de Ravigny, à Ravigny, taxé au rôle de l'arrière-ban, 1675 : d'argent, à un chef de gueules, chargé de sept billettes d'or, 4 et 3. (*Courc.*).

VAUCENNÉ, famille dont le chef vivait en 1433, tire son nom d'une terre située dans la paroisse d'Argentré au Bas-Maine. Elle existe en Anjou et dans le Maine. Vaucenné, seign. de la Menardière : d'azur au lion d'or, langué et onglé de gueules. (*Armorial*).

VAUCOULEUR : d'azur à la croix d'argent. (*Arm. de la M.*).

VAUFLEURY, Henri de, seign. de Rolay, à Azé, fut membre de l'assemblée de la Noblesse d'Anjou, 1789.

VAUGIRAULT. Un gentilhomme de ce nom assista aux états du Maine, 1614 : d'argent à l'aigle éployée à deux têtes couronnées de sable. (*Arm. de la M.*).

VAUMORIN, de, François, écuyer, sieur de Vaumorin, et Françoise de la Ravelière, son épouse, à Saint-Hilaire-des-Landes, taxés, au rôle de l'arrière-ban, 1675.

VAUPALLIÈRE, le marquis de la, fut gouverneur des comtés du Maine, Perche et Laval, 1785-1790.

VAUQUELIN, seign. de la Fresnaye, de Vrigny, etc. Cette famille de Normandie a donné un avocat-général au parlement de Normandie ; Vauquelin des Yveteaux, l'un des précepteurs de Louis XIII, etc. : d'azur au sautoir d'argent, engrêlé et accompagné de quatre croissants d'or posés, un dans chaque angle du sautoir. (*La Ch.*).

VAUX, au Maine, de, comtes de Vaux, maison originaire du Dauphiné, connue depuis le 14.ᵉ siècle : d'azur au lion d'argent, sommé d'un croissant de même. Devise : *Amor patriæ*.

VAUX, des, seign. des Vaux en Champéon, Lévaré, Vieuvy, l'Epinotière, Mégaudais, Saint-Bertevin. Cette famille bienfaitrice des abbayes de Savigny, Evron, Fontaine-Daniel, avait dans cette dernière une chapelle fondée en 1250, par Guillaume des Vaux. On y voyait les tombeaux de ce fondateur et de plusieurs de ses descendants avec leurs armes. La maison des Vaux forme plusieurs branches. Elle est alliée aux plus illustres de la province du Maine et autres : coupé d'argent et de sable, au lion de l'un en l'autre, armé et lampassé d'or.

VENDAY, seign. de Préaux. Geoffroy de Venday rend hommage, 1341, au seign. de Château-du-Loir, pour le droit de pacage qu'il possède dans la forêt de Bersay, à raison de sa terre de Préaux. (*Noms féod.*). De VENDER, de l'élection de Caen : d'azur à l'étoile d'argent, accompagnée de trois flammes d'or, 2 en chef, 1 en pointe. (*La Ch.*).

VENDOME, comtes de. Le plus ancien connu est Bouchard I, mort vers 1012. Ce comté passa par alliances dans diverses maisons, réunit ainsi plusieurs domaines, et vint à la maison de Bourbon. Jean de Bourbon, comte de la Marche et de Castre, devint comte de Vendôme en 1375, après la mort de Bouchard VII, dont il avait épousé la sœur. Louis de Bourbon, fils de Jean et de Catherine de Vendôme, hérita de ce comté, qui fut érigé, 1514, en duché-pairie, en faveur de Charles de Bourbon, duc de Vendôme, père d'Antoine, roi de Navarre et ayeul de Henri IV, roi de France. Celui-ci monté sur le trône, donna à César, son fils naturel, le duché de Vendôme, pour le tenir en pairie. Ce duché fut réuni à la couronne et la pairie éteinte en 1712, par le décès, sans enfants, de Louis-Joseph, duc de Vendôme.

Les anciens comtes de Vendôme portaient : d'argent au chef de gueules, au lion d'azur brochant sur le tout; les vidames de Chartres, princes de Chabanais, écartelèrent d'azur semé de fleurs de lis d'or. Les ducs de Vendôme : d'azur à trois fleurs de lis d'or, au bâton de gueules péri en bande, chargé de trois lionceaux de gueules. Les cardinaux Charles II et Charles III de Bourbon, de la maison des ducs de Vendôme, furent abbés de la Couture, au 16.e siècle; Marie et Isabelle de Vendôme, abbesses de la Virginité, l'une en 1382, l'autre en 1470.

VENDOSMOIS, VENDOMOIS, seign. d'Ourne, Haute-Perche, Crannes, Champmarin, etc., dans la mouvance de Château-du-Loir. Hubert, 1342, fait hommage pour l'habergement de l'Isle et d'Ourne, domaine, fiefs, arrière-fiefs et droit de pacage, dans la forêt de Berçay, et en 1393, Jean de Vendomois, chevalier; Guillaume, en 1393, pour Haute-Perche, domaine, fiefs et arrière-fiefs; Jeanne, sa veuve, en 1404. Jeanne de Vendomois fut abbesse de Bonlieu, 1404. Christophe, doyen de Mortagne, seign. de Belle, Crannes et Champmarin, devint chanoine de Saint-Pierre du Mans et mourut en 1516. René de Vendomois, chevalier de l'ordre du roi, assista aux états du Maine, 1576 : d'or à deux fasces de gueules, coupé d'hermines. (*Trés. hér.*).

VERDELAY, Marie de Verdelay, veuve de François de Mauge, chevalier, seign. de Préaux, à Rahay, taxée au rôle de l'arrière-ban, 1675.

VERDUN, écuyer, sieur de Passais, élection de Domfont : d'or fretté de sable de six pièces : une autre branche porte d'argent fretté de sable. (*Nob. de N.*).

VERGER, du. Gilles du Verger, écuyer, sieur de Chambor, à Olivet, taxé au rôle de l'arrière-ban, 1675 : de gueules au soleil d'or. (*Trés. hér.*).

VERGIER, de, famille de Bretagne, maint., 1538 : de gueules à deux bandes de vair. (*La Ch.*).

VERGNE. V. DE TRESSAN.

VERON de Forbonnais. François, né au Mans, conseiller au parlement de Metz, inspecteur-général des Monnaies, seign. de Forbonnais, assista à l'assemblée de la Noblesse du Maine, 1789 : d'argent à trois vérons d'azur posés l'un sur l'autre, celui du milieu contrepassant, au chef de gueules chargé de trois étoiles d'argent mises en fasce. (*Sceau*).

VEXEL, de. Madelaine de Vexel, veuve de Jean de Martineaux, écuyer, sieur de la Fourmentière, à Voutré, taxée au rôle de l'arrière-ban, 1675.

VICHY-CHAMRON, famille de Bourgogne. Nicolas Vichy de Champron, trésorier de la Sainte-Chapelle de Paris, abbé de Saint-Calais, 1723-1782 : de vair. (*La Ch.*).

VIEL. Michel fut abbé de Champagne, 1420-1441. Thomas, châtelain de Sonnois, reçut en don, 1477, le château de Mamers, à la charge d'entretenir les prisons, d'y recevoir et garder les prisonniers que les officiers de justice du seigneur déposeraient. Le Nobiliaire de Normandie cite deux familles du nom de Viel, l'une de l'élection de Coutances : d'argent à la fasce d'azur chargée de trois sautoirs alaisés d'or; l'autre, de l'élection d'Argentan : d'azur au sautoir d'or cantonné de quatre aiglettes d'argent.

VIEU-MAISONS, Jean-Jacques, de, chevalier, fils d'Anne le Clerc, seign. de Courteilles, dans la mouvance de Beaumont-le-Vicomte, fait hommage de cette terre située à Coulombiers, 1668. (*Noms féod.*). VIELSMAISONS, en Champagne : losangé d'argent et d'azur, au chef de gueules. (*La Ch.*).

VIEUVILLE, marquis de la Vieuville, par érection de 1595, ancienne et illustre maison de Bretagne : d'argent à sept feuilles de houx de sinople, sur un écartelé aux 1 et 4 de la Vieuville d'Artois; aux 2 et 3 d'O. — La Vieuville, d'Artois : fascé d'or et d'azur de huit pièces, et trois annelets de gueules posés en chef, brochant sur les deux premières fasces.— d'O : d'hermines au chef denché de gueules. (*La Ch.*).

VIGNE, de la, seign. du lieu, généralité d'Alençon, maint., 1667 : d'argent à l'aigle éployée de sable, au chef de gueules, chargé de trois fers de pique d'argent. (*Nob. de N.*). Une autre famille de l'élection de Falaise porte : d'azur a trois pommes de pin d'argent, 2 et 1. (*Nob. de N.*).

VIGNOLES. Jean de VIGNOLLES, lieutenant particulier en la senéchaussée du Mans, fut un des principaux chefs protestants qui s'emparèrent de la ville du Mans, en 1562 : de sable à un cep de vigne, feuillé et fruité d'argent, et soutenu par un échalas de même. (*La Ch.*).

VILLARCEAU, ancienne famille. Jean de Villarceau, seign. de Villarceau, assista aux états du Maine, 1508. Girarde de Villarceau devint abbesse de la Virginité en 1507, résigna vers 1544 : burelé d'or et de gueules de dix pièces, au lion de sable, tenant de la pate de devant un croissant d'or brochant sur le tout. (*Trés. hér.*).

VILLARS, duc de, barons de la Ferté-Bernard; dans le 17ᵉ siècle. V. BRANCAS.

VILLEBLANCHE. La dame Hélène de Villeblanche, ayant le bail des enfans du seigneur de Lavardin, se fit représenter aux états du Maine, 1508 : de gueules au chevron d'argent, chargé d'un autre chevron d'azur, accompagné de trois quintefeuilles d'or. (*La Ch.*).

VILLEQUIER, ducs de. V. AUMONT.

VILLERMOIS : d'argent au lion de gueules, accompagné de cinq tourteaux de sable, 2 en chef, 3 en pointe. (*Arm. de la M.*).

VILLEROI. V. de la NEUVILLE.

VILLERS, écuyer, seign. de Heslou, près d'Alençon, maint. 1667. Gilles, écuyer, sieur de Heslou, à Heslou, taxé au rôle de l'arrière-ban, 1675 : d'hermines à deux piques ou hallebardes de sable, posées en sautoir et ferrées de gueules. (*La Ch.*) : ferrées de sable. (*Nob. de N.*).

VILLES. Beaucoup furent autorisées à prendre des armoiries ; quelques-unes obtinrent l'honneur d'y joindre en totalité ou en partie celles de France. Mais la plupart avaient les armes de leurs seigneurs, que ceux-ci plaçaient sur les murs intérieurs et extérieures des églises et à l'entrée des halles.

VILLETTE, seign. de Villette, Torchamp, famille chevaleresque, de l'élection de Domfront. Jean de Villette fut abbé régulier de St.-Vincent, 1354-1371 : d'azur à six tours d'argent, 3, 2, 1. (*Nob. de N.*; *Courc.*).

VILLEVAULT, Louis de, conseiller au parlement de Metz, seign. de Couesme, dans la mouvance de Beaumont-le-Vicomte, fait hommage de cette terre, 1690. (*Noms féod.*).

VILLIERS, de, Julien, écuyer, sieur de Villiers, à St-Denis-de-Gastines, taxé au rôle de l'arrière-ban, 1675; N. de Villiers se fit représenter à l'assemblée de la Noblesse du Maine, 1789. Plusieurs familles de ce nom : d'azur à trois roses d'or et une fasce d'argent. (*La Ch.*).

VILLIERS de l'ISLE-ADAM, illustre maison qui a donné un maréchal de France, un porte-oriflamme et souverain maître de l'hôtel du Roi, un maître des eaux et forêts de Normandie, des évêques de Beauvais, un grand maître de l'ordre de St-Jean de Jérusalem et un grand maître de Rhodes : d'or au chef d'azur chargé d'un dextrochère, revêtu d'un fanon d'hermines brochant sur le tout. (*La Ch.*).

VIMEUR de ROCHAMBEAU, seign. d'Ambloy, de la Vaudière, de Rochambeau et de Thoré, dans le Vendomois. Cette famille remonte à Macé de Vimeur, vivant en 1378. Elle a donné des gouverneurs de places, des capitaines d'armes, des gentilshommes ordinaires de la chambre du Roi, un chef d'escadre et un maréchal de France. Macé II de Vimeur, épousa en 1450, Jacquette de Juston, fille de Robert, seign. d'Ambloi. Christine de Bellon, fille de Pierre, seign. de Rochambeau, fut mariée en 1510, à Mathurin de Vimeur : d'azur au chevron d'or, accompagné de trois molettes de même. (*Courc.*)

VINCENT (SAINT), abbaye de Bénédictins, fondée au Mans en 572, par l'évêque St-Domnole : d'azur à un gril, le manche en haut d'or, un fouet ou discipline de même brochant sur le manche du gril : au chef d'argent, chargé de deux fleurs de lis de gueules.

VINCENT (prieuré des religieux de SAINT) : d'azur à une crosse d'or entourée d'un chapelet de même. (*Arm. ms.*). Ce prieuré est l'office de prieur de l'abbaye, dont le traitant semble faire un prieuré distinct.

VIOLE, famille ancienne. Jacques fut intendant des provinces de Touraine, d'Anjou et du Maine, 1585-1566. Magdelaine de Viole, veuve de Henri de Saveuse, chevalier, seign. de Bougainville, gentilhomme ordinaire de la chambre du Roi, fait hommage en sa qualité de tutrice de leur fille, pour la châtellenie de Thorigné, près Connerré, 1655 : d'or à trois chevrons de sable. (M. *Lambron de Lignim*).

VIOLLEAU, Guillaume, rend en 1403, au seign. de Château-du-Loir, hommage de l'habergement des Ruisseaux, domaine, cens, etc. en la châtellenie de Mayet. (*Noms féod.*).

VIRGINITÉ, la, abbaye de religieuses de l'ordre de Citeaux, fondée en 1247, sur la paroisse des Roches-l'Evêque, par Pierre de Montoire, comte de Vendôme et Aiglantine sa mère : tiercé en bande d'hermines, d'or et de gueules. (*Arm. m.*). L'abbaye devait avoir d'autres armoiries.

VISITATION, les religieuses de la, avaient cinq établissements.

ALENÇON. Ce couvent fut établi au faubourg Monsor, en 1659 : d'or à un cœur de gueules, percé de deux flèches d'or empennées d'argent, passées en sautoir au travers du cœur qui est chargé d'un nom de JÉSUS et de MARIE d'or, et à une croix de sable au pied fiché dans l'oreille du cœur, le tout renfermé dans une couronne d'épines de sinople, ensanglantée de gueules. (*Arm. ms.*). Ce sont les armoiries de l'ordre, adoptées par toutes les maisons.

LA FERTÉ-BERNARD, fondé en 1633, par Marie Heullin, veuve de Bois-Richard : mêmes armes.

LA FLÈCHE, fondé, 1632, par le marquis du Puy du Fou, seign. de Pescheseul : mêmes armes.

MAMERS, fondé en 1634 : mêmes armes.

LE MANS, établi en 1634, par Madame de la Ferrière, sœur du maréchal de Tessé : mêmes armes.

VITRÉ, ville et ancienne baronnie de Bretagne, dont le titulaire avait le droit de présider l'ordre de la Noblesse à l'assemblée des États de cette province. L'héritière de cette illustre maison fut mariée à Gui VII de Laval, mort en 1268 : de gueules au lion d'or.

VITRÉ de Larrière, Jacques, abbé d'Evron, 1555. ITBÉ d'ACIGNÉ, ancienne maison éteinte : d'hermines à la fasce alaisée de gueules, chargée de trois fleurs de lis d'or. (*La Ch.*).

VIVOIN, prieuré conventuel de Bénédictins, fondé par les seign. de Beaumont-le-Vicomte et donné en 994, à l'abbaye de Marmoutier par Raoul I, vicomte du Maine : d'or à un Saint-Benoist de carnation, vêtu de l'habit de son ordre de sable, tenant en ses mains un livre ouvert d'argent. (*Arm. ms.*).

VOISIN, famille de Touraine, dont le chef Daniel, seign. de la Norraie, fut reçu secrétaire du Roi, 22 octobre 1593. Elle a donné un chancelier et garde des sceaux de France, greffier et commandeur des ordres du Roi. Jean-Baptiste Voisin fut intendant de la généralité de Tours, 1666-1671 : d'azur au croissant d'argent, accompagné de trois étoiles d'or, 2 en chef, 1 en pointe. (*La Ch.*).

VOLSERE des Adrets, abbesse d'Etival, 1768-1773.

VOVE, de la, une des premières familles du Maine, tient aux principales maisons de France. François de la Vove, chevalier de l'ordre du Roi, baron de la Pierre au Maine, seign. de Clamecy en Berry, de Cothuan, etc., en Bretagne, épousa Gabrielle Carman, fille du comte de Maillé-Carman; il assista aux états du Maine 1614. Louis, son fils aîné, chevalier de l'ordre du Roi, gentilhomme ordinaire de sa chambre, eut de Guyonne de Courtarvel, quatre filles. Guyonne, l'ainée, fut mariée le 20 mai 1629, à Pierre de la Fresnaye, chevalier, seign. de la Fresnaye, et lui porta la baronnie de la Pierre, avec la seigneurie de Cothuan : de sable à six besans d'argent, 3, 2 et 1. (*La Ch.*).

VOYER de PAULMY d'ARGENSON, de, marquis d'Argenson par érection de 1700, maison illustre de Touraine, connue depuis Etienne Voyer, chevalier, seign. de Paulmy en 1244. Elle a donné des gouverneurs, trois grands-croix, chevaliers et gardes des sceaux de l'ordre de St-Louis, des intendants de provinces, etc. Marc-Pierre Voyer, intendant de la généralité de Tours, 1721-1722; armes jusqu'en 1538 : d'azur à deux léopards couronnés d'or, lampassés et armés de gueules. Depuis 1538 : écartelé aux 1 et 4 d'azur à deux léopards couronnés d'or, lampassés et armés de gueules, qui est de Voyer; aux 2 et 3 d'argent à la fasce de sable, qui est de Guéfaut. Depuis 1651, et par concession spéciale, comme ci-dessus, et sur le tout d'azur au lion ailé assis d'or, tenant un livre ouvert qui est de Venise. (*Courc.*).

VRIGNY, Vauquelin, marquis de. V. VAUQUELIN.

Y.

YVER de Saint-Aubin, en Normandie, originaire du Poitou, descend de Yver, seign. de Touchemoreau, vivant en 1405. Pierre-François Yver de Touchemoreau, au Mans, assista à l'assemblée de la Noblesse du Maine 1789 ; le dernier de cette famille dans cette province est mort depuis peu d'années : d'azur à la fasce d'or ; accompagnée de trois étoiles de même.

YZARN ou IZARN, comtes de Villefort, maison chevaleresque du Languedoc. Louis-Antoine d'Yzarn de Villefort, nommé doyen de l'église du Mans, 7 mars 1733, mort à Paris, 17 juillet 1740, eut pour successeur Mathias Poncet de la Rivière. D'azur à la fasce d'argent accompagnée en chef de deux besans du même, et en pointe d'un croissant d'or. (*Courc.*). YZARN, omis sur la liste des Doyens, publiée en 1839, nous est indiqué par M. l'abbé Lottin.

W.

WATELET de Valogny, famille de Champagne. Watelet de Valogny, lieutenant du Roi et commandant de la ville du Mans, nommé en 1767 : d'azur à une ancre d'argent. posée en pal accottée de deux étoiles de même. (*Armorial*).

ADDITIONS A L'ARMORIAL.

BELIN de CHANTEMELE, famille du Vendômois. Michel-Augustin fut officier de la maison du roi Louis XVI ; René-Benjamin, capitaine adjudant-major de cavalerie, chevalier de l'ordre royal militaire de S. Louis et de celui de la Légion d'honneur : d'or au chevron de gueules, accompagné en chef de deux têtes de cheval arrachées et affrontées de sable, et en pointe d'une tour de même ouverte en champ ; coupé d'azur au bélier d'or, accompagné de trois étoiles d'argent, deux en chef, une en pointe. (*Sceau*).

BELOT, famille originaire de Franche-Comté, anoblie par Charles-Quint, éteinte : de gueules à deux besans d'argent en chef, et une étoile de même en pointe : Claude Belot, abbé d'Evron en 1615-1616, appartenait-il à cette famille ou à celle portée page 25?

BORDE, de la, au Mans. Le colonel de la Borde, chevalier de l'ordre royal et militaire de S. Louis, grand cordon de celui de la Légion d'honneur : de gueules au dextrochère vêtu d'un brassard et tenant une épée, le tout d'argent, mouvant du flanc gauche de l'écu ; coupé d'azur au chevron d'or accompagné de trois têtes de loup de même, deux en chef, une en pointe. (*Sceau*).

BOUCHET, du, seign. du Bouchet et de Mondagron, 16e siècle : d'argent à trois annelets de sable. (*M. le Comte de Mailly*).

CHAUVELIN, Bernard de, intendant de la généralité de Tours, 1711-1717 : d'argent au chou arraché de sinople, la tige entortillée d'un serpent d'or, la tête en haut. V. page 59.

CHEVALIERS BANNERETS, c'est-à-dire portant bannière, sous le règne de Philippe-Auguste, 1180-1223.
Les seigneurs de
Sainte-Suzanne, Raoul.
Mayenne, Juhel.
Laval, Gui.
Antenaise, Savary.
Chaourses, Patri.
La Ferté, Bernard.
Sillé, Guillaume.
Montoire.
Craon, Amaury.
Chateau-Gontier.
Daon.

CHEVALIERS BACHELIERS.
Averton, le seigneur d'.

DUCLUSEL, François-Pierre, intendant de la généralité de Tours, 1766-1783 : d'or à un pin de sinople, sur une terrasse de même, au cerf passant de gueules brochant sur le tout. (*M. Lambron*).

ETAMPES, Jean d', intendant de la généralité de Tours, 1631-1637 : d'azur à deux girons d'or, mis en chevron, au chef d'argent, chargé de trois couronnes ducales de gueules. (*M. Lambron*). V. page 88.

HÉERE, Denis de, intendant de la généralité de Tours,

1643-1647 et 1649-1656 : d'argent au chevron de sable, accompagné en chef de deux coquilles de même, et d'une étoile de gueules en pointe. (*M. Lambron*).

HÉRAULT, René, intendant de la généralité de Tours, 1722-1725 : d'argent à trois canettes de sable becquées et membrées d'or, 2 et 1. (*M. Lambron*).

HOTMAN, Vincent, intendant de la généralité de Tours, 1656-1657 : emmanché d'argent et de gueules. (*M. Lambron*).

HUE de MIROMESNIL. V. MIROMESNIL, page 157

MORANT, de, famille de Normandie. Thomas de Morant, intendant de la généralité de Tours, 1659-1661 : d'azur à trois cormorans d'argent becqués et membrés de gueules, 2 et 1. (*Nob. de N.*).

LE MORHIER, marquis de Villiers et le chevalier le Morhier, son frère, l'un et l'autre à Villiers-en-Beauce, propriétaires de la terre et seigneurie de Bordeuil, S.-Martin-des-Monts, et des terres et fiefs de la Pointe la Tremblais, la Grandière, du Pressoir et Morant, y annexés, portés au rôle de l'arrière-ban 1675 : de gueules à la fasce d'or, accompagnée de six coquilles d'argent rangées trois en chef, trois en pointe. (*Trés. Hér.*).

ORGLANDE, d', très-ancienne maison de Normandie, alliée à plusieurs familles du Maine : d'hermines à six losanges de gueules, une tête de levrette en cimier ; devise : CANDORE ET ARDORE. (*La Ch.*).

ORRY, Jean, abbé de Fontaine-Daniel, 1573. ORRY de FALVY : de pourpre au lion rampant d'or contre un rocher d'argent. (*La Ch.*).

POMMEREU, Michel-Gervais-Robert de, intendant de Tours, 1726-1731 : d'azur au chevron d'or, accompagné de trois pommes de pin de même. (*M. Lambron*).

SAPINAUD, ancienne famille établie dans l'Anjou et le Maine : d'argent à trois merlettes de sable, 2 et 1. Couronne de marquis, supports, deux lions, devise : NE VARIETUR.

VAUJOAS, V. TRETON.

ÉCUSSONS PLACÉS DANS LA CATHÉDRALE.

Au 18e siècle, on remarquait sur les vitraux de la cathédrale du Mans, un certain nombre d'écussons représentant les armoiries des personnes qui avaient donné ces verrières; nous les reproduisons ici, d'après les renseignements puisés dans les notes laissées par feu M. Maulny.

I. *Grande fenêtre de la Rose.*

Cette verrière représente huit personnages, avec leurs écussons.

1. Un chevalier, armoiries : écartelé aux 1 et 4 de gueules, au lion d'or ; aux 2 et 3, de sable fretté d'or.
2. Un évêque : d'argent à trois chevrons de sable.
3. Un évêque : armoiries de Bourbon, d'azur à trois fleurs de lis d'or et...
4. Le cardinal Filastre : de gueules au massacre de cerf d'or, à la bordure engrêlée de gueules.
5. Un roi de Sicile : d'Anjou, ou d'azur semé de fleurs de lis d'or, à la bordure de gueules.
6. Un prince de la maison d'Anjou : de Jérusalem, (d'argent à la croix potencée d'or, cantonnée de quatre croisettes de même), parti d'Anjou.
7. Une reine, princesse de Bretagne : de Jérusalem, parti d'Anjou, tiercé de Bretagne, qui est d'hermines.
8. Un prince de la maison d'Anjou-Sicile : de Jérusalem, parti d'Anjou, tiercé d'Arragon, qui est d'or à quatre pals de gueules.

II. *Première grande fenêtre du transept, à droite de la Rose.*

Quatre bienfaiteurs de l'église y sont peints avec leurs armoiries. Le manuscrit mentionne seulement les écussons.

1. De gueules à un massacre de cerf d'argent.
2. D'argent, à une macle d'azur. (Tréana en Bretagne).
3. D'argent, à un chevron d'azur, accompagné de trois trélons volants de sable.

4. D'or, à trois chauvesouris volantes, 2 et 1 (de sable?) la couleur n'est pas marquée.

III. *Deuxième fenêtre du transept à droite de la Rose.*

Les armoiries sont au nombre de six.
1. D'argent, à trois fleurs de lis de gueules.
2. Une dame de la maison de.... d'Angleterre, (de gueules, à trois léopards d'or l'un sur l'autre) à la bordure d'hermines, parti échiqueté d'or et d'azur au chevron d'hermines.... de gueules à la fasce d'or, accompagnée de six croix alaisées de même.
3. Un prince : d'Angleterre, à la bordure d'hermines.
4. et 5. Un cardinal : d'argent à trois roses de gueules boutonnées d'or.
6. Pallé, ondé d'hermines et de gueules, au franc quartier de sable, chargé d'une louve passante, d'or.

IV. *Fenêtre à gauche de la rose, au-dessus de la chapelle S. Jean, où sont aujourd'hui les fonts baptismaux.*

On y observe huit personnages avec leurs écussons.
1. Un chevalier : d'azur à la croix estoquée d'or, brisé en cœur d'une molette de sable.
2. Un chevalier : de gueules à un lion rampant d'argent.
3. Une dame de la maison de Laval-La Faigne : d'or à la croix de gueules, chargée de cinq coquilles d'argent et cantonnée de seize alérions d'azur, l'écu entouré d'une bordure de sable, besantée d'argent.
4. Un seigneur de Laval : d'or à la croix de gueules chargée de cinq coquilles d'argent, et cantonnée de seize alérions d'azur.
5. Un pape de la maison des princes de Genève : d'or à la croix échiquetée de quatre points d'azur.
6. L'évêque Gontier de Baignaux : d'or à trois orles de sable, une crosse de gueules, mise en pal, brochant sur le tout.
7. Du Guesclin : d'argent à l'aigle éployée de sable, membrée et becquée d'or, à la cotice de gueules brochant sur le tout.

8. Un chanoine : d'argent à six losanges de sable, 3, 2 et 1.

Il paraît que ces verrières, dont il ne reste plus de traces, étaient placées dans les galeries au-dessous des grandes fenêtres établies à droite et à gauche de la rose.

SUITE, PAR M. L'ABBÉ TOURNESAC.

L'on voit encore (1839) sur les vitraux du chœur plusieurs personnages avec leurs écussons.

I.e *Fenêtre au midi.*

1. Un guerrier : de gueules au lion d'or.
2. Un ecclésiastique : vairé de gueules et d'or.

Fenêtre à l'extrémité du chœur.

Huit écussons semblables : de gueules à la bande d'or. (l'évêque de Loudon).

III.e *Fenêtre au nord ; trois des travées.*

Deux chevaliers : d'argent à trois jumelles de sable. (de Cormes).

Un ecclésiastique : mêmes armes. — Cette fenêtre est figurée en couleur dans le Cours d'antiquités monumentales de M. de CAUMONT.

IV.e *Fenêtre au nord.*

Les bordures sont ornées des armes de Blanche de Castille : de gueules à la tour ou château d'or.

VI.e *Fenêtre du bas côté nord du chœur.*

Deux écussons, portant de gueules, vairé d'or.

Chapelle S. Jacques, près de la grande sacristie, au haut d'une fenêtre, un écusson : de gueules à trois pals d'argent au chef cousu d'or.

Sur les deux piliers à l'entrée du chœur, on voit les armes du cardinal de Luxembourg, restes de l'ancien jubé détruit en 1562.

A la clé de la voute, près de la rose, les armes de France.

A la clé de la voûte suivante, les armes du cardinal Filastre.

Une des fenêtres de la cathédrale offre aussi un écusson : de gueules chargé de sept écussons d'or, 4, 2 et 1.

APPENDICE.

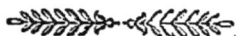

COMMUNAUTÉS ET CORPORATIONS
D'ARTS ET MÉTIERS.

Les Communautés étaient composées de tous les membres d'une même profession, autorisés à l'exercer; et souvent de la réunion des maîtres de plusieurs états différents.

LE MANS.

Avocats: d'azur à un saint Yves, vêtu d'une longue robe et d'un bonnet carré, tenant de sa main dextre un sac suspendu, le tout d'or.

Chirurgiens : de sable à une scie à main d'argent, accompagnée de trois lancettes de même, deux en chef, une en pointe.

Maîtres Apothicaires et Épiciers : d'azur à un saint-Nicolas d'or.

Maîtres Boulangers : d'azur à un saint Honoré, vêtu en Évêque, d'or.

Meuniers : d'azur à un saint Martin d'or.

Maîtres Bouchers : d'azur à un saint Barthélemi d'or, tenant de sa main dextre un couteau de même.

Patissiers, rotisseurs, poulaillers, hôtes, cabaretiers : d'or à un gauffrier de sable et un chef d'azur chargé de trois lardoires d'or.

Ciriers : d'azur à une sainte Geneviève, tenant de sa main dextre un cierge allumé qui est adextré en chef d'un ange et sénestré d'un diable tenant un soufflet, le tout d'or, la sainte posée sur une terrasse de même.

Etaminiers et Tessiers : d'azur à trois navettes de tisserand d'or, posés 2 et 1.

Marchands Drapiers : d'azur à une sainte Barbe à dextre et un Saint-Blaise habillé en évêque, à sénestre, le tout d'or.

Marchands Merciers : d'azur à un saint Louis tenant un sceptre de la main dextre et une main de justice de la sénestre, le tout d'or sur une terrasse de même.

Libraires, Imprimeurs, Graveurs : de sable à un livre d'argent.

Orfèvres, Horlogers, Fourbisseurs d'épée, Arquebusiers et Couteliers : écartelé au 1 d'argent à un marteau de sable, au 2 de gueules à une montre d'or, au 3 de sable à une épée et un fusil d'argent passés en sautoir, au 4.ᶜ d'or, au rasoir de sable accompagné de deux lancettes de même.

Fondeurs et Chaudronniers : d'or à un réchaud de sable, accompagné de trois soufflets de même, deux en chef, 1 en pointe.

Serruriers, Cloutiers et Potiers d'étain : de gueules à une clé d'argent, accompagnée en chef de deux clous d'or et en pointe d'un pot d'argent.

Maréchaux : d'azur à un saint Eloi, vêtu pontificalement, tenant de la main dextre un marteau, et de la sénestre la crosse, le tout d'or sur une terrasse de même.

Tailleurs : d'azur à deux ciseaux d'or ouverts en sautoir.

Tapissiers, Bonnetiers et Chapeliers : d'argent à un bas de gueules, accompagné en chef de trois aiguilles de sable, et en pointe d'un chapeau de même.

Barbiers, Perruquiers et Passementiers : de gueules à un bassin à barbe d'or et un chef d'argent, chargé de trois tourteaux de gueules.

Maîtres Teinturiers : d'azur à un saint Maurice monté sur un cheval, portant un guidon, le tout d'or, sur une terrasse de même et le guidon chargé d'une croix de saint Maurice de gueules. Cette croix est patée et pommelée.

Marchands d'Eau-de-Vie, en gros et en détail, et Ferronniers (Marchands de fer) : d'azur à une barrique d'or, à un chef d'argent chargé de trois fers de cheval de sable.

Marchands de Vin : d'argent à un saint Martin monté sur un cheval et coupant de son épée la moitié de son manteau, pour la donner à un pauvre qui le suit, le tout d'or sur une terrasse de même.

Chaussetiers, Cartiers, Cordiers et Chaussumiers : de sable à une carte d'argent chargée d'un cœur de gueules, parti d'or à une roue de gueules.

Tourneurs, Menuisiers, Boisseliers et Sabotiers : de gueules à une colonne torse d'or, accompagnée de trois sabots de même, deux en chef, un en pointe.

Tanneurs : d'azur à une sainte Agnès d'or sur une terrasse de même, adextrée en pointe d'un agneau couronné d'argent saillant contre elle.

CORROYEURS, MÉGISSIERS ET CHANDELIERS : d'azur à une toison d'or, parti de gueules à trois chandelles d'argent, posés 2 et 1.

SELLIERS, BOURRELIERS, GAINIERS ET POISSONNIERS : d'azur à une selle de cheval d'or, accompagnée en chef de deux gaines de couteau d'or, et en pointe d'un poisson d'argent.

CORDONNIERS : d'argent à une botte de sable.

SAVETIERS : d'argent à trois alènes de sable, posées 2 et 1.

L'Armorial de la généralité de Tours n'a pas mentionné toutes les communautés de la ville du Mans. Voici l'état de celles qui paraissent omises, si elles ne sont pas réunies à d'autres rapportées ci-dessus.

PROCUREURS, réunis aux avocats. La communauté des avocats-procureurs à la sénéchaussée et siége présidial établie le 12 novembre 1667, et supprimée par édit du roi, de 1777, était composée de 24 membres.

NOTAIRES. Les notaires royaux, d'abord fixés à dix-sept, furent, dans le 18.e siècle, réduits à douze, par déclaration du roi.

MÉDECINS. Faisaient-ils partie de la communauté des chirurgiens ?

FOULONS. La fabrique d'étamines et de serge, autrefois très-florissante, avait besoin du foulon pour dégraisser ses étoffes. Cette dernière profession était réunie à la communauté des étaminiers et tessiers.

CHARPENTIERS, COUVREURS, MAÇONS ET TAILLEURS DE PIERRE.

LAVAL.

AVOCATS : de gueules à trois bouches d'or.

CHIRURGIENS : coupé d'argent et de gueules à trois boëtes, deux en chef de gueules, une en pointe d'argent.

APOTHICAIRES : d'azur au mortier d'or, garni de son pilon de même et accompagné en chef de deux vipères affrontées d'argent.

BOULANGERS : d'azur à un saint Honoré d'or.

BOUCHERS, d'azur à une tête de bœuf d'argent, accompagnée de trois couteaux de même, deux en chef, un en pointe.

Cabaretiers : d'azur à un verre d'argent accompagné de trois tonneaux d'or, 2 en chef et 1 en pointe.

Ciergiers : d'azur à une sainte Géneviève, tenant de sa main dextre un cierge allumé par un ange et soufflé par un diable, le tout d'or.

Sergetiers : d'azur à trois navettes posées en fasce l'une sur l'autre, deux d'argent, celle du milieu d'or.

Marchands de toile : d'azur à un mouchoir de sainte-Véronique d'argent, chargé d'une fasce du Sauveur de carnation.

Marchands de soie, Epiciers, et Merciers : tiercé en fasce d'argent, d'azur et d'or, le chef semé de vers à soie de sinople, la fasce aussi semée d'amandes ou dragées d'argent, et la pointe pareillement aussi semée d'aiguilles de sable.

Potiers d'étain : d'argent à une aiguière d'azur, accompagnée en chef de deux gobelets de même et en pointe d'une tasse aussi d'azur.

Poeliers : d'azur à deux poëles d'or, passées en sautoir, accolées aux flancs de deux poëlons d'argent, les queues appointées en chevron renversé et brochant sur les queues des poëles.

Maréchaux : de gueules à une enclume d'argent, accompagnée de trois boutons de même.

Chapeliers et Teinturiers : d'or à un chapeau de sinople accompagné de trois cuves de sable, deux en chef, une en pointe.

Sainiers : d'azur à quatre toisons d'or, posées 2 et 2.

Menuisiers : d'azur à une équerre d'or, accompagnée de trois villebrequins de même, deux en chef, un en pointe.

Maçons et Couvreurs : de gueules à une échelle d'or posée en bande et entourée de deux truelles d'argent, une en chef, une en pointe.

Tanneurs : d'or à un bœuf passant de sable sur une terrasse de sinople, et un couteau a revers d'argent emmanché de gueules et couché en chef.

Cordonniers : d'azur à un saint Crespin et saint Crespinien, le tout d'or sur une terrasse de même.

MAYENNE:

Avocats : d'or à une plume à écrire de sable, posée en pal.

Procureurs : d'azur à deux plumes à écrire d'argent passées en sautoir.

Notaires : d'azur à une écritoire d'or.

Médecins : d'azur a deux boîtes couvertes d'or posées en fasce.

Chirurgiens : d'azur à trois lancettes d'or posées 2 et 1.

Apothicaires : de sable à un pot couvert d'argent.

Cabaretiers : d'azur à un verre d'argent bordé de gueules.

Marchands de draps : d'azur à une aune d'or, ses divisions de gueules, posée en pal.

Marchands de Fil : d'argent à une botte de chanvre de sinople.

Epiciers : d'argent semé de graines de poivre de sable.

Marchands de Vin : d'argent à un cep de vigne de sinople, les grappes d'or.

Tailleurs : d'azur à une paire de ciseaux ouverts d'or.

Menuisiers et Charpentiers : d'azur à un rabot d'or et une équerre de même. (La position n'est pas indiquée).

Tanneurs : d'azur à un racloir d'argent.

Cordonniers : d'argent à deux souliers de sable.

BEAUMONT-LE-VICOMTE.

Avocats et Procureurs : d'or à un saint Yves au naturel, vêtu de la robe de palais de sable.

Médecins, Barbiers, Chirurgiens et Apothicaires : d'or à huit pots de sable, posés en orle.

Bouchers, Boulangers, Hoteliers et Cabaretiers : de gueules à une pelle de four posée en fasce, chargée de trois pains de gueules, accompagnée en chef de deux barils d'or cerclés de sable, et en pointe d'une rencontre de bœuf.

Merciers, Drapiers, Epiciers droguistes et Ferrons (marchands de fer) : d'azur à une aune d'argent marquée de sable, posée en fasce, accompagnée en chef d'une balance d'or, en pointe d'un marc de même.

Couteliers, Taillandiers, Arquebusiers, Serruriers, Maréchaux et Cloutiers : de gueules à un soleil d'argent, posé en bande, accompagné en chef d'un couteau de même, et en pointe d'une flamme de maréchal aussi d'argent.

Menuisiers, Charpentiers, Charrons, Maçons et Couvreurs : d'argent à une roue de gueules, accompagnée de deux haches de sable en chef et d'une truelle de même en pointe.

BONNÉTABLE.

Avocats et Procureurs : d'argent à un bonnet carré de sable, accompagné de trois écritoires de même, deux en chef ; une en pointe.

Médecins, Apothicaires, Barbiers, Chirurgiens : d'azur à deux boîtes couronnées d'or posées en fasce.

Marchands, Merciers, Drapiers, Épiciers, Droguistes et Febrons : d'azur à une aune d'argent marquée de sable, posée en fasce, accompagnée en chef d'une balance d'or, en pointe d'un marc de même.

Sargetiers, Filtoupiers, Tessiers, Tailleurs et Guétriers : d'azur à une paire de ciseaux ouverts et posés en bande d'or.

Menuisiers, Charrons, Maçons et Couvreurs : d'azur à une équerre d'or, accompagnée en chef d'un rabot de même, et en pointe d'une truelle d'argent.

Tanneurs, Corroyeurs, Mégissiers, Selliers, Bourreliers et Cordonniers : d'azur à un bœuf passant d'argent, accompagné en chef d'une selle d'or, en pointe d'un soulier de même.

SAINT-CALAIS.

Tanneurs, Mégissiers et Corroyeurs : de gueules à deux couteaux de tanneur d'argent, emmanchés d'or.

CHATEAU-DU-LOIR.

Avocats et Procureurs de la Sénéchaussée : d'argent à un sautoir de sinople, chargé de cinq besans d'or.

ERNÉE.

Avocats : d'azur à une hache consulaire d'argent, entourée d'un faisceau d'or lié d'argent, et une fasce en devise de gueules, brochant sur le tout, chargée de trois étoiles d'or. Ce sont les armes de la barre ducale de Mayenne. Ernée était un membre du duché-pairie de Mayenne.

Apothicaires : d'azur à un soleil d'or.

Bouchers : d'azur à une rencontre de bœuf d'argent, accornée de gueules et bouclée de même.

Marchands de Toile : de gueules à une chemise d'argent.

Marchands de Draps et de Fer : de sinople à une balance d'or.

Marchands de Vin en gros : d'azur à trois gobelets d'or, deux en chef, un en pointe.

Tanneurs : de gueules à une vache passante d'argent, accornée, clarinée et onglée d'azur.

ÉVRON.

Merciers : d'argent, fretté de six aiguilles de sable.
Tanneurs : d'azur à un racloir d'argent.

LA FERTÉ-BERNARD.

Avocats et Procureurs : d'azur à un saint Yves d'or.

Bouchers, Boulangers, Hôteliers et Cabaretiers : de gueules à un couperet d'argent, accompagné de deux besans d'or en chef, et en pointe d'un pot d'argent.

Marchands Merciers, Epiciers, Droguistes, Drapiers et Ferrons : d'azur à une balance d'or, accompagnée de trois pilons de même.

Sargetiers, Filtoupiers, Tessiers, Tailleurs et Guétriers : de sinople à une navette de tisserand d'argent

Tanneurs, Corroyeurs, Mégissiers, Selliers, Boureliers et Cordonniers : d'argent à un bouc de sable, parti de sable, à un tranchoir de cordonnier d'argent.

LASSAY.

Avocats et Procureurs : d'argent à un saint Yves de carnation, vêtu d'une robe de palais de sable, tenant en sa main un sac de palais d'or.

MONDOUBLEAU.

Avocats : d'argent à un saint Yves de carnation, vêtu d'une robe de palais de sable.

SABLÉ.

Avocats : d'argent à un bonnet carré de sable, houpé d'or.

Notaires : de gueules à une écritoire d'or, accompagnée de trois besans d'argent, deux en chef, un en pointe.

Tessiers et Sergers : d'azur à une navette de tisserand d'or.

Tanneurs et Corroyeurs : de gueules à deux cornes de bœuf d'argent.

Cordonniers, Selliers et Bourreliers : d'argent à une selle de cheval de gueules, accompagnée en chef de deux souliers de sable.

CHATEAU-GONTIER.

Notaires : d'azur à deux plumes à écrire d'argent posées en sautoir, au chef d'azur chargé de trois fleurs de lis d'or.

Médecins : d'argent à une bande d'azur, chargée de trois larmes d'argent.

Apothicaires : d'argent à deux vipères tortillées, affrontées de gueules, surmontées d'une couronne d'or.

Boulangers : d'azur à un saint Honoré d'or.

Bouchers : d'azur à un saint Barthélemi d'or, tenant de sa main dextre un couteau, et de sa sénestre un livre de gueules.

Hôteliers et Cabaretiers : de gueules à un saint Nicolas, d'argent vêtu pontificalement d'une chappe de même ornée d'or, sa mitre et sa crosse aussi d'or.

Sergers : d'azur à une sainte Trinité d'or posée sur une champagne nuagée d'argent.

Foulons : d'azur à un saint Michel foulant aux pieds ou terrassant un diable, le tout d'or.

Merciers, Vendeurs de Fayence, autres menues marchandises : d'azur à une tasse d'argent.

Tanneurs : de sinople à une vache passante d'or, accornée et onglée de gueules.

Mégissiers : de gueules à un grand couteau d'argent posé en pal.

Chapeliers et Corroyeurs : d'or à un chapeau de sinople posé en cœur, accompagné en chef de deux lunettes d'azur, et en pointe de deux pommelles de gueules.

CRAON.

Avocats : de gueules à deux fasces ondées d'or.

Notaires : d'azur à une écritoire d'or.

Chirurgiens : d'azur à trois lancettes d'or, posées 2 et 1.

Boulangers et Meuniers : d'azur à trois pains d'or posés en fasce.

Rotisseurs, Poulaillers, Patissiers et Bouchers : d'azur à un bœuf passant d'or, accompagné en chef d'un coq d'argent, et en pointe d'une lardoire de même.

Marchands : d'azur à un chiffre d'or.

Serruriers, Taillandiers, Maréchaux et Cloutiers : d'azur à une enclume d'or.

Couvreurs, Charpentiers, Charrons, Menuisiers et Maçons : d'azur à une équerre d'or, accompagnée en chef d'un rabot de même, et en pointe d'une truelle d'argent.

Cordonniers et Savetiers : d'azur à un soulier d'argent.

LA FLÈCHE.

Avocats : tranché d'argent et de sable à un bonnet carré de l'un en l'autre.

Avocats et Procureurs de l'Election : d'argent à une robe de sable, et un chef d'azur chargé d'une fleur de lis d'or.

Notaires : d'azur à une foi d'argent, qui est deux mains se tenant ensemble.

Chirurgiens : d'azur à trois lancettes d'or posées 2 et 1.

Apothicaires : de gueules à un mortier avec son pilon d'argent.

Boulangers : d'azur à une hotte d'argent, accompagnée de trois besans d'or.

Bouchers : de sinople à une tête de bœuf d'or.

Poulaillers : de gueules à une cage de volaille d'argent, accompagnée de trois coqs d'or posés 2 et 1.

Cabaretiers : d'azur à un tonneau d'or, accompagné de trois tasses d'argent.

Droguistes, Ciriers et Chandeliers : de sable à une rûche d'argent, accompagnée de deux chandelles de même.

Sergers et Cardeurs : de gueules à une carde de cardeur d'argent.

Tessiers et Filassiers : d'azur à une croix d'or, accompagnée de quatre navettes de tisserand d'argent.

Libraires-Imprimeurs : de Vénise, qui est de gueules à un lion ailé d'or, tenant un livre ouvert d'argent, à une bordure d'argent.

Orfèvres : d'azur à trois assiettes d'argent posées 2 et 1.

Arquebusiers et Couteliers : d'azur à une platine de

fusil d'argent, accompagnée de trois rasoirs de même, deux en chef, un en pointe.

Serruriers : de sable, à une clé d'or couronnée de même.

Maréchaux et Taillandiers : de gueules à une enclume d'or.

Menuisiers : de gueules à un maillet d'argent, accompagné de trois rabots de même, posés 2 et 1.

Maçons et Tailleurs de Pierre : d'azur à deux truelles d'argent.

Tailleurs : d'azur à deux ciseaux d'or ouverts en sautoir.

Tanneurs, Corroyeurs et Mégissiers : d'azur à une toison d'argent.

Selliers et Bourreliers : d'or à une selle de cheval d'azur.

Cordonniers : d'azur à trois formes de souliers mal ordonnées, ou 1 et 2.

LE LUDE.

Chirurgiens et Apothicaires : de sinople à une fasce d'argent, écartelé d'argent, à une barre de sinople.

Barbiers, Baigneurs, Perruquiers et Étuvistes : de sable à des ciseaux fermés d'or péris en bande.

Boulangers : d'argent à une pelle de four de gueules posée en pal.

Bouchers : d'azur à une cheville d'argent.

Maitres Sergers : d'argent à une navette de sable posée en fasce.

Marchands merciers : de sinople, à une aune d'argent, marquée de sable, posée en fasce.

Maréchaux : de gueules à un soufflet d'argent.

Charpentiers : de gueules à une doloire d'argent.

Maçons et Tailleurs de pierre : de sable à une truelle d'argent.

Tailleurs : d'argent à des ciseaux ouverts de sable.

Tanneurs : de sable, à une barre d'argent, écartelé d'argent à une barre de sable.

Corroyeurs : d'azur à un couteau à revers d'or, posé en bande.

Cordonniers : de sable à un couteau à pied d'argent.

PATRONS DES COMMUNAUTÉS.

Chaque communauté était placée sous le patronnage d'un Saint, dont elle célébrait tous les ans la fête. Voici la liste de ces patrons, du moins de ceux qu'il nous a été permis de connaître.

APOTHICAIRES, EPICIERS ET DROGUISTES, unis. S. Nicolas, évêque, fête le 6 décembre.

AVOCATS, S. Yves, official de Rennes, puis curé dans le diocèse de Tréguier, mort en 1303, 19 mai.

BIJOUTIERS, unis aux MERCIERS, S. Louis, 25 août.

BOISSELIERS, TOURNEURS ET SABOTIERS, Ste Anne, mère de la Sainte Vierge, 26 juillet.

BONNETIERS, unis aux CHAPELIERS, S. Jacques, 25 juillet.

BOUCHERS, S. Barthélemy, apôtre et martyr en Armenie, fut écorché vif., 24 août.

Les bouchers du Mans fêtaient le lundi des Rogations, et allaient processionnellement à l'abbaye de l'Epau.

BOULANGERS, S. Honoré, évêque d'Amiens, 16 mai.

CANONNIERS, Ste Barbe, vierge et martyre, 4 décembre.

CARDEURS, unis aux DRAPIERS DRAPANS, S. Blaise, évêque de Sébaste en Arménie, martyr, mort en 316, 3 février.

CARTIERS, CORDIERS ET CHAUSSUMIERS, unis.

CHANDELIERS, unis aux MÉGISSIERS.

CHAPELIERS, S. Jacques le majeur, apôtre, 25 juillet.

CHARPENTIERS, S. Joseph, de la tribu de Juda, de la famille royale de David, époux de la Ste Vierge, exerca, à Nazareth, le métier de charpentier, 19 mars.

CHARRONS, Ste Anne, 26 juillet.

CHAUSSETIERS, unis aux DRAPIERS, S. Blaise.

CHIRURGIENS, S. Côme et S. Damien, médecins en Cilicie, martyrs vers 303, 27 septembre.

CIRIERS, Ste Géneviève, vierge, patronne de Paris, née à Nanterre, 3 janvier.

COLLÉGES, S. Nicolas, évêque de Myre; sous l'empire, S. Charlemagne, empereur d'occident et roi de France, mort en 814, 28 janvier; puis, S. Louis de Gonzalgue.

CORDONNIERS, S. Crépin et S. Crépinien, martyrs, exercèrent à Soissons la profession de cordonnier, 25 octobre.

Corroyeurs, S. Jacques le majeur, 25 juillet.
Couvreurs, Ste. Barbe, vierge et martyre, 4 décembre.
Drapiers drapans, Chaussetiers, Cardeurs, Peigneurs de laine et Tisserands en drap, unis. S. Blaise, évêque et martyr. En 1731, cette communauté fut réunie à celle des Merciers.
Eau-de-vie (marchands d'), en gros et en détail, unis aux Ferronniers et Poéliers.
Ecoliers, S. Nicolas, évêque de Myre, 6 décembre.
Ecurie (garçons d'), S. Étienne, 1.er martyr, l'un des sept diacres choisis par l'assemblée des fidèles, 26 décembre.
Epiciers (Apothicaires, Droguistes) unis. S. Nicolas.
Etaminiers ou fabricants d'étamines, Visitation de la Ste Vierge, 2 juillet. La fabrique d'étamines très-florissante au Mans et autres villes de la Sarthe, dans la 1.re moitié du 18.e siècle, est entièrement tombée.
Fayenciers (marchands), unis aux merciers.
Ferronniers, unis aux marchands d'eau-de-vie.
Filtoupiers ou Filassiers, Baptême de N.-S., 13 janvier.
Financiers ou Receveurs des Deniers publics, S. Mathieu, apôtre et évangéliste ; il exerça la profession de publicain, c. à. d., de receveur des impôts, à Capharnaüm, 21 sept.
Fondeurs et Chaudronniers. Les professions qui avaient pour objet les métaux, reconnaissaient, en général, S. Eloi pour patron.
Forgerons, S. Eloi, 1.er décembre.
Foulons, au Mans, unis à la communauté des Sargers. — Foulons, à Château-Gontier. S. Michel archange, 29 septembre.
Fourbisseurs, Arquebusiers, Couteliers, unis aux Orfèvres et aux Horlogers.
Imprimeurs, Libraires et Graveurs, S. Jean devant la porte latine, apôtre et évangéliste, 6 mai.
Joalliers, unis aux merciers, S. Louis.
Jardiniers, S. Fiacre, solitaire, dans la Brie, 30 août.
Laboureurs, S. Isidore, laboureur, en Espagne, mort en 1170, 15 mai.
Maçons, l'Ascension de notre Seigneur.
Mans (ville du), Ste Scholastique, vierge, sœur de S. Benoît, morte en 543. Ses reliques transférées du Mont Cassin au Mans, 653. 11 juillet.
Maréchaux, S. Eloi, évêque de Noyon, 1.er décembre.

Matelassiers, S. Blaise, évêque, 3 février.
Médecins, S. Luc, évangéliste, né à Antioche, exerça d'abord la profession de médecin. 18 octobre.
Mégissiers, S. Jean-Baptiste, 24 juin.
Menuisiers, Ste Anne, mère de la Ste Vierge, épouse de S. Joachim, 26 juillet.
Merciers, Grossiers et Joalliers, S. Louis, 25 août. Les Drapiers et les Merciers furent réunis en 1731.
Meuniers, S. Martin, évêque de Tours, 11 novembre.
Monnoyeurs et Changeurs, sous les comtes du Maine. S. Eloi, évêque de Noyon, maître de la monnaie, mort en 659, 1.er décembre. Ils sont représentés dans une des verrières de la chapelle de la Vierge, à la cathédrale.
Musiciens, Ste Cécile, vierge et martyre, 22 novembre.
Notaires, S. Yves, 19 mai.
Orfévres, Horlogers. Les Orfévres avaient choisi pour patron S. Eloi, qui, après s'être distingué dans l'art de l'orfèvrerie, devint évêque de Noyon, mort en 658, 1.er décembre.
Papetiers, unis aux Merciers, S. Louis, 25 août.
Passementiers, Rubaniers et Tissuriers, unis.
Patissiers, Rotisseurs et Hôtes, unis.
Peigneurs de Laine, unis aux Drapiers, S. Louis.
Peintres, S. Luc, évangéliste, 18 octobre.
Perruquiers et Barbiers, S. Louis, roi de France, 25 août.
Poissonniers, S. Pierre, apôtre, 29 juin. Il était pêcheur avant son apostolat.
Potiers d'étain, unis aux Serruriers et Cloutiers.
Procureurs, S. Yves, savant en droit, canon et droit civil, né en Bretagne, 19 mai.
Quincailliers, unis aux Merciers-Grossiers, S. Louis.
Rubaniers, unis aux Passementiers.
Savetiers, S. Crépin et Crépinien, 25 octobre.
Selliers, Bourreliers, Gainiers, unis.
Serruriers, S. Pierre, prince des apôtres, auquel J.-C. promit les clefs du royaume des cieux, 29 juin.
Soie (marchands de), unis aux Merciers, S. Louis.
Taillandiers, unis aux Serruriers, etc.
Tailleurs et Fripiers, S. Homobon, marchand à Trémone, mort en 1197, 13 novembre.
Tanneurs, S. Simon, apôtre et martyr, 28 octobre.
Tapissiers, unis aux Bonnetiers et Chapéliers.

Teinturiers, S. Maurice, martyr, 22 septembre.

Tessiers ou Tisserands, S. Bonaventure, cardinal, général des Franciscains, docteur de l'église, 14 juillet.

Tonneliers, Ste Anne, 26 juillet.

Tourneurs, Ste Anne, 26 juillet. En général les professions travaillant le bois s'étaient placées sous le patronnage de la mère de la Ste Vierge.

Verriers et Vitriers. Les gentilshommes pouvaient, sans perdre leur noblesse, exercer la profession de verrier.

Vignerons. Ils ont donné une des verrières du chœur de la cathédrale. S. Vincent, diacre et martyr, 22 janvier.

Vins (marchands de) en gros, S. Martin, 11 novembre.

Les gentilshommes, s'ils exerçaient un art mécanique, ou se livraient au commerce, perdaient leur noblesse. Il y avait cependant une exception en faveur des Verriers; aussi voyait-on dans ces usines un certain nombre de nobles peu favorisés des biens de la fortune.

Un noble pouvait exercer l'état de médecin et d'avocat, sans renoncer aux privilèges de son ordre; il lui était même permis de travailler sous un procureur, pour étudier la pratique de la juris-prudence, mais il dérogeait, lorsqu'il devenait chirurgien, procureur ou notaire. S'il voulait être réhabilité, il lui fallait obtenir de nouvelles lettres de noblesse.

En Bretagne, quand un gentilhomme embrassait l'une des professions emportant dérogation, sa noblesse *dormait*, mais ne se perdait pas. La cause venait-elle à cesser, il recouvrait ses anciennes prérogatives, sans avoir besoin de lettres de réhabilitation.

FIN.

www.ingramcontent.com/pod-product-compliance
Lightning Source LLC
Chambersburg PA
CBHW062011180426
43199CB00034B/2349